# VALUES AT PLAY:
# VALORES EM JOGOS DIGITAIS

**Blucher**

MARY FLANAGAN

HELEN NISSENBAUM

# VALUES AT PLAY:
# VALORES EM JOGOS DIGITAIS

*Values at Play: valores em jogos digitais*
© 2014 Massachusetts Institute of Technology
© 2016 Editora Edgard Blucher Ltda.

Tradução: Alan Richard da Luz

# Blucher

Rua Pedroso Alvarenga, 1245, 4º andar
04531-934 – São Paulo – SP – Brasil
Tel.: 55 11 3078-5366
**contato@blucher.com.br**
**www.blucher.com.br**

Segundo o Novo Acordo Ortográfico, conforme 5. ed. do *Vocabulário Ortográfico da Língua Portuguesa*, Academia Brasileira de Letras, março de 2009.

É proibida a reprodução total ou parcial por quaisquer meios sem autorização escrita da editora.

Todos os direitos reservados pela Editora Edgard Blücher Ltda.

Dados Internacionais de Catalogação na Publicação (CIP)
Angélica Ilacqua CRB-8/7057

Flanagan, Mary
    Values at play: valores em jogos digitais / Mary Flanagan, Helen Nissenbaum; tradução de Alan Richard da Luz. – São Paulo: Blucher, 2016.
    200 p.: il.

Bibliografia
ISBN 978-85-212-1082-5
Título original: Values at play in digital games

1. Jogos para computador – Aspectos sociais
2. Valores 3. Mídia digital – Aspectos sociais
4. Jogos de computador – Desenho (Projetos)
I. Título II. Nissenbaum, Helen III. Luz, Alan Richard da

16-0588                                                       CDD 794.8

Índices para catálogo sistemático:
1. Jogos para computador

# Conteúdo

Prefácio à edição brasileira   7
Agradecimentos   9
Introdução ao Values at Play   13

**Parte I: Entendendo o Values at Play**

1   **Base para os valores nos jogos**   19
2   **Revelando o Values at Play**   29
3   **Elementos dos jogos: a linguagem dos valores**   45
    com Jonathan Belman

**Parte II: Heurística do Values at Play**

4   **Visão geral da heurística**   83
5   **Descoberta**   87
    O poder dos valores, por Frank Lantz   101
6   **Implementação**   105
    Valores no *hardware* de jogos, por Kyle Rentschler   118
7   **Verificação**   123

**Parte III: Values at Play na prática**

8   **Inspirando designers**   143
    Desenvolvendo um processo reflexivo de design, por Tracy Fullerton   146

    Jogando (e projetando) com valores por meio da modificação de jogos de tabuleiro, por Celia Pearce   151

    Uma rápida intervenção participativa para entender o Values at Play, por Karen Schrier   156

9   **Reflexões sobre o Values at Play**   161

**Notas**   165

**Referências**   175

**Referências de jogos**   185

**Índice remissivo**   191

## Prefácio à edição brasileira

Desde que iniciei minha carreira como pesquisador em assuntos relacionados a videogames, as questões sobre o modo como os significados são construídos no espaço do *gameplay* e principalmente sobre o modo como fazemos as leituras destes significados me fascinam, dada a natureza única dessa mídia. Entre essas questões, sempre emergem a construção dos valores que são transmitidos pelos videogames e como podemos, enquanto *game designers*, ter controle sobre essa tarefa.

Minha formação em design tornou-me consciente do poder dos significados e de como o designer tem papel ativo na construção de todo o universo de valores por meio da criação e da manipulação de signos. A atividade de *game design* não é diferente, pois oferece uma tela em branco na qual podemos – desde que sejamos conscientes disso – elaborar nosso discurso e, com ele, transmitir os valores pretendidos. Os videogames são uma "nova mídia" (coloco as aspas para lembrarmos que os videogames têm mais de 50 anos), e, por isso, até pouco tempo atrás prestávamos pouca atenção às maneiras como eles transmitiam valores ou como os percebíamos. Como consequência, nos limitávamos a discutir valores somente em aspectos de narrativa, em que eles eram mais óbvios e em que já contávamos com o auxílio de ferramentas previamente estabelecidas.

Qual a importância, então, dos valores nos games? Ao projetar, jogar ou discutir sobre videogames, questões de nosso contexto sociocultural, como gênero, violência, questões étnico-raciais e religiosas, intolerância etc. estão lá. Os games podem nos fazer refletir e até mesmo mudar nossa opinião e nossa atitude frente a assuntos importantes e relevantes para a sociedade. Questões que antes trazíamos de uma ida ao cinema, de uma leitura de jornal ou de um papo com amigos agora também podem surgir dos games. Videogames são meios expressivos e influentes, e por isso ótimos veículos para a transmissão de valores e princípios.

Até há pouco tempo, o videogame sempre esteve inserido em contextos de outras mídias, e o tratávamos dentro do campo do cinema, da narratologia, da televisão: usávamos as abordagens dessas mídias para lidar com algo que já possui uma linguagem própria e está incorporado ao nosso dia a dia de maneira quase ubíqua. Ao buscar essas questões nos videogames, por que não usarmos, então, as ferramentas próprias dessa mídia?

Indo mais além: antes, ao projetar um videogame em que se desejasse a transmissão de certos valores, usava-se o expediente *serious games*, criando um estereótipo no qual um videogame só pode comunicar valores se for sério. Esquecíamo-nos justamente do que torna essa mídia única e tão influente: a criação de significados e, por consequência, valores, por meio da interação lúdica com seus elementos. *Grand Theft Auto* não comunica valores? E *Little Big Planet*? E os jogos clássicos e minimalistas, como *PacMan* ou *Tetris*, que sequer têm narrativas trabalhadas? Há um valor a ser lido na maneira como interagimos com a mídia? Há um valor a ser lido nas escolhas que damos ao jogador? E na falta delas? Precisamos compreender como os elementos do *gameplay*, da interface, da narrativa etc. trabalham em conjunto, criando um espaço de emergência para que esses valores – sejam quais forem – sejam percebidos pelo jogador. Ao compreender esse funcionamento, podemos, sim, criar para tal finalidade.

Como professor, ministro disciplinas em cursos de design de games em que discutimos esses valores e a influência dos *game designers* na construção e na comunicação deles. A cultura dos games já é um campo de estudo suficientemente maduro e independente para que tenhamos nossa própria caixa de ferramentas e para que possamos discutir os videogames pelos elementos que os tornam únicos e especiais, e não mais pelos elementos que os tornam semelhantes a outros meios. O campo sentia falta exatamente de um estudo profundo e sério como o de Flanagan e Nissenbaum e, ao ter contato com a obra, tive a certeza do estado da arte a que chegaram os estudos sobre videogames e os processos de design específicos da área.

O projeto Values at Play forma um conjunto de técnicas, ferramentas e métodos que ajudarão o crítico, o designer e o professor do universo dos games a ler, construir, comunicar e verificar a presença dos valores incorporados em qualquer jogo. O projeto nos mostra que não existem jogos neutros em valores, e que, como qualquer outro meio, os videogames transmitem valores mesmo quando acreditamos que não o fazem. Flanagan e Nissembaum compilam anos de um trabalho sério e profundo, em que contaram com a ajuda de parceiros tanto do setor acadêmico quanto do privado para estabelecer esta obra.

Videogames são experiências estéticas, interativas e únicas, em que os valores são, muitas vezes, decorrentes da manipulação lúdica de seus elementos pelos jogadores, e, como designers, não temos acesso à criação direta dessas experiências apenas criando os contextos para que elas aconteçam. Como, então, ter a certeza de que os valores em que acredito e certos valores que pretendo transmitir acontecerão no momento da experiência? Como ler os valores incorporados nos videogames que jogamos para poder exercer nossa postura crítica? Como verificar se esses valores emergem realmente? O Values at Play oferece um conjunto de ferramentas para que os "designers conscienciosos", como as autoras os chamam, possam ter postura ativa e determinante nesse processo.

Já não discutimos mais se os videogames são mídias expressivas, se são influentes e talvez nem mais se possuem *status* de arte, dada a sua presença e a sua influência na cultura. Ao termos contato diário com os videogames, de maneira direta ou indireta, precisamos discutir sua ética e seus valores como fazemos em qualquer outra mídia. Este livro preenche exatamente essa lacuna, proporcionando um amplo campo de discussão que usa a própria linguagem dos videogames para discutir esses temas.

Bons jogos! Boas discussões!

*Alan Richard da Luz*
Professor de História e Cultura dos Games

# Agradecimentos

Este livro e o projeto Values at Play (Valores em Jogo) refletem muitos anos de pesquisa e exploração – desde o início do Values at Play em 2005 até o traço final de edição. Nunca sós nesses esforços, fomos beneficiadas pelo apoio, brilho, generosidade intelectual e atenção de outras pessoas. Conforme as ideias se desdobravam, nos foram oferecidas oportunidades inestimáveis de testá-las com estudiosos e pesquisadores, com jogadores experientes assim como com recém-iniciados, com designers consagrados assim como com ansiosos novatos. Nossas ideias foram moldadas por seu discernimento, comentários e críticas, muitas vezes de maneiras impossíveis de discriminar, mas, aqui, gostaríamos de agradecer.

Para apoio financeiro e material, nós somos gratas pela bolsa do programa de Ciência do Design da National Science Foundation para nosso trabalho colaborativo: Values at Play – Integrando Fatores Sociais no Design (CNS 0613893), recebida em setembro de 2006. Outras bolsas da NSF que apoiaram aspectos cruciais do modelo Values at Play incluem o prêmio Cyber-Trust (CT) Collaborative: CT-M: Privacidade, Conformidade e Riscos de Informação em Processos Organizacionais Complexos (CNS-0831124) e um prêmio EAGER: Valores em Design na Futura Arquitetura da Internet (CNS/NetS 1058333). Os jogos tendenciosos discutidos no Capítulo 5 vieram de um prêmio EAGER, Transformando a STEM para Mulheres e Garotas: Retrabalhando Estereótipos e Tendências (HRD-1137483), recebido em setembro de 2011. O Centro de Tecnologia e Ciência para Computação Social da Intel nos ofereceu tanto um ambiente fértil quanto apoio financeiro, permitindo a escrita e a finalização deste manuscrito. Uma bolsa do Lady Davis Fellowship Trust apoiou um semestre sabático como professora visitante na Hebrew University of Jerusalem, no Departamento de Comunicação e Jornalismo, e permitiu tempo ininterrupto para trabalhar no manuscrito. Mary Flanagan agradece a Dartmouth College pelo apoio em sua função na cátedra de nome Sherman Fairchild.

Conferências e universidades onde criamos jogos com o Grow-a-Game incluem: Games for Change NYC; Different Games; IndieCade; Technology for Peace; Playing for Change UK; Grassroots Media Conference; a Game Developers Conference; Games, Learning, and Society; a Digital Games Research Association; a conferência Virtual 2006; e a conferência ACM CHI. Nós agradecemos os comentários do público no colóquio da Escola Annenberg de Comunicação da University of Pennsylvania, o colóquio do Centro de Humanidades Digitais e do Departamento de Filosofia na Dartmouth University, a University of Illinois em Urbana-Champaign's, a palestra no Information Trust Institute, a Conferência Internacional sobre Ética Computacional na Ionian University (Corfu, Grécia), o colóquio do Programa de Ciência da Informação na Cornell University, uma palestra oferecida pelo Centro de Humanidades na Carnegie-Mellon University e uma palestra no Centro para Educação Internacional na University of Wisconsin-Milwaukee, entre outras. Os estudantes de Nissenbaum nas aulas de Valores na Tecnologia, na NYU (Mídia, Cultura e Comunicação), têm batalhado com as iterações de Values at Play e, ao longo do tempo, inspiraram seu aperfeiçoamento.

Os *workshops* de verão The Values in Design, para o programa de PhD, que aconteceram em 2008 na Santa Clara University e em 2010 na New York University, em colaboração com Geof Bowker e com a falecida Susan Leigh Star, foram ótimos lugares para apresentar o Values at Play. Os participantes se engajaram de maneira sincera com a teoria e a metodologia e contribuíram com cartas de jogos GAG e ideias que influenciaram nosso atual modo de pensar.

O livro tem também um débito enorme com trabalhos anteriores feitos em colaboração e coautoria, mais significantemente aqueles com Daniel Howe, Jonathan Belman e James Diamond, que contribuíram para a formação tanto da teoria e da estrutura do Values at Play quanto de suas aplicações pedagógicas e no design. Jonathan Belman foi colaborador no Capítulo 3 e ajudou a buscar exemplos por todo o livro. Christopher Egert foi autor do *deck* digital do Grow-a-Game original, e Jack Boffa programou o Grow-a-Game para iPhone.

Nós oferecemos agradecimentos especiais ao Conselho Consultivo do VAP: Katie Salen, Frank Lantz, Tracy Fullerton, Celia Pearce, Jesper Juul. Muitas conversas empolgantes, incluindo considerações apoiadoras e desafiadoras, nos inspiraram e moldaram nosso trabalho. Muitos desses conselheiros escreveram pequenas seções deste livro, e além disso damos as boas-vindas ao trabalho de Karen Schrier e Kyle Rentschler.

Pelo excelente trabalho editorial e de pesquisas, obrigada a Emily Goldsher-Diamond, Kyle Rentschler, Toni Pizza e Mark Essig. Seus esforços super-humanos em cada estágio deste livro nos impulsionaram e nos mantiveram em movimento. Para nosso editor *rock star*, Doug Sery, obrigada por sua fé e entusiasmo. Aos revisores anônimos do rascunho final, à Deborah Cantor-Adams da equipe editorial e à equipe de produção da MIT Press, nossos mais profundos agradecimentos por nos ajudarem a produzir um livro melhor.

Gratidão aos principais membros das nossas equipes de pesquisa: Sukdith Punjasthitkul, Max Seidman, Anna Lotko, Zara Downs, Suyn Looui, James Bachhuber, John Fanning, Brian Mayzak, Greg Kohl, Jarah Moesch, Jennifer Jacobs, Vanessa Moy, Geoff Kaufman, Danielle Taylor, Grace Peng, Paul Orbell, Chris Takeuchi, Brendan Scully.

Amigos, colegas, camaradas e apoiadores: Jeff Watson, Naomi Clark, Drew Davidson, Doris Rusch, JoEllen Fisherkeller, Brian Myzak, Angela Ferraiolo, Jose Zagal, Lindsay Gupton, Katherine Isbister, Suzanne Seggerman, Ben Stokes, Suzanna Ruiz, Alice Bonvicini, Zsusanna Mitro e os bons amigos em Furtherfield.

Obrigada à inspiração contínua da comunidade VID, em particular a Geof Bowker, Paul Dourish, Batya Friedman, Cory Knobel, Phoebe Sengers e Michael Zimmer.

Importantes agradecimentos vão para os designers que dividiram conosco suas poderosas histórias para este livro.

Nós somos agradecidas a muitas organizações por usarem nossos métodos e contribuírem para seu aperfeiçoamento iterativo: Mouse, WQED, Design Studio for Social Intervention Youth Activism Design Institute (YADI), GEELab do RMIT e os Seminários Globais de Salzburgo.

Às pessoas significativas em nossas vidas – amigos e família – que nos apoiam, nutrem e mantêm em balanço de maneiras indescritíveis, porém essenciais. Este livro é um tributo a elas.

MF: Eu dedico este livro à minha família, todos jogadores ávidos e em particular à minha mãe, Rose Flanagan, que me encorajou desde cedo a entrar no mundo do jogar.

HN: À minha querida família Peter, Dana, Zoe e Ann Sarnak, obrigada por me manterem focada nas coisas importantes. Eu dedico este livro à minha mãe, Rose Nissenbaum, que faleceu em agosto de 2013. Ela era uma talentosa jogadora – competidora feroz, porém justa.

# Introdução ao Values at Play

Em 2007, a desenvolvedora de videogames BioWare lançou *Mass Effect*, um jogo do tipo *role-playing* que contém pequenos *flashes* de atividade sexual mais para o final. O jogo permite que os jogadores assistam ao sexo, mas não que interajam, e as cenas são menos explícitas do que muitas que podem ser encontradas em programas de televisão. Os relacionamentos entre os personagens se desenvolvem ao longo do tempo, não há nudez frontal e as cenas de sexo ocupam cerca de dois minutos de uma experiência de trinta horas.

Os designers do jogo ficaram orgulhosos do seu design inovador no que diz respeito ao relacionamento e de sua mistura de personagens masculinos, femininos e andróginos. Os jogadores escolhem jogar com a forma masculina ou feminina do personagem Shepard, e as duas versões são lutadores igualmente capazes. As relações íntimas são subtramas no jogo e são resultado de uma longa cadeia de conversas e missões movidas a ação. *Mass Effect* oferece ao jogador uma oportunidade de participar de uma saga complexa e se envolver com questões políticas e humanitárias.

Um programa de televisão do canal Fox News chamado *The Live Desk*, no entanto, dedicou um longo segmento ao jogo no início de 2008, estimulado pelo blogueiro Kevin McCullough, que afirmou que os jogadores de *Mass Effect* poderiam "se envolver nos mais realistas atos sexuais jamais concebidos" e "transar em cada possibilidade de forma, formato, multiplicidade e orientação de gênero que eles pudessem imaginar."[1] Um membro do painel de discussão descreveu o jogo como "Luke Skywalker encontra *Debbie Topa Tudo*". Articulistas clamaram que ele apresentava sexo gráfico sob demanda e um especialista em psicologia afirmou que jogar *Mass Effect* poderia perverter o desenvolvimento psicossexual dos jovens garotos.[2]

Essas reações não são incomuns. Jogos estão sujeitos a muito mais escrutínio do que programas de televisão ou filmes de Hollywood e geralmente são condenados por pessoas que não os jogam. Muitos críticos adotam uma dita posição de valores familiares, e suas críticas tendem a ser ou desinformadas ou intencionalmente enganadoras. A alegação de danos psicológicos à juventude, como a feita na Fox News, é infundada.[3] Mas tal afirmação ajuda a moldar a falsa percepção comum de que todos os videogames pertencem a um terreno baldio hiperviolento e hipersexualizado. Não admira que os designers de jogos e os jogadores fiquem nervosos toda vez que as palavras *jogos* e *valores* são mencionadas na mesma frase. Muitas vezes os produtores de jogos, justificadamente bravos com o assunto, simplesmente se recusam a se envolver em uma discussão sobre a relação entre jogos e valores.

**Figura 0.1**
Comandante Shepard e Liara T'Soni se abraçando, do videogame *Mass Effect* (2007).

Isto é compreensível, mas também lamentável. Como uma mídia para aprendizado, entretenimento e comunicação, os jogos são uma parte cada vez mais proeminente da paisagem cultural atual. Ignorar os valores em jogos pode parecer a melhor maneira de responder às provocações como estas do painel da Fox News, mas também significa perder importantes oportunidades para diversificar o campo e promover a inovação.

A equipe por trás deste livro – na Dartmouth College (o Laboratório Tiltfactor) e na New York University – tem estudado o território de valores humanos e jogos por quase uma década. Chamamos nossa pesquisa de Values at Play (Valores em Jogo) porque estamos comprometidos com a nutrição do discurso construtivo sobre jogos e valores. Diferentemente de muitos políticos e especialistas que invocam os valores para advogar a censura ou repreender designers por conteúdo controverso, abordamos esse tema de maneira crítica, não moralista. Estamos interessados no papel que os valores têm em animar a expressão pessoal, política e artística por meio de qualquer mídia. Pretendemos oferecer recursos para designers e estudantes de design que estejam interessados em explorar o potencial criativo do que nós chamamos design consciente de valores e desejem considerar, de maneira sistemática, as ressonâncias morais, sociais e políticas dos jogos digitais.

Nosso trabalho aglutina as atividades de fazer, jogar e pensar sobre os jogos e teorizar sobre a relação entre tecnologia digital e valores. Como teóricos e praticantes, descobrimos que quaisquer ideias aplicadas aos jogos devem levar em conta as propriedades distintas do meio, como arquitetura *role-playing*, ação do jogador e interatividade, e a natureza do jogo como fenômeno cultural. Quando se trata dos valores éticos e políticos nos jogos, este desafio não é diferente. Nós desenvolvemos formas de análise e metodologias de design específicas para jogos e criamos jogos reais que manifestam o design consciente de valores. A metodologia que desenvolvemos é complementar às práticas-padrão do design de maneira prática.

O projeto tem três premissas centrais – que as sociedades têm valores em comum (não necessariamente universais); que as tecnologias, incluindo os jogos digitais, incorporam valores éticos e políticos; e que aqueles que fazem o design de jogos digitais têm o poder de moldar o envolvimento dos jogadores com esses valores. Nós cunhamos o termo *designer consciencioso* para descrever aqueles que aceitam essas premissas e se comprometem a considerar valores quando projetam e constroem sistemas. Quando nosso livro fala para a comunidade do design, é menos para persuadir céticos a aceitar essas três premissas do que para convidar aqueles que levam valores a sério – o designer consciencioso – a tentar os Values at Play.

Este livro inclui uma introdução teórica e prática ao Values at Play. A Parte I introduz o Values at Play. O Capítulo 1 introduz os temas centrais que constituem a base teórica do livro, explicando a teoria dos valores adotada neste livro e por que os valores devem ser uma consideração central no design de jogos. O Capítulo 2 inclui leituras aprofundadas de uma porção de jogos para demonstrar as diversas maneiras que os valores são incorporados em todos os jogos. O Capítulo 3 oferece um modo sistêmico de observar os valores e identifica quinze elementos dos jogos (incluindo a estrutura narrativa, o *engine* usado e o contexto no qual o jogador o encontrará) que, juntos, formam a arquitetura semântica de um jogo, a partir da qual os valores são transmitidos.

A Parte II examina a heurística do Values at Play. No Capítulo 4, nós introduzimos a heurística do Values at Play, um guia prático para designers consciensiosos que oferece um meio de incorporar valores dentro do processo iterativo do design. A metodologia tem três estágios – descobrindo valores relacionados e incorporados a um dado projeto de jogo (Capítulo 5), implementando esses valores em características de design e elementos do jogo (Capítulo 6) e verificando que os valores desejados realmente aparecem no jogo (Capítulo 7).

Finalmente, a Parte III discute o funcionamento do Values at Play. No Capítulo 8, nós examinamos como essa metodologia pode inspirar designers, especialmente por meio de ferramentas que nós desenvolvemos (como o currículo Values at Play e os cartões Grow-a-Game). As Partes II e III incluem pequenos ensaios feitos por designers e pensadores de jogos. Seu ponto de vista em primeira pessoa explica como eles colocaram o pensamento sobre valores e a teoria Values at Play em prática – com notável sucesso. Ao longo do livro e especialmente na conclusão (Capítulo 9), nós argumentamos que a consideração dos valores deve ser integral, não incidental, no design de todos os jogos. Colocar valores em jogo ajuda os designers a criar jogos que são mais divertidos, inovadores e profundamente engajados com o mundo em que nós vivemos.

# I  Entendendo o Values at Play

# 1 Base para os valores nos jogos

Todos os jogos expressam e incorporam valores humanos. De noções de justiça às ideias profundas sobre a condição humana, os jogos oferecem uma arena atraente onde pessoas atuam suas crenças e ideias. Para antropólogos, jogos são paradigmáticos dentre as práticas e rituais humanos. Das nebulosas origens do clássico jogo *Go* na Ásia até a mais recente evolução do xadrez e os jogos *online* como *World of Warcraft* (Blizzard Entertainment, 2004), os jogos podem servir como fotos instantâneas culturais: eles capturam crenças de um período e lugar em particular e oferecem maneiras de entender o que um dado grupo de pessoas acredita e valoriza. Essas crenças podem ser feitas visíveis na superfície (por meio dos personagens dos jogos ou de outras características visuais) e podem ser expressas por meio dos muitos elementos de um jogo (como seu ponto de vista, ações e *hardware*). As escolhas disponíveis a um jogador podem expressar uma compreensão particular do mundo, tais como a extensão na qual o destino ou está nas mãos dos indivíduos, ou das sociedades, ou é sujeito às incontroláveis forças da natureza e do acaso. Muitos elementos de jogos revelam as crenças e os valores fundamentais de seus designers e jogadores. Além do mais, por serem envolventes e alcançarem partes profundas da psique humana, eles podem não somente refletir e expressar, mas também ativar tais crenças e valores de maneiras poderosas.

Nós propomos três razões principais pelas quais é importante estudar valores nos jogos. Primeiro, o estudo dos jogos enriquece nossa compreensão de como os padrões socioculturais profundamente arraigados são refletidos nas normas de participação, jogo e comunicação. Segundo, o crescimento dos meios digitais e a expansão do significado cultural dos jogos constituem ao mesmo tempo uma oportunidade e uma responsabilidade para a comunidade de design de refletir sobre os valores que são expressados nos jogos. Terceiro, os jogos têm surgido como o paradigma da mídia do século XXI, ultrapassando os filmes e a televisão em popularidade; eles têm o poder de moldar trabalho, aprendizado, cuidados com a saúde e muito mais.

Por que existem tanto jogos sendo produzidos e vendidos *neste instante*? A tecnologia avançou ao ponto em que os jogos digitais podem existir em uma miríade de formas e dão aos jogadores ação real em complexos espaços de jogo digitais. O grande número de jogos surgindo de produtores independentes e das grandes empresas de jogos demonstra que há espaço para novos tipos de experiências de jogo serem criadas e encontrarem audiência. Nós damos atenção aos jogos porque somos jogadores e designers e porque os jogos contam histórias e permitem que os jogadores se envolvam com sistemas que os ajudam a entender as complexidades da vida contemporânea.

## Porque os jogos são diferentes

Os jogos se tornaram um meio central pelo qual nós contamos histórias incorporadas em sistemas maiores de crenças e interação através das culturas, e suas recorrentes convenções, temas, rituais e ações dos jogadores e música podem funcionar como meios de criação de mitos. Teorias emprestadas da literatura, da televisão e do cinema não contemplam totalmente a força psicológica, social e mítica dos jogos. A geração emergente de teóricos do jogo reconhece o papel que os jogos digitais têm enquanto artefato cultural distinto e começou a teorizar sobre ação, identidade e regras dos jogadores dentro da comunidade do jogo.[1]

Nós não desejamos exagerar a ação individual do jogador. Tampouco queremos subestimar a dívida que os jogos têm com o vasto cenário cultural contemporâneo, incluindo a ciência e as formas de arte. A natureza iterativa e interativa das mídias digitais é similar à de jogos analógicos, livros interativos e televisão participativa (como o programa *American Idol*).[2] Jogos de computador contemporâneos oferecem uma gama de experiências interativas, de histórias predeterminadas do tipo escolha-sua-própria-aventura, como em *Fable* (Lionhead Studios, 2004), até sistemas dinâmicos e imprevisíveis que usam modelos físicos, interação *multiplayer* e emergência, como em *World of Goo* (2D Boy, 2008) ou *Minecraft* (Mojang, 2011).

O efeito distinto que os jogos têm pode vir da sua característica imersiva: jogadores controlam ativamente e se identificam com personagens jogáveis, e suas ações tipicamente moldam situações dentro da experiência de jogo.[3] Quer essas experiências de ação dentro dos jogos se transfiram em contextos do mundo real ou não, no mínimo tais ações distinguem a experiência de jogo dos filmes ou da televisão. Além da interpretação de papéis e da tomada de perspectiva, os jogos digitais oferecem um envolvimento dinâmico com o conteúdo por meio de ciclos de esforço, atenção e *feedback*. Diferentemente das outras formas tradicionais de mídia, que não respondem às jornadas dos jogadores ou às suas leituras e interpretações, os jogos digitais são ambientes particularmente atraentes nos quais os jogadores exploram e agem baseados no mínimo em uma compreensão parcial das dinâmicas relacionais de um sistema. Como observado por Janet Murray, os jogos nos dão "uma chance de encenar nossa relação mais básica com o mundo – nosso desejo de triunfar sobre a adversidade, sobreviver a nossos inevitáveis defeitos, moldar nosso ambiente, dominar a complexidade e fazer nossas vidas se encaixarem como peças de um grande quebra-cabeças".[4] Indo além de meramente contar histórias como as narrativas tradicionais o fazem, os jogos digitais permitem a encenação e oferecem um conjunto de regras no nível dos sistemas para a lógica da história.

## Que valores? Valores de quem?

Quando discutimos o projeto Values at Play, as pessoas muitas vezes perguntam: "que valores? Valores de quem? E o que são valores, de qualquer forma?". Essas são questões totalmente razoáveis, dados os muitos significados dos termos *valores* e *valor* conforme são usados tanto coloquial quanto academicamente. Valores também provocam controvérsia dentro de sociedades e entre elas, entre os indivíduos e mesmo em uma única pessoa. Como aponta Isaiah Berlin: "valores podem facilmente colidir dentro do peito de um indivíduo; e não é verdade que, se isso acontecer, alguns deve ser verdadeiros e outros falsos".[5]

Respostas completas a essas questões gerais estão além do escopo deste livro, mas o bastante deve ser dito sobre valores para transmitir os termos básicos de nossa teoria de Values at Play.

De maneira simples, valores são propriedades de coisas e estados de assuntos com os quais nos preocupamos e nos esforçamos para atingir. Eles são similares a objetivos, propósitos e fins, mas geralmente possuem um grau mais alto de gravidade e permanência e tendem a ser mais abstratos e generalistas. Portanto, enquanto você pode colocar um objetivo de se exercitar e perder um quilo e meio, pode ser estranho citar isso como um *valor*. Em vez disso, o valor relevante pode ser a boa saúde. Como um valor, entretanto, a boa saúde assume uma importância generalista – isto é, se eu cito boa saúde como um de meus valores, então eu me importo com a boa saúde não somente para mim mesmo, mas também para os outros. Valores podem assumir uma variedade de formas: qualidades do ambiente (como a diversidade de espécies), traços pessoais (como a honestidade) e estados políticos (como justiça e democracia). Valores podem ser específicos para alguns indivíduos ou compartilhados por grupos e podem unir comunidades, culturas, religiões ou nações. Nós reconhecemos essas diferenças quando falamos em valores pessoais, valores culturais, valores religiosos, valores humanos e assim por diante. Podemos ir além e diferenciar os tipos de valores falando em valores éticos, políticos, estéticos e mais. Finalmente, valores são muitas vezes ideais: nós os promovemos mesmo aceitando que eles podem nunca ser alcançados. Paz mundial, tolerância, gentileza e justiça são exemplos desses ideais.

As pessoas expressam seu comprometimento com valores de maneiras variadas. Alguns reduzem valores a uma proposição econômica: quanto as pessoas estão dispostas a pagar para salvar uma espécie da extinção, promover a saúde de uma população ou garantir a segurança territorial? Apesar dessa abordagem ser útil para decisões de políticas públicas,[6] nós adotamos uma abordagem mais pluralista. Além de expressar seus comprometimentos por meio de decisões econômicas, as pessoas também os expressam por gestos simbólicos, obras de arte, palavras, companhias, trabalho e – conforme afirmamos ao longo deste livro – projetos para as coisas que constroem.

Apesar de o alcance dos valores ser virtualmente sem limites, aqui estamos interessados, principalmente, nos valores éticos e políticos. Valores éticos típicos incluem gentileza, honestidade, generosidade, fidelidade, integridade, respeito, segurança, autonomia, criatividade, paz, prazer, bem-estar, amizade, colaboração, saúde, responsabilidade, felicidade e contentamento. Todos esses contribuem para a dimensão moral de nossas vidas – como tratamos os outros e como eles nos tratam. Valores políticos incluem aqueles que definem as relações dentro de e entre sociedades, como justiça, igualdade, segurança, estabilidade, cooperação, tolerância, privacidade, responsabilidade, democracia, voz, propriedade, liberdade, liberação, autonomia, igualdade de oportunidades e transparência de governos. Como o estudioso Langdon Winner afirma, valores políticos são "arranjos de poder e autoridade".[7]

Estreitar nossa atenção para valores de significado ético e político ainda deixa bastante espaço para controvérsia sobre quais e a quem pertencem os valores que importam. Percebendo as diferenças nos valores entre as pessoas e as sociedades, alguém perguntou: "Meus valores pessoais podem ser diferentes dos seus, e nossos valores societários, religiosos e culturais podem ser diferentes. Como você ousa selecionar valores particulares e versões particulares desses valores?".

Tais questões surgem nas tradições filosóficas ocidentais desde os gregos antigos e, até hoje, continuam a exercer importante papel nos debates sobre existência de valores humanos básicos, relativismo moral e cultural, políticas de reconhecimento[8] e teoria crítica. Platão considerava bondade, justiça e beleza como valores humanos objetivos e universais. Por outro lado, a antropóloga do século XX Ruth Benedict argumenta, baseada na sua pesquisa etnográfica, que os valores nas sociedades humanas são infinitamente elásticos, e que nenhum alcança o estado de universal.[9] A lista dos onze valores que guiavam a vida de Benjamin Franklin inclui limpeza, frugalidade, indústria, moderação, silêncio, temperança e sinceridade. Mas por que salientar esses, e por que deveriam os valores de Franklin servir como um guia para os outros? Psicólogos sociais conduziram pesquisas para tentar descobrir que valores poderiam ser universais através de diversas nações e culturas. Milton Rokeach sugere um núcleo de valores comuns, que ele divide em duas categorias – valores terminais (como uma vida confortável e liberdade) e valores instrumentais (como honestidade e cooperação).[10] Apesar de persistirem dúvidas sobre a abrangência da lista, existe uma concordância acadêmica de que os valores "cobrem um amplo espectro".[11] Shalom Schwartz e Wolfgang Bilsky postulam três classes de valores universais que são baseados em três necessidades distintas – necessidades biológicas, necessidades de interação para coordenação interpessoal e necessidades da sociedade que servem para a sobrevivência e o bem-estar do grupo.[12]

Apesar de essas teorias de valores humanos universais tirados das necessidades biológicas, individuais e sociais serem interessantes, uma teoria de Values at Play não depende delas. Nossa abordagem não exige valores universais, mas assume a existência de valores morais e políticos socialmente reconhecidos – ou seja, os limites positivos que uma sociedade se esforça para defender em suas estruturas institucionais, políticas e sociais e encoraja os indivíduos a adotar como um guia. Filósofos políticos, eticistas, religiosos e líderes seculares, professores, pais e pares se envolvem no estudo, na deliberação, na definição, na propagação e na comunicação desses valores, algumas vezes explicitamente, em palavras e decretos, e outras vezes por suas ações e reações. Apesar de a implantação da teoria presumir uma postura em valores, não presume nenhuma postura em particular, permitindo desse modo divergência de visões de mundo. Um sistema de valores pode enfatizar a liberdade, e outro pode favorecer a responsabilidade, mas ambos oferecem uma plataforma para o modelo do Values at Play.

Aqui está a postura que adotamos ao longo deste livro: como cidadãos de uma democracia liberal e igualitária, temos a tendência de favorecer valores como respeito aos direitos humanos, soberania da lei, liberdade individual, justiça e igualdade básica de todos os seres humanos. Somos inspirados pelos documentos políticos fundamentais, incluindo a constituição dos EUA. a Carta das Nações Unidas e a Carta Canadense de Direitos e Liberdades. Também dependemos da literatura em filosofia ética e política, assim como dos ideais incorporados nos documentos religiosos. Desde o alto pensador até o vernáculo, essas fontes revelam um núcleo resiliente. Valores que encontramos nessas explorações incluem justiça, igualdade, liberdade, autonomia, segurança, felicidade, privacidade, tolerância, cooperação, criatividade, generosidade, confiança, equidade, diversidade, fidelidade, integridade, ambientalismo, liberação, autodeterminação, democracia e tradição. Esses valores comuns e socialmente reconhecíveis são os pontos de partida para o Values at Play.

Temos consciência de que existem diferenças nos valores entre sociedades e indivíduos. A igualdade de gênero, por exemplo, é explicitamente reconhecida nos Estados Unidos, mas não na Arábia Saudita. Mesmo com os valores mais comumente encontrados, surgem diferenças nas maneiras como são interpretados e aplicados. Platão, por exemplo, favorece a igualdade em geral, mas não para escravos ou mulheres. Uma teoria de Values at Play não irá resolver questões que têm unido e dividido pessoas e sociedades por séculos. Há pouca escolha além de assumir uma posição onde uma posição for necessária. Aqueles que constroem instituições sociais e instituem práticas sociais fazem essas determinações o tempo todo: nós aprovamos leis, fazemos tratados e desenvolvemos sistemas educacionais. Retornamos a nossos pensadores e escritores e voltamo-nos às pessoas que são servidas – ou devem ser oprimidas – por esses sistemas e instituições. Essas pessoas, por sua vez, expressam seus valores na forma como votam, respondem a pesquisas e fazem escolhas financeiras e econômicas.

## Valores na tecnologia

O Values at Play acrescenta uma dimensão a mais ao cenário de valores. Ele afirma que os jogos digitais – como outras tecnologias e como as práticas, sistemas e instituições sociais – têm valores incorporados a eles. Ao dizer isso, nos colocamos dentro da ainda maior discussão sobre os valores na tecnologia. Como Langdon Winner argumenta em seu artigo referencial "Os artefatos têm política?", os criadores dos sistemas e dispositivos técnicos devem considerar as propriedades éticas e políticas dessas tecnologias. O *insight* crucial do artigo de Winner, que tem sido refinado e elaborado de muitas maneiras diferentes pelo autor e por outros,[13] é que os valores expressados nos sistemas técnicos são uma função de seus usos, assim como de suas características e seu design.[14] Privacidade é um desses valores. Por exemplo, as primeiras versões do sistema operacional Unix, que incluíam o comando "finger" para verificar se um colega estava *online*, poderiam ser julgadas hostis à privacidade, e o painel de discussão que permite postagens anônimas poderia ser considerado amigável à privacidade (mais exemplos como esse estão ao longo deste livro). Nesse sentido, nós podemos considerar a privacidade ou outros valores como incorporados no design da tecnologia. Porém, ler valores dentro e fora dos sistemas técnicos não é simples, como até nossos dois rápidos exemplos revelam. "Finger" pode parecer intrusivo para usuários da internet hoje em dia, mas, nos primeiros dias do Unix, os usuários de um sistema provavelmente seriam colegas, até mesmo amigos ou membros de uma comunidade comum, e o comando "finger", mais como uma pergunta a um colega do que uma intrusão problemática. Com a expansão para um ambiente global que muitos sistemas atingiram – tanto sistemas de grande escala (como a internet) quanto alguns relativamente mais modestos (como os próprios jogos) –, essa incorporação de valores complica ainda mais questões urgentes que merecem nossa atenção.

A noção de que valores são incorporados na tecnologia estimula uma virada prática nos trabalhos sobre valores em design. Nós podemos fazer mais do que simplesmente demonstrar as relações sistemáticas entre tecnologia e valores; podemos fazer algo a respeito disso. Se aceitamos que a tecnologia pode incorporar valores, a virada prática permite que designers e produtores considerem preocupações éticas e políticas ao lado de ideais de engenharia mais típicas. O design de sistemas é tipicamente guiado por objetivos como confiabilidade, eficiência, resiliência, modularidade, performance, segurança e custo. Nós sugerimos o acréscimo de itens como justiça, igualdade e sustentabilidade a essa lista. Como o designer consciencioso tem a oportunidade de integrar valores na sua prática diária, ele pode ajudar a determinar que valores serão expressados.

A ideia de que os valores devem ser considerados no design de sistemas técnicos tem estimulado iniciativas como o design consciente de valores e o design sensível a valores.[15] O Values at Play oferece uma abordagem alternativa para guiar o design técnico dos jogos digitais, que são desafiadores por conta de sua natureza híbrida: eles são jogos, formas de arte expressiva e motores tecnológicos. Os dois primeiros aspectos – jogo e forma de arte – são geralmente visíveis tanto para usuários quanto para críticos e teóricos. Eles incluem linhas da história, enredos, configurações, narrativas, personagens, cores, formas, paisagens, som, música e interface, bem como objetivos, regras, desafios, sistemas de representação, construções competitivas e sistemas de recompensa do jogo. Esses elementos têm recebido a maior parte da atenção nas discussões sobre o significado social dos jogos digitais. Isso ocorre, em parte, porque tais elementos são imediatamente experimentados e, portanto, óbvios, mas também porque estruturas teóricas altamente desenvolvidas e consagradas pelo tempo – emprestadas da crítica de mídias, arte, som, música, cinema e literatura – são capazes de dar conta deles. Em outras palavras, existe um rico vocabulário para a exploração de enredo, personagens e regras dos jogos digitais.

O mesmo não pode ser dito da arquitetura tecnológica dos jogos. Acadêmicos dos valores na tecnologia ainda lutam contra a visão percebida de que a tecnologia é neutra, e mesmo que essa área de estudo se mantenha ativa, controversa e incerta, provoca questões e gera abordagens que são exploradas neste livro.[16] Porém, assim como a narrativa e as regras dos jogos carregam valores, as linhas do código, os *engines* de jogo, as mecânicas e o *hardware* também o fazem. A abordagem do Values at Play está interessada em todas as três camadas híbridas – expressiva, lúdica e tecnológica. Nosso objetivo é contribuir para uma linguagem crítica da tecnologia que seja tão rica quanto as que existem para a arte expressiva.

### Valores no e em jogo

É impossível fazer justiça ao alcance e à profundidade da pesquisa sobre valores em tecnologia, design e jogos nos poucos parágrafos que devotamos a esses tópicos neste capítulo. Nosso objetivo primário é dar uma ideia do rico patrimônio que inspira nosso foco decididamente pragmático. Com casos concretos ao longo deste livro, o texto ilustra as relações sistemáticas entre valores e elementos particulares do design. (Leitores interessados em se aprofundar mais podem encontrar mais informações em nossas referências bibliográficas.) Por exemplo, o jogo de PC mais vendido de todos os tempos, *The Sims* (Maxis, 2000), tem sido acusado de imprimir valores materialistas que definem o lar como um espaço primariamente devotado ao consumo. Os jogadores são encorajados a ganhar dinheiro e gastá-lo na aquisição de bens, especialmente bens domésticos (como móveis e televisores) e, em algum momento, casas maiores.[18] *Saints Row* (Volition, Inc., 2006) é uma série de jogos na qual o crime compensa. Ela mostra o mundo como um lugar violento que recompensa o comportamento criminoso (como a fraude de seguros) e reforça estereótipos étnicos e de gênero. O modo "Whored" de *Saints Row: The Third* (Volition, Inc., 2011) apresenta ondas de prostitutas que atacam, e a arma "The Penetrator" (um taco de beisebol mortal em forma de consolo roxo) é usada contra elas.[19] De um modo mais suave, o jogador em *Okami* (Clover Studio, 2006) assume o papel da deusa animal Amaterasu, cujo trabalho é fazer com que plantas e animais sejam felizes no ambiente. Podemos dizer que este jogo alimenta a empatia, o cultivo, o compartilhamento e o cuidado.

Alegações como essas, entretanto, merecem um escrutínio mais próximo se desejamos evitar um determinismo simplista parecido com o que teria ligado o comando "finger" à violação de privacidade. O tom escrachado em *The Sims*, por exemplo, e sua representação do consumo como monótono resiste a interpretações fáceis e evoca respostas mais complicadas dos seus jogadores. Apesar de nossa perspectiva apoiar a necessidade de uma interpretação com mais nuances dos valores nos jogos, reconhecemos que não existem linhas simples que conectem as características dos elementos de um jogo (como conteúdo, arquitetura e ações) com a expressão (ou supressão) de certos valores e estados de valor. Assim como a conexão entre "finger" e privacidade requer um entendimento das sutis dinâmicas introduzidas pela mudança dos contextos de uso, as características de um jogo como portadoras de valores emergem no ato do jogar, dinamicamente, dependendo do contexto de jogo e de quem está jogando. As intenções dos designers importam, mas não são totalmente determinantes; valores não intencionais podem surgir apesar dessas intenções, e valores intencionais podem fracassar.[20]

Inspirados pelos jogos, nós escolhemos o termo Values at Play (Valores em Jogo) como o rótulo da nossa estrutura de trabalho para reconhecer o fluxo multidimensional dessas complexidades no domínio do design. O termo *play*, em inglês, tem vários significados, incluindo "interpretar um papel"; "ocupar-se de divertimento, esporte ou fantasia"; "colaborar e aceitar as regras de uma dada situação"; e "permitir espaço para movimento, como no movimento livre de engrenagens". O Values at Play divide suas raízes com importantes trabalhos recentes em ética em jogos, focando nas escolhas éticas e nas maneiras como ações éticas e antiéticas são estruturadas dentro dos jogos. O Values at Play incorpora uma perspectiva em ações éticas, objetivos de valor e maneiras diretas e indiretas de elementos dos jogos incorporarem valores.[21] Reconhecendo essas importantes raízes compartilhadas, incluímos uma pequena contribuição de Karen Schrier, uma das mais proeminentes colaboradoras do estudo de ética nos jogos.

Contudo, complexidade não significa anarquia. Admitir que as interdependências no caminho entre design e valores (e vice-versa) é complexa e diversa não garante mais niilismo e resignação aqui do que na miríade de outras circunstâncias nas quais a ação pensada é exigida apesar das incertezas. Questionar sua própria visão de mundo é um bom começo. Um designer consciencioso pode proceder fixando algumas variáveis enquanto manipula outras, aprendendo sobre quem provavelmente vai jogar (e sua visão de mundo) e explorando o provável contexto de jogo. Todas essas considerações são parte da caixa de ferramentas de um designer que objetiva uma abordagem holística para fazer escolhas de design com valores em mente. Apesar de as rubricas filosóficas associadas a valores na tecnologia e no design serem o contexto deste livro, o concreto e o palpável são nosso vernáculo dominante. Examinamos as maneiras como os valores tem sido e podem ser usados, negados, confrontados e manipulados – as maneiras como os valores estão "em jogo" nos jogos e no design.

**Introduzindo o designer consciencioso**

Estas são nossas premissas centrais: (1) existem valores comuns (não necessariamente universais); (2) artefatos podem incorporar valores éticos e políticos; e (3) passos dados no design e no desenvolvimento têm o poder de afetar a natureza desses valores.

Profissionais podem descobrir valores centrais enquanto estão trabalhando nos seus respectivos campos. Donald Schön relacionou esse tipo de descoberta à noção da prática reflexiva. Seu trabalho nos ajudou a formar o pensamento sobre as profissões do design e trouxe à luz maneiras como os praticantes do design poderiam ser mais reflexivos ou, em nossos termos, conscienciosos.[22] Seu trabalho fundamental assume os desafios da configuração do problema (perguntar a questão certa) sobre a solução do problema, notando que muitos profissionais aprendem esses desafios da maneira difícil, perguntando a questão errada e tentando resolver o objetivo errado. Se os problemas não são bem definidos inicialmente, então surgem resultados medíocres. Esse pensamento é relevante para o processo de design de games, especialmente quando os designers acham que estão introduzindo um conjunto de valores, mas, na verdade, podem estar incorporando outro.

Nosso objetivo é ajudar os designers a encontrar um papel ativo na configuração dos valores sociais, éticos e políticos que podem ser incorporados nos jogos. Quando esses valores, inevitavelmente, desviam de seu curso durante o processo de iteração, os designers precisam estar seguros o bastante para trazê-los de volta aos trilhos, mesmo que seja difícil fazê-lo.

Designers conscienciosos consideram valores quando projetam e constroem sistemas. Eles muitas vezes têm paixão pelo aprendizado, profunda curiosidade sobre o mundo e fascínio com o comportamento humano. Essa paixão é expressa no design bem pensado como um todo. Nosso livro não tenta persuadir os céticos na comunidade do design a aceitar essas premissas, mas, ao invés disso, convida os designers conscienciosos a experimentar a heurística do Values at Play. Se você está interessado em levar valores a sério no design, você é um designer conscienci oso. Para você, nós oferecemos o Values at Play.

Este livro se destina a ser uma fonte baseada na teoria, mas essencialmente prática. Values at Play é uma teoria à medida que constitui um modo estruturado de entender os valores nos jogos. Como uma estrutura formal teórica, oferece uma lente através da qual designers podem apreciar os valores em um jogo, assim como outras abordagens teóricas guiam as pessoas a apreciar outras dimensões, como estética, eficiência tecnológica ou narrativa. Mas o propósito do Values at Play é pragmático em primeiro lugar. É um companheiro para designers que procuram fazer jogos novos e melhores considerando valores, aceitam as relações entre design e valores e perguntam-se como podemos converter essa compreensão em práticas no mundo.

Inúmeras decisões caem no escopo de nosso projeto, pois valores podem estar em jogo em todos os níveis de uma iniciativa de design. Desde princípios arquitetônicos abrangentes até decisões no menor dos detalhes, designers e engenheiros de *software* podem influenciar a forma de uma iniciativa por meio de escolhas e estratégias de resolução de problemas. Embora este livro revele as implicações filosóficas dos valores humanos que estão em jogo nos jogos digitais, suas reinvindicações principais são feitas de exemplos concretos – muitos deles –, demonstrando conexões entre ideias abstratas sobre valores e jogos até decisões momento a momento no processo de design.

Baseando-se em princípios teóricos e *insights* práticos da academia e da prática de design, este livro desenvolve um método para integrar valores na concepção e no design de jogos que pode servir como um guia para designers de jogos e desenvolvedores. Designers conscienciosos são éticos (eles são sinceros, concretos e alertas e querem o melhor para o jogador) e também se esforçam para fazer a diferença por meio de seu trabalho. O número de designers conscienciosos está crescendo de maneira constante, e, conforme trabalham, eles descobrirão que valores aparecem em uma série de jogos e seus elementos constitutivos. É essencial identificar as questões e abordar aquelas decisões momento a momento sobre valores no desenvolvimento de jogos. O designer consciencioso precisa de retaguarda – evidência anterior, material de apoio, métodos –, e nós oferecemos tal retaguarda neste livro.

Na relativamente curta história das tecnologias de informação, histórias do seu significado moral e político abundam no conhecimento informal e em casos cuidadosamente pesquisados. Eles discutem o potencial democratizador da internet, o acesso livre e igualitário ao conhecimento que a rede oferece, o encolhimento da privacidade trazida pelos bancos de dados e *cookies*, dentre outros. Tais histórias nos levam a questionar se os resultados políticos e sociais são acidentais ou se podem ser integrados nas metas e práticas diárias do design de tecnologia, permitindo desse modo a ascensão de melhores tecnologias. Os designers conscienciosos podem mudar a sociedade para melhor com seu trabalho? Nosso comprometimento com respostas positivas a essas questões motivam o projeto Values at Play. Apesar de nossos ideais serem temperados com uma boa dose de realismo, continuamos a trabalhar na direção da mudança por meio da inserção de valores sociais e políticos na agenda do design, de maneira que ele possa levar a melhores jogos e tecnologias.

## 2  Revelando o Values at Play

O estudioso de mídias do século XX Marshall McLuhan – que cunhou a expressão "o meio é a mensagem" – argumentou certa vez que "toda mídia existe para envolver nossas vidas com percepções artificiais e valores arbitrários."[1] O objetivo do Values at Play é construir valores em uma mídia – jogos digitais – um pouco menos arbitrariamente. Antes que os designers possam ter o controle dos valores em seus jogos, entretanto, eles devem analisar e descobrir exatamente onde os valores brotam em primeiro lugar. Neste capítulo, nós analisaremos jogos existentes a partir de uma perspectiva de valores.

Cada jogo expressa um conjunto de valores, mas muitas vezes é difícil de entender as muitas maneiras como esses valores vêm a ser incorporados no jogo. Para desvendar esses muitos fatores, é útil agrupá-los em duas grandes categorias: compreensão do designer e percepção do jogador. Compreensão do designer envolve a ampla gama de valores que emergem na criação de um jogo. A companhia ou organização que está produzindo o jogo encara restrições econômicas e comerciais, cria planos de negócio e de marketing e tenta adivinhar de maneira consciente as preferências do consumidor, e cada uma dessas ações traz valores ao jogo. Política pública, regulações da indústria que governam os jogos e cultura geral na qual o jogo é criado também exercem influência. Os valores emergem na definição de um projeto e nas especificações das características instrumentais de design. Os designers trazem valores preexistentes para seu trabalho e fazem suposições sobre os valores de seu público-alvo. Finalmente, as expectativas das partes interessadas (investidores, executivos e outros) também moldam os valores de um jogo.

E a história está longe de acabar quanto o jogo é criado e lançado porque as percepções do jogador também contribuem para os valores de um jogo. Pessoas jogando o mesmo jogo podem não ter experiências de valor idênticas porque fatores pessoais, culturais e situacionais influenciam a experiência do jogador em relação aos valores a cada vez que ele joga o mesmo jogo.

**Revelando valores em jogos não digitais**

Para algumas pessoas, o futebol americano promove valores de violência, antagonismo e territorialidade. Outros, entretanto, veem cooperação e trabalho em equipe no núcleo do jogo. Ambas as interpretações podem estar arraigadas nas experiências reais das pessoas com o jogo, e essas visões não devem necessariamente ser vistas como conflitantes. Uma pessoa poderia ver o futebol de ambas as maneiras ao mesmo tempo, isto é, ela pode experimentar "os valores do futebol" como uma complexa inter-relação de violência, antagonismo, territorialidade, cooperação e trabalho em equipe.[2] Todos esses valores emergem das regras do jogo, e qualquer combinação delas pode contribuir para a experiência do jogador em relação aos valores do jogo. Precisamente como os jogadores ou expectadores experimentam os valores do futebol americano depende da combinação única de fatores pessoais, culturais e situacionais que eles trazem ao jogo.

As percepções do jogador, naturalmente, não operam no vácuo. As mecânicas do jogo e os elementos narrativos criam restrições que impedem algumas interpretações e guiam os jogadores na direção de outras. Seria difícil, por exemplo, interpretar o futebol como uma afirmação da não violência. Já que a violência é sancionada pelas regras (isto é, tudo bem dar um encontrão em outros jogadores), tal interpretação seria inverossímil. Da mesma maneira, seria difícil para os jogadores experimentarem o futebol como uma afirmação ou uma violação do valor da privacidade porque privacidade simplesmente não é um dos focos do jogo. O ponto é: nós podemos descartar ou minimizar algumas interpretações ao mesmo tempo em que descrevemos uma gama de interpretações plausíveis e relevantes.

O objetivo do Values at Play é chamar a atenção àquela gama de interpretações plausíveis e certificar-se de que os valores incorporados nos jogos não sejam "arbitrários" (usando o termo de McLuhan), mas uma questão de considerações cuidadosas. Para designers conscienciosos, os valores de um jogo são o foco central do design do jogo, porque eles compreendem que cada decisão, de uma miríade de possibilidades, que vai para o design de um jogo cria restrições que definem a gama de interpretações plausíveis dentro de um jogo.

Uma boa maneira de jogar luz nessas questões é pegar um jogo já existente, adicionar ou subtrair uma mecânica ou elemento-chave e investigar como tal modificação muda a gama de interpretações plausíveis. Considere uma alteração nas regras do futebol americano na qual os jogadores começam o jogo com o número em seus uniformes coberto por um adesivo, e qualquer jogador cujo número esteja coberto não possa ser chamado para penalidades. Além de correr, passar e dar encontrões, os jogadores de ambos os lados também tentariam arrancar os adesivos dos uniformes de seus oponentes. Jogadores com números escondidos poderiam recorrer a jogadas desonestas ou mesmo perigosas porque a regra os permitiria fazer isso.

Essa regra tem um efeito dominó, alterando a experiência do jogo; ela também muda a gama de interpretações possíveis dos valores. Sob as novas regras, os valores de privacidade e segredo são "ativadas" e trazidas para o primeiro plano. Esses valores são características secundárias do futebol americano sob suas regras-padrão, onde o agrupamento continua confidencial e a comunicação entre os jogadores e os técnicos é muitas vezes conduzida em uma linguagem secreta de sinais manuais e pedidos de jogadas codificados. Sob as novas regras, entretanto, privacidade e segredo se tornam elementos-chave do jogo e governam a maneira como os jogadores interagem. No jogo como acontece normalmente, não esperaríamos que todo jogador experimentasse a privacidade, mas, sob as novas regras, privacidade é um valor que está muito em jogo.

Agora considere outro jogo não digital: um jogo antigo chamado mancala, cuja origem pode ser traçada a algumas das mais antigas civilizações. Um conjunto de jogos conhecido como família mancala de jogos surgiu no norte da África já em 6900 a.C.;[3] tabuleiros antigos de mancala feitos com marcas escavadas (depressões na terra ou na pedra) foram descobertos tanto em sítios arqueológicos comuns como em sítios importantes. O jogo envolve distribuir, capturar e redistribuir fichas (contas, pedras ou sementes) em um tabuleiro de jogo com dois a quatro linhas de depressões. Um jogador tira todas as pedras de uma posição e as distribui uma a uma nas outras posições pelo tabuleiro, com o objetivo de capturar as pedras do tabuleiro (Figura 2.1).

**Figura 2.1**
Crianças jogando mancala.

As regras variam consideravelmente entre as várias versões, mas em todas elas o processo de jogar é parecido com a semeadura de um campo. Em algumas sociedades, hoje em dia, o jogo continua sendo um passatempo popular que também é relevante para uma atividade econômica dominante, a agricultura.

Que valores estão em jogo nesse passatempo tão antigo e aparentemente tão simples? O jogo de mancala é geralmente simétrico, o que significa que os jogadores usam a mesma estratégia, recursos iguais e as mesmas regras. Também é evidente a qualidade da informação perfeita. Toda informação está disponível para todos os jogadores: todas as peças estão disponíveis para os jogadores no início da partida e não existem regras ou elementos escondidos. Nenhum jogador tem qualquer vantagem particular, portanto qualquer um tem a possibilidade de vencer o jogo. Assim, nós poderíamos dizer que o jogo incorpora os valores de justiça e igualdade. Como em quase todos os jogos, um jogador precisa confiar que o seu oponente vai jogar de acordo com as regras e não vai, por exemplo, colocar uma pedra no lugar errado, numa violação dessas regras. Como a mancala foca na ação de distribuir e coletar, ela envolve, pela metáfora da colheita, as noções de natureza e sustentabilidade. Para muitos grupos, o jogo representa uma tradição cultural que pode ser compartilhada com outro jogador de repertório similar ou ensinada para um não iniciado. Quando jogado em público, um jogo pode também promover a comunidade. Então, jogar uma partida casual de mancala poderia envolver os valores de justiça, igualdade, confiança, natureza, sustentabilidade, tradição e comunidade. Vale notar que valores como tradição e comunidade não estão contemplados nas regras do jogo. Em vez disso, estão incorporados nos materiais usados no tabuleiro, na apresentação do jogo e no contexto criado pela comunidade onde é jogado.

Agora, considere como a mancala pode ser modificada para introduzir novos valores. Certas pedras, por exemplo, poderiam assumir poderes especiais que permitissem a um jogador limpar por completo uma posição no lado do tabuleiro do seu oponente, ficando na tensão entre competição e cooperação. Ou se as pedras em uma posição aparecessem em uma combinação particular de cores (como todas azuis), aquela coleção poderia ser removida do tabuleiro e distribuída entre os jogadores, introduzindo o valor do compartilhamento.

Por meio desses exemplos, vimos que valores brotam através de tipos e formatos de jogos, independentemente da tecnologia. Apesar de os jogos digitais poderem proporcionar certos valores em detrimento de outros, jogos físicos, como o futebol americano e a mancala, demonstram que as mídias digitais não são únicas em permitir que valores sejam manipulados pelas escolhas de design. Quando designers de jogos reconhecem o quanto uma pequena mudança de regra ou representação pode afetar os valores, eles podem tecer valores particulares na trama de um jogo.

**Revelando valores nos jogos digitais**

Qualquer jogo pode ser desconstruído por seus valores. Usando as mesmas ferramentas críticas que usamos com o futebol americano e a mancala, podemos descobrir valores nos jogos digitais e examinar como esses valores são revelados e consumados pelo jogar.

*Ico*

*Ico* (Sony Computer Entertainment, 2001) é um jogo premiado dos primeiros anos do lançamento do console de videogame PlayStation 2. Em *Ico*, o jogador assume o papel do personagem do título em um mundo sombrio e ficcional. Ico é um garoto condenado ao ostracismo, abandonado em um castelo isolado como sacrifício de uma vila. No castelo, ele encontra uma garota de nome Yorda, uma adolescente brilhante e iluminada que também se encontra trancada no castelo (Figura 2.2). O objetivo do jogador que controla Ico é manter Yorda a salvo dos demônios que a perseguem e ajudá-la a escapar desse lugar traiçoeiro, cercado por penhascos e glaciais perigosos. Os espíritos da escuridão tentam arrastar Yorda para dentro de seus portais, e batalhas acontecem. Apesar de Yorda ser menos ágil do que Ico, ela pode executar certas tarefas no castelo (como abrir portas de ídolos) quer Ico não pode. Yorda raramente fala, mas, quando o faz, o jogador não consegue entender sua linguagem. Fumito Ueda, game designer da Sony, se revelou um designer consciencioso quando colocou esta questão em seu discurso na Game Developers Conference de 2002: "Que tipo de 'realidade' pode gerar envolvimento emocional ou 'empatia'?"[4] Ueda assume esse desafio, criando uma realidade na qual a empatia está à frente e é central.

**Figura 2.2**
Yorda e Ico, do jogo *Ico* (Sony Entertainment, 2001).

A visão de Ueda para o jogo foi realizada. Em blogues, análises e artigos com o passo a passo do jogo, muitos jogadores descreveram suas experiências com *Ico* como profundamente comoventes. A narrativa do jogo promove uma forte empatia por Yorda, e o mesmo valor está incorporado nas mecânicas do jogo, de tal maneira que as ações do jogador promovem a empatia.[5] O ambiente do castelo aumenta essa emoção. O assombrado design de áudio ambiental apresenta as ondas batendo no penhasco abaixo, passos que ecoam cavernosamente no castelo, gaivotas que choram e dobradiças que gemem quando as portas se movem. Esse ambiente sônico evoca solidão e medo.[6] Como Yorda não é tão ágil quando Ico, os jogadores devem criar uma passagem segura abaixando pontes, escalando cordas e coisas do tipo. Muitas vezes, Yorda pode fazer mais do que ela parece imaginar: ela consegue subir escadas e correr rapidamente se Ico a encoraja. Ico pega a mão de Yorda para ajudá-la a atravessar fossos largos, geralmente levantando-a para a segurança. A relação entre os dois jovens que lutam é capturada de maneiras românticas e tocantes, como mostrá-los em pontos de gravação no jogo de mãos dadas e adormecendo em sofás pelo castelo. Essas representações, o ambiente expressivo e a mecânica do jogo geram uma relação protetora e empática entre o jogador e Yorda.

*Flower*
*Flower* (thatgamecompany, 2009) permite que os jogadores invadam os sonhos de plantas domésticas, abrindo um espaço imaginativo conforme o sonho da flor se move para as planícies abertas fora da cidade (Figura 2.3). Os jogadores começam no papel do vento, com uma única pétala de flor usada para marcar a brisa. A pétala deixa os jogadores saberem para que lado estão viajando, e isso também permite uma abordagem minimalista para os controles do jogo: o jogador simplesmente toca o controle de um jeito ou de outro para guiar a pétala (e a sua cadeia subsequente) pelo céu. O jogador descobre que soprar sobre as flores da paisagem as faz desabrochar com um lindo som, e cada flor que abre também

oferece uma pétala para o que pode vir a ser uma rabiola feita de pétalas. Os jogadores trabalham para ajudar as flores a desabrocharem, colhendo pétalas enquanto se movem pela paisagem. A ação neste nível do jogo é simples, hipnótica e bela.

**Figura 2.3**
O belo mundo de *Flower* (thatgamecompany, 2009).

Mais tarde, entretanto, o jogo se torna sombrio. Conforme o jogador avança pelos níveis, a paisagem muda de campos vastos e saudáveis para ruínas pós-apocalípticas. Com o progresso do jogo, uma dicotomia emerge entre elementos naturais e objetos feitos por humanos. No meio do jogo, objetos tecnológicos criados pelos humanos começam a parecer ameaçadores e perigosos. Os jogadores que passam por esses níveis perigosos começam a entender que tecnologias antiquadas podem ameaçar as flores que eles estão ajudando a trazer à vida. O jogador começa a curar essa falha através do jogo, costurando uma relação de balanço entre vegetação e tecnologias sustentáveis, natureza e cultura. O jogo mantém seu estado entre as partidas, assim os jogadores podem reentrar em seu domínio simplesmente escolhendo começar.

Em seu livro de 1955 *Homo Ludens: Um estudo do jogo na cultura*, o historiador Johan Huizinga explica que qualquer tipo de espaço usado para o jogo – seja uma arena, uma mesa de cartas ou uma tela – cria um "mundo temporário dentro do mundo normal, dedicado à performance de uma ação excepcional".[7] Por meio de suas telas de carregamento, paisagem de fantasia, música, *feedback* responsivo e mecânica, *Flower*, assim como outros grandes jogos, estrutura um coeso mundo excepcional. *Flower* é um interessante híbrido de jogo casual fácil de jogar e jogo de console que requer muitas horas de dedicação.

As regras intuitivas e gradualmente reveladas do jogo (o que coletar, o que evitar) reforçam a força do círculo mágico. De tal maneira exploratória, os jogadores simultaneamente se submetem à descoberta e compreendem as regras que governam o jogo. Conforme avançam pelos níveis, eles começam a entender que os elementos naturais podem ser alimentados (produzindo resultados positivos) ou maltratados (levando à destruição). Navegando, os jogadores passam repetidamente sobre a região, olham para o céu para ver o comprimento da "cauda" de pétalas coletadas como um pipa e, às vezes, passam rapidamente pelas gramíneas para ouvir e "sentir" a grama. Há um tipo sutil de prazer em explorar a paisagem em si – e por si só – e experimentar a estética responsiva do jogo. *Flower* favorece um tipo de jogo contemplativo.

Esse efeito era a intenção do designer. "Se você quer tocar o jogador com seu jogo, você tem de ser bem-sucedido em deixá-lo *entender* um pouco do que você está tentando dizer no jogo" explicou Jenova Chen, líder de design da thatgamecompany. "E se você quer que o jogador realmente aprecie o que você está dizendo, a mensagem tem de ser relevante a ele. Eu acho que é bem difícil hoje em dia construir uma mensagem relevante nos videogames porque a maioria dos jogos acontece em um mundo muito falso. Não estou falando apenas dos gráficos. Eu acho que *dar a sensação* de realidade é bem diferente de *parecer* realidade."[8] Se há realismo em *Flower*, ele se manifesta em parte por meio da tecnologia da *engine* de física e, mais importante, pelo caminho do vento, que espelha um tipo de consideração na qual os controles criam um amplo espaço para navegação.

Como os valores em *Flower* são colocados em jogo? A interação do jogador é de intrusão mínima. Os jogadores inclinam seus controles e pressionam somente um botão para aumentar a velocidade do vento. Assim, há um controle impreciso no mundo. Eles não podem plantar flores, desenterrá-las ou manipular o mundo de maneira direta. Em vez disso, eles gentilmente guiam ou influenciam o mundo do jogo. A interação é uma tradução consistente dos valores do jogo, que foca em encorajar os jogadores a trabalharem em parceria com o ambiente. O significado em *Flower* não é que o vento irá consertar o mundo, mas que trabalhar com o sistema todo é o caminho para o sucesso. "Em geral, na thatgamecompany, nós tendemos a escolher temas universais do dia a dia e do mundo à nossa volta", Chen aponta. "Eu tive sorte de ter experimentado uma cultura bem diversificada entre ocidente e oriente. Quando eu penso, eu tento evitar pensamentos que são muito americanos ou muito chineses. Eu gosto de sentir uma perspectiva mais aberta como um genuíno ser humano."[9] O objetivo de Chen – fundamentar as ideias e ações principais do jogo em preocupações humanas genuínas – revela as vantagens do design consciencioso. Nesse jogo, os valores de equilíbrio, sustentabilidade, cooperação e influência estão incorporados no *gameplay*.

## *Beyond Good & Evil*

De maneira diferente de *Flower*, muitos videogames apresentam um inimigo claro. Como seu nome sugere, o jogo de aventura e ação *Beyond Good & Evil* (Ubisoft, 2003) traz à tona questões de amigos e inimigos, o eu e o outro. Friedrich Nietzsche começa sua famosa obra filosófica *Para Além do Bem e do Mal* (1886) com a questão "*supondo* que a Verdade seja uma mulher – e então?"[10] A afirmação de Nietzsche implica jocosamente que seus colegas filósofos poderiam ser atormentados por procurar a verdade no pacote ardiloso e misterioso que se imaginava que uma mulher do século XIX fosse. Os leitores de hoje poderiam achar essa sugestão um pouco ofensiva ou meramente exótica, mas os designers de jogos na Ubisoft assumiram a questão em seu jogo futurístico. Nele, os jogadores atuam como a personagem Jade, uma heroína que é *expert* em artes marciais. Ela também é a cuidadora de órfãos híbridos de humanos e animais cujos pais foram atacados por alienígenas conhecidos como DomZ (Figura 2.4). Mas se a verdade é uma mulher (isto é, a personagem Jade), que tipo de verdade ela seria?

**Figura 2.4**
Jade, de *Beyond Good & Evil* (Ubisoft, 2003).

A experiência de jogo é uma atraente mistura de aventura, ação e *puzzle*. Vivendo confortavelmente em um farol em uma bela ilha no planeta Hillys, as crianças híbridas e sua benfeitora são atacadas por alienígenas DomZ. Sem poder pagar sua conta de luz e, assim, incapaz de usar seu escudo doméstico de defesa, Jade assume um emprego como fotógrafa para documentar as espécies que têm sobrevivido à guerra com os DomZ. Os jogadores ajudam Jade a documentar os animais, ganhar dinheiro e investigar conspirações escondidas na guerra. Diferentemente de muitos jogos de ação, *Beyond Good & Evil* recompensa os jogadores pela evidência coletada por meio da fotografia e não pelo número de corpos assassinados ou armas recolhidas. A tarefa de documentar as espécies poderia sugerir que o jogo apoia o valor da biodiversidade e alerta contra a extinção em massa. Isso pode ser verdade, mas logo fica claro que algo mais complicado está acontecendo também.

Como o papel central dos órfãos híbridos sugere, a questão das categorias naturais – incluindo categorias raciais – é fundamental no jogo. Mas essas categorias naturais são colocadas como boas, más ou algo além?

O título sugere que o design do jogo transcende essa dicotomia, mas o *gameplay* não necessariamente permite que o jogador faça isso. A estranha relação entre as espécies alienígenas e as espécies de Hillys muitas vezes deixa o jogador inquieto sobre a possibilidade de transcender uma dicotomia entre o bem e o mal. O trabalho de Jade, tirar fotos de animais em troca de dinheiro, expõe a incerteza das categorias naturais. As lentes conectadas de sua câmera são ligadas a um banco de dados que pode identificar criaturas no seu visor. Apesar de os órfãos animais/humanos no começo do jogo parecerem ser identificados como *Homo sapiens*, os mecânicos rinocerontes/humanos que comandam a oficina Mammago aparecem no banco de dados fotográfico como "rhino-sapiens", têm sotaque jamaicano e *dreadlocks* e ouvem música *reggae*. Em contraste, a autoridade planetária chamada de Alpha Section é representada, ao estilo *Exterminador do Futuro*, como ciborgues humanoides modelados a partir de um homem branco musculoso. Um sutil, mas penetrante sistema cultural baseado em raça e espécie emerge no jogo, e a minoria híbrida animal/humana é claramente oprimida. O editor Chris Kohler, da revista *Wired*, que examina uma tendência para a ambiguidade racial em jogos recentes, nota tal ambiguidade entre os "mocinhos" em *Beyond Good & Evil*. Kohler descreve Jade como racialmente ambígua, mas mais próxima de uma afro-americana. Levando em conta que a intenção da Ubisoft era que Jade refletisse um amplo espectro de possíveis jogadores, Kohler argumenta que a ambiguidade racial no jogo poderia permitir uma melhor identificação.[11]

O que está em jogo envolve mais do que identificação do jogador. Os diversos personagens se envolvem em atividades na base da escada socioeconômica, como vender itens no mercado negro, consertar veículos, atender o balcão de um bar, vender jornais ou, na casa de Jade, simplesmente "ser órfão". Outro exemplo "racial" é Ming Tzu, uma morsa chinesa que vende *upgrades*. Em suas cenas, a música do jogo muda para instrumentos de corda chineses, gongos e *digeridoos* australianos. Esses personagens funcionam fora da estrutura de poder da sociedade de Alpha Section e, no caso de Min Tzu, são excessivamente estereotipados e representados como híbridos de humanos e animais. Os irmãos de Mammago são rinocerontes humanoides (isto é, menos que humanos), e os "vilões" brancos musculosos se mantêm como *Homo sapiens*, separados por um legado de discriminação racial e de espécies que vem desde a Iluminação. Assim, os personagens de minorias (como animais e híbridos) são identificados com o mundo natural e com a opressão (colonizados pelos DomZ).

Michel Ancel, da Ubisoft, disse que a intenção do jogo é dar uma "promessa de descoberta" ao jogador.[12] As representações dos personagens, a narrativa, as interações e os espaços do jogo forçam os jogadores a considerar os valores de igualdade, autonomia e justiça. Para Ancel, as decisões de design feitas na criação de *Beyond Good & Evil* "tiveram um pouco de uma dimensão política. Então, para mim, o jogo tem um aspecto sério, tem um tipo de profundidade, e é muito legal ver que as pessoas são sensíveis ao fato de poder haver um jogo com uma mensagem".[13]

### *Angry Birds*

O pássaro plana pelo ar em direção à estrutura. Ele vai acertá-la e destruí-la inteira (ou sua maior parte) ou errá-la? O jogo casual *Angry Birds* (Rovio, 2009) traz uma ilha tropical na qual personagens animados de pássaros estão bravos com porcos porque eles levaram seus ovos. Os porcos, presumidamente satisfeitos, se refugiaram em estruturas instáveis, colapsáveis, parecendo pombos descansando tranquilamente em esqueletos estruturais. Os jogadores miram e lançam os pássaros nos porcos usando uma catapulta ao estilo estilingue. O objetivo é destruir a estrutura para ganhar pontos, saciar a vingança e avançar a níveis mais altos (Figura 2.5). *Angry Birds* ganhou notoriedade internacional por sua simplicidade e popularidade. O jogo e suas expansões foram baixados milhões de vezes, e o jogo rapidamente se tornou um aplicativo popular para o iPad e outros dispositivos móveis.

De acordo com a revista *Wired*, "A cada dia, usuários gastam 200 milhões de minutos – 16 anos a cada hora – no jogo de dispositivo móvel."[14]

Como todos os jogos, *Angry Birds* tem valores em jogo. Valores que poderiam ser expressos pelo jogo em seu estado atual são: diferenças interespécies, ação, vingança, destruição, humor e violência. E se o jogo fosse modificado para dar suporte ao valor da criatividade no lugar da destruição?

Talvez depois de destruir a estrutura, o jogador pudesse usar as peças para reconstruir uma nova estrutura ou construir algo melhor ou mais decorativo do que outros jogadores. Mesmo jogos simples como *Angry Birds* podem ser modificados para incluir elementos que promovam os valores com os quais os designers, a sociedade e a cultura em torno deles concordam.

**Figura 2.5**
Pássaros contra porcos, do jogo *Angry Birds* (Rovio, 2009).

## *FarmVille*

Agora, vamos dar uma olhada no jogo social popular *FarmVille* (Zynga, 2009a), um jogo de simulação de fazenda atrelado a redes sociais existentes. Lançado em 2009 para o Facebook e para *smartphones*, os jogadores de *FarmVille* gerenciam sua própria fazenda virtual plantando, cultivando e colhendo alimentos e árvores (Figura 2.6). Em 2009, durante o pico de *FarmVille*, mais de 80 milhões de usuários ativos o jogavam a cada mês.[15] *FarmVille* se tornou tão popular que muitos grupos de fãs se formaram, incluindo, por exemplo, http://farmvilleart.com, iniciado por um jogador entusiasmado para coletar trabalhos artísticos criados a partir do *layout* tipo *pixel-art* de plantações nos campos (FarmVille Art, 2009).

Os jogadores de *FarmVille* começam como um "trabalhador de fazenda", recebem um pequeno pedaço de terra e constroem uma fazenda nele. É permitido que eles escolham, plantem e colham alguns cultivos simples, e em algum ponto eles podem criar porcos e vacas. Jogadores competitivos calculam comparativamente os lucros de uma lista de áreas disponíveis para compra e determinam quais sementes dão os mais altos ganhos. Jogadores que não estão interessados em ganhar podem escolher plantas e flores que eles gostem. É permitido aos jogadores adquirir culturas, árvores e animais de fazenda e, com o tempo, construir estruturas na sua propriedade em expansão. Colher safras ou ordenhar vacas faz ganhar pontos, que podem ser convertidos para uma das moedas do jogo. Conforme os jogadores avançam, eles podem acessar mais e mais itens com os quais construir ou cultivar. Enquanto ganham experiência, eles podem aspirar a se tornarem Professores de Agricultura (nível 15), Suprassumo da Safra (24), Sultão do Solo (26), Lorde do Arado (30), e por aí vai, até o nível máximo original de 70. Um ano depois, foram criados níveis até 120, e alguns jogadores *hackearam* seus níveis até as dezenas de milhares.[16]

**Figura 2.6**
Uma fazenda com um arranjo ordenado de animais e culturas, do jogo *FarmVille* (Zynga, 2009a).

*FarmVille* inclui duas moedas: uma é ganha pela execução de tarefas, e a outra, acrescida com moedas do mundo real. O jogo depende da repetição (talvez obsessiva) das visitas e recompensa suas habilidades de gerenciamento de tempo. Em uma das raras conexões com comportamentos do mundo real, certas safras digitais amadurecem em ritmos diferentes e devem ser colhidas antes de apodrecerem no pé. O tempo é essencial, e o relógio do jogo está correndo mesmo quando um jogador está *offline*. *FarmVille* premia o valor da eficiência e do gerenciamento de tempo associando-se a hábitos como a checagem repetitiva do Facebook e amplificando-os. Ao encorajar o acesso repetitivo às redes sociais, *FarmVille* promove o compartilhamento de informações, permitindo que companhias conduzam mineração de dados (*data mining*) e rastreamento de cliques (*click-tracking*), o que aumenta sua receita com anúncios. Em outras palavras, valores corporativos espreitam atrás dos outros valores mais positivos que o jogo apresenta.[17]

Os objetivos e a estrutura de recompensas do *FarmVille* são fontes expressivas de seus valores. Para começar, a natureza deve ser *comoditizada*: é preciso ter valor de troca para ter importância no jogo. Além disso, os valores de comunidade e amizade são destacados pela maneira como se pede que os jogadores presenteiem outros jogadores com itens. Valores negativos também têm seu papel. Por exemplo, o jogo constantemente sugere que os jogadores se envolvam com suas comunidades, constituindo um tipo de pressão de grupo. Essa pressão exacerba as tensões que estão no coração do jogo – tensões que cercam a inclusão e a exclusão. Presentes, notificações e bônus dados aos jogadores que ajudam os outros tanto afirmam a amizade quanto mercantilizam-na como a moeda do jogo. Esses valores não estão lá por acidente. "É somente sobre explorar os jogadores, e, sim, pessoas dizem se divertir com aquele tipo de jogo", explicou o designer Jonathan Blow, criticando o jogo. "Certos tipos de jogadores *hardcore* não veem muito interesse em *FarmVille*, mas uma grande parcela da população o faz. Mas quando você observa o processo de design, não se trata de projetar um jogo divertido. Não se trata de projetar algo que se tornará interessante ou uma experiência positiva de algum jeito – na verdade, se trata de projetar algo que é uma experiência negativa".[18]

*FarmVille* tem relação com vários outros fenômenos de jogos casuais nos quais os conteúdos gerados pelo usuário e as interações sociais são o foco básico. Pelo menos na superfície, seus valores parecem envolver comunidade, generosidade, responsabilidade, boa vontade, confiança, amizade e igualdade de gênero. Sob a superfície, entretanto, dois dilemas emergem. Primeiro, *FarmVille* depende de comunidade, confiança e amizade, mas o jogo envolve também a exploração desses valores, e essa exploração muitas vezes nega os valores positivos. Segundo, os valores em *FarmVille* têm pouco a ver com o tema e os gráficos apresentados. O jogo, em outras palavras, não reflete os valores que os jogadores poderiam esperar encontrar numa fazenda real, como sustentabilidade, conhecimento de biologia, administração de terras, tradição e empatia. Na verdade, o jogo ativamente enfraquece alguns desses valores.

Como os jogadores podem balancear ou, pelo menos, navegar por valores conflitantes? Os designers de *FarmVille* colocaram tais conflitos para manter os jogadores envolvidos, e a interação social é promovida pelo incentivo direto para ajudar, assistir, presentear e compartilhar. O jogo contém uma tensão entre apoiar esses valores e forçá-los. Há uma diferença. O jurista Ian Kerr descreveu "travas digitais" que guardam conteúdo (oferecendo proteção a direitos autorais, por exemplo) e estende essa ideia para o conteúdo digital, em que limites são colocados nas ações dos jogadores ou participantes.[19] Kerr poderia pensar nos lugares em jogos digitais (como *FarmVille*) onde jogadores são privados do crescimento pessoal como um problema real, porque eles não permitem que os jogadores ajam de modo imoral. Kerr se refere a isso como "a automação da virtude": se somos forçados a ser morais, podemos perder uma oportunidade de desenvolver nossa própria moralidade e fazer escolhas éticas significativas. Um argumento contrário é oferecido pelos economistas Richard H. Thaler e Cass R. Sunstein, autores do livro *Nudge: o empurrão para a escolha certa* (Elsevier, 2008). Eles sugerem que os designers precisam criar uma "arquitetura de escolha" para "empurrar" os jogadores em direções benéficas sem restringir sua liberdade de escolha.

Os jogadores em *FarmVille* recebem mensagens frequentes para compartilhar dados com amigos ou dar um presente (como combustível grátis) para um amigo que precise. Também pode ser pedido aos jogadores que ajudem um amigo que não esteja *online* a espantar as raposas de sua terra para proteger a colheita. Compartilhamento ou generosidade não são forçados; os jogadores podem decidir não compartilhar ou presentear. Ainda assim, o jogo também funciona de uma maneira que permite que os jogadores se sintam bem por tais atos de generosidade. Em *FarmVille*, os jogadores podem experimentar uma sensação de empatia menos pela natureza e mais por seus amigos conectados do que eles experimentam em *Flower*.

A leitura que um jogador faz muitas vezes parte do jogo (suas ações, narrativa, representação, premissa e objetivos) de maneiras surpreendentes. Um exemplo-chave disso em *FarmVille* é algo fundamental: animais e culturas não são nutridos da maneira como o são em representações não digitais. Em *FarmVille*, culturas são plantadas e então colhidas logo depois, erradicando a necessidade de bom clima, luz do sol, irrigação apropriada, limpeza do campo e controle de pragas. Não existem tarefas de manutenção diárias além das exigências do nível do jogo. Não existem acidentes de fazenda horrorosos, não há pragas e nem limpeza de cascos de cavalos. Ocasionalmente, os jogadores encaram a ruína de uma cultura por causa de negligência e entendem que boa noção de tempo e atenção afetam tanto a fazenda quanto o contexto do jogo. Esses elementos estão mais próximos das ramificações sociais do jogo. O que se mantém importante é a proximidade virtual do jogador com seus amigos e as ligações que são tecidas através do jogo por essa interação social. A perspectiva de cima e o design baseado em um *grid* da fazenda refletem um espaço contido, controlável e compreensível, uma abstração que deixa os jogadores visualizarem onde os amigos são cultivados tão facilmente quanto o milho. Os aspectos naturais do jogo, no final das contas, funcionam como uma mera pele, uma metáfora geográfica de uma rede social.

### *Call of Duty*
Dado que os jogos da série *Call of Duty* (Actvision, 2003) venderam mais de cem milhões de cópias, eles podem ser considerados uma presença significativa na paisagem da mídia geral. Os primeiros três jogos da série *Call of Duty* são jogados da perspectiva dos soldados Aliados na Segunda Guerra Mundial, e eles transmitem uma profunda reverência ao heroísmo e ao sacrifício militar. Apesar de todas as versões do jogo trazerem atiradores militares e mecânica básica similar, os jogos mais novos tipicamente contam histórias de guerra que se passam em conflitos de um futuro próximo ficcional e, ocasionalmente, retratam as táticas das forças militares americanas e britânicas como autodestrutivas e moralmente questionáveis (Figura 2.7).

Tem-se argumentado que as representações reverenciais da indústria do entretenimento sobre os Aliados na Segunda Guerra Mundial promovem um consenso pró-militar, especialmente em tempos em que a autoridade moral das ações militares do ocidente é mais ambígua do que já foi em tempos passados. Por exemplo, da década de 1950 até o início da década de 1970, os americanos foram inundados com afirmações de seu heroísmo militar por meio dos filmes e das séries de televisão sobre a Segunda Guerra Mundial. De acordo com alguns críticos da mídia, isso criou um clima no qual as pessoas relutavam em criticar o envolvimento americano na guerra do Vietnã. A mesma crítica pode razoavelmente ser aplicada aos primeiros três *Call of Duty*. Eles foram lançados durante os três primeiros anos da segunda guerra do Iraque e forneciam representações positivas dos militares americanos em um tempo em que muitos americanos viam os desdobramentos no Oriente Médio como sombrios, tanto moral quanto estrategicamente. Portanto, quando observamos os valores em jogo nesta série, é apropriado focar nos valores patrióticos e militaristas.

A análise se torna mais complicada, entretanto, quando a variabilidade nas interpretações dos jogadores é considerável. Em entrevistas com jogadores de *Call of Duty*, um pesquisador descobriu que jogadores americanos que se identificavam como politicamente conservadores interpretavam os jogos como uma afirmação de valores de "forte defesa", definidos por Joel Penney como "apoio a uma política externa agressiva assim como alta estima pelos militares como instituição" (2010, p. 199).[20] Por outro lado, jogadores que eram politicamente liberais ou não americanos atribuíram significados diferentes aos jogos. Para alguns, a representação reverencial dos Aliados nos primeiros três jogos sugere um contraste entre guerras boas e más: a clareza moral da missão Aliada na Segunda Guerra Mundial fez o papel dos Estados Unidos na guerra do Iraque parecer menos nobre em comparação. Esses jogadores também sugeriram que os primeiros três jogos afirmam o valor do multilateralismo pela imersão dos jogadores nos papéis de soldados americanos, britânicos, soviéticos, canadenses e poloneses, carregando assim uma crítica implícita ao relativo unilateralismo americano na segunda guerra do Iraque. Essa pesquisa sobre o *Call of Duty* revela que o design do jogo não determina rigidamente a experiência do jogador. Em vez disso, o jogo oferece uma gama de significados plausíveis. A maneira como um jogador está situado – pessoal, política e culturalmente – influenciará os significados (dentro de uma gama de plausibilidade) que são absorvidos.

**Figura 2.7**
Forças americanas envolvidas em um conflito de rua, do jogo *Call of Duty 4: Modern Warfare* (Activision, 2007), que apresenta conflitos no Oriente Médio e na Rússia em 2011.

## Conclusão

Os exemplos neste capítulo trazem um breve resumo das maneiras como os valores podem ser incorporados nos videogames por meio de suas características de design. O jogo *Ico* oferece ambientes e mecânicas de jogo expressivos e também promove um senso de empatia e proteção entre os jogadores e Yorda, reforçando a dependência e a bondade entre os personagens nos estados de gravação e nos cenários de jogo. Em *Angry Birds*, diferença, ação, vingança, destruição, humor e violência entram em jogo. Em *Flower*, os jogadores experimentam um tipo sutil de prazer na exploração da paisagem e na estética responsiva do jogo, e isso gera um jogar contemplativo que acentua os valores de equilíbrio, sustentabilidade, cooperação e influência. *Beyond Good & Evil* oferece recompensas pela não violência na forma de fotografias, e a representação dos personagens, a narrativa, as interações e os espaços do jogo obrigam os jogadores a considerar os valores de igualdade, autonomia e justiça. Imperativos econômicos podem moldar os valores de um jogo, como fazem na ênfase de *FarmVille* em compartilhamento e mercantilização da experiência individual, que abastecem a rede social comercial. *Call of Duty* parece promover valores patrióticos e militares, mas pesquisas revelam que o jogador americano conservador é suscetível a interpretar os jogos diferentemente de jogadores com afiliações políticas e sociais diversas. Portanto, o modo como o jogador está situado – pessoal, política e culturalmente – influenciará quais significados são absorvidos (dentro de uma gama de plausibilidade).

Neste capítulo, nós mostramos diferentes maneiras como os valores podem emergir nos jogos – às vezes de maneira evidente e óbvia, e outras de maneira sutil e menos aparente. Os jogadores também introduzem variações nas suas maneiras diversas de interpretar esses valores. A consciência de que, nos jogos, há valores – tanto positivos quanto negativos – em jogo é um primeiro passo importante para o designer consciencioso, mas não é o bastante. Nossa pesquisa sugere que aqueles que desejam aplicar os princípios do design consciente de valores em seu trabalho têm uma necessidade essencial: uma maneira *sistemática* de abordar os valores no processo de design. Neste capítulo, nós passamos por uma variedade de exemplos para mostrar a grande variação de jogos em que os valores se manifestam. Agora, é hora de discutir as questões de onde e como isso acontece com uma abordagem mais profunda e sistemática. No próximo capítulo, nós desenvolvemos uma estrutura de elementos centrais nos jogos que serve como um esqueleto para a exploração dessas questões por todo o restante do livro.

## 3  Elementos dos jogos: a linguagem dos valores

com Jonathan Belman

Os jogos incorporam convicções de um tempo e lugar, nos dão uma amostra do que é importante para um grupo particular de desenvolvedores e jogadores e nos oferecem um meio de entender que ideias e significados têm valor. Essas convicções podem ser investigadas como parte do sistema no qual um jogo opera – por meio de suas regras, itens personalizáveis, opções para o jogador e outros. Em resumo, há muitos elementos em um jogo, e cada um afeta como os jogos abordam, representam e promovem valores particulares.

Os muitos elementos e dimensões inter-relacionados de um jogo – narrativa, interface, interações, mecânica e outros – contribuem para uma experiência de jogo coesa. Quaisquer desses elementos podem ter significância cultural, ética e política, mesmo quando eles parecem neutros em relação aos valores.[1] Às vezes, os valores em jogo em um elemento são relativamente óbvios. Seria não controverso, por exemplo, argumentar que a representação da Lara Croft de *Tomb Raider* (Eidos, 1996) como uma arqueóloga aventureira hipersexualizada é profundamente carregada de valor. Por outro lado, é menos óbvio como um *engine* particular encoraja o jogo violento em detrimento do não violento.

Este capítulo apresenta uma estrutura de quinze elementos que, juntos, constituem a arquitetura semântica de um jogo, ou seja, a maneira como um jogo gera significados.[2] Esses quinze elementos, que não são de modo algum os únicos, são oferecidos com dois propósitos em mente. Primeiro, eles podem ajudar designers a localizar maneiras específicas como os valores podem ser transmitidos nos jogos. Segundo, os elementos podem servir como um *checklist* de arquitetura semântica, para encorajar um estado de alerta em relação aos aspectos de um design em processo que têm ressonâncias culturais, éticas e políticas, e como um auxílio através do processo de design. Esses quinze elementos são:

1. Premissa narrativa e objetivos
2. Personagens
3. Ações no jogo
4. Escolhas do jogador
5. Regras para interação com outros jogadores e personagens não jogáveis
6. Regras para interação com o ambiente
7. Ponto de vista
8. *Hardware*
9. Interface
10. *Engine* do jogo e *software*

11. Contexto de jogo
12. Recompensas
13. Estratégias
14. Mapas de jogo
15. Estética

Apesar de os elementos de um jogo serem analiticamente distintos, eles não são experimentados individualmente pelos jogadores, que são influenciados pelo contexto do jogo; esses elementos tendem a ser completamente entrelaçados. Assim como a palavra *bater* significa uma coisa em uma conversa sobre violência de gangues e outra em uma conversa sobre fotografia, a mecânica de tiro no jogo pacifista *September 12th* (Powerful Robot Games, 2003) significa algo diferente da sua contrapartida no jogo comercial de tiro em primeira pessoa *Call of Duty 4: Modern Warfare* (Actvision, 2007). Em geral, elementos considerados independentemente podem sugerir uma variedade de significados e valores, mas, no contexto de um jogo, eles podem guiar a interpretação na direção de uma gama limitada de significados e valores. Nós selecionamos a estrutura dos elementos de jogos como uma maneira particular de analisá-los porque é útil para entender a emergência dos valores. A estrutura é construída com base em nossa pesquisa com o projeto Values at Play, em nossas experiências como designers de jogos e como educadores e em estudos bem anteriores sobre jogos e narrativas.[3] De fato, o Values at Play pertence a uma discussão abrangente sobre elementos de jogos. Por exemplo, Staffan Björk e Jussi Holopainen (2005) examinaram padrões em design de jogos. Também são notáveis: a estrutura de mecânica, dinâmica e estética (MDA, do inglês *mechanics, dynamics and aesthetics*) de Robin Hunicke, Marc LeBlanc e Robert Zubek (2004); os elementos formais e dramáticos e a estrutura de dinâmica dos sistemas de Tracy Fullerton, Christopher Swain e Steven Hoffman (2008); e a metáfora das lentes de Jesse Schell (2008). O Values at Play reconhece a dívida com esses trabalhos, que oferecem compreensão distinta sobre como interpretar jogos e analisar a atividade complexa do design de jogos.

Com base nessas ideias, a estrutura de elementos que desenvolvemos é particularmente útil na teoria e na prática quando se abordam os valores presentes em jogos. Mais detalhado do que muitos outros modelos, o nosso permite uma leitura sutil dos valores em relação a cada elemento individual e presume que os valores também podem emergir das interações entre dois ou mais elementos. A estrutura oferece um esqueleto para analisar jogos que já existem e desenvolver novos jogos. Após uma rápida descrição de cada elemento, apresentamos aplicações inovadoras ou empolgantes das duas possibilidades a serviço do Values at Play.

## 1. Premissa narrativa e objetivos

Qual é a história? Que objetivos e motivações guiam o personagem jogável ou o jogador (isto é, o personagem controlado pela pessoa que joga, encurtado aqui para PC[i])? Quem ou o que o personagem jogável está perseguindo, e o que acontece pelo caminho? Como os eventos estão ordenados? O que o personagem jogável terá realizado quando o jogo for "derrotado" ou "vencido"? Os jogadores estão prestando atenção à narrativa enquanto

---

[i] [N.T.] Optamos por deixar o acrônimo no original em inglês por se tratar de termo consagrado em design de jogos.

jogam? O elemento narrativo pode ser mais ou menos integral à experiência do jogo como um todo. Por exemplo, a premissa narrativa de *Super Mario Bros.* (Nintendo, 1985) é a busca de Mario para resgatar a Princesa Toadstool de seu sequestrador, Bowser. Entretanto, com exceção de cenas não interativas curtas, genéricas e repetitivas, nada no jogo faz referência direta ao sequestro da princesa ou dá ao jogador uma razão para considerá-lo como uma importante parte do *gameplay* minuto a minuto. Os jogadores poderiam ficar imersos no jogo sem se dar conta da natureza do apuro da princesa. Jogos podem ser envolventes quando a narrativa é superficial ou mesmo ausente, mas a narrativa poder ser um lugar óbvio para conteúdo, motivação e contexto ricos em valores.

**Jogo ilustrativo:** *September 12th*
O jogo *September 12th* (Powerful Robot Games, 2003) começa com um conjunto cifrado de instruções que diz, em parte, o seguinte: "Você não pode vencer e você não pode perder... As regras são fatalmente simples. Você pode atirar. Ou não. Este é um modelo simples que você pode usar para explorar alguns aspectos da Guerra ao Terror". As instruções também fornecem os meios para identificar as duas categorias de personagens não jogáveis: os homens que estão vestindo *keffiyeh* (o tradicional turbante dos homens árabes) e carregando armas são terroristas, e as pessoas que estão de túnica e solidéu ou hijabe são civis (Figura 3.1).

**Figura 3.1**
Uma narrativa "fatalmente simples" coloca o jogador como atirador, do jogo *September 12th* (Powerful Robot Games, 2003).

O mundo do jogo é um lotado mercado no deserto onde terroristas são vistos aqui e ali entre os civis. O jogador controla uma mira que pode ser posicionada em qualquer lugar do mercado, e clicar com o botão esquerdo lança um míssil no lugar da mira. Inferir uma premissa narrativa a partir desta configuração não é tão óbvio quanto normalmente seria nos jogos populares.

O personagem jogável representa o lado americano da Guerra ao Terror, e alguém familiarizado com as convenções dos videogames provavelmente presumiria que o personagem jogável deve usar mísseis para eliminar terroristas no mercado. Entretanto, quando o jogador atira nos terroristas, a explosão é tão grande e a multidão, tão densa, que tanto terroristas quanto civis são mortos. Como consequência do ataque, as pessoas em torno da explosão começam um processo de luto, e algumas se tornam terroristas. Lançar um míssil tipicamente cria mais terroristas do que os mata.

O que o personagem jogável conquista quando o jogo é "vencido"? O único sentido no qual o jogo pode ser vencido é se o jogador perceber a futilidade da abordagem unidimensional do personagem jogável ao lutar contra o terrorismo. *September 12th* inverte a abordagem convencional da narrativa nos videogames encorajando o jogador a reconhecer que há uma falha nas suposições que estão por trás da visão de mundo do personagem jogável e há algo de trágico e autoderrotista na sua busca. Isto poderia estimular os jogadores a criticar as premissas da Guerra ao Terror no mundo real.

## 2. Personagens

Os personagens jogáveis podem ser personalizados ou selecionados? Se podem, como isso é feito, e que opções são oferecidas? Quais são os atributos e as características dos personagens? Quais são as características e os papéis dos personagens não jogáveis? Em alguns jogos, os personagens são predefinidos, mas, em outros, a importância do personagem emerge de fora dos seus componentes puramente narrativos. Pense em Chrono do jogo *Chrono Trigger* (Square, 1995), Link da série *Legend of Zelda* (Nintendo et al., 1986) (Figura 3.2) e Gordon Freeman de *Half-Life* (Valve, 1998). Todos esses personagens são exemplos do protagonista silencioso, ou *tábula rasa*, e receberam aclamação na comunidade *gamer* porque têm papéis ativos nas narrativas dos jogos e parecem agir como recipientes expressivos por meio dos quais o jogador se move pelo jogo. Para o jogador, tais personagens se definem mais em termos de suas ações controladas pelo jogador do que por seu diálogo ou histórias predeterminadas.

SHODAN (Sentient Hyper-Optmized Data Access Network, ou Rede de Acesso de Dados Ciente Hiperotimizada) é a antagonista na série de jogos *System Shock* (Irrational Games et al., 1999) e guia a narrativa do jogo. Ela ganhou um lugar no folclore dos jogos por seu comportamento sinistro e a maneira como as reviravoltas no enredo de *System Shock 2* estão conectadas a percepções sobre sua personalidade. O Nameless One no jogo *Planetscape: Torment* (Black Isle Studios, 1999) nos dá um bom exemplo de um personagem jogável que impulsiona um jogo, porque a narrativa se preocupa em deixar que o jogador/personagem gradualmente descubra quem ele ou ela é. A complexidade do encanador Mario não chega nem perto da desses personagens, mas ele é um eterno favorito como um homem comum que se torna herói.

# Elementos dos jogos: a linguagem dos valores

**Figura 3.2**
Link lutando, do jogo *The Legend of Zelda: Twilight Princess* (Nintendo, 1986).

É útil examinar o tipo de relação que um jogo pretende estabelecer entre os jogadores e os personagens. Por exemplo, em que extensão o jogador se sentirá cúmplice das ações de um personagem? O jogador se simpatizará com os personagens jogáveis, se revoltará com eles ou reagirá com alguma outra resposta emocional?

### Jogos ilustrativos: *Portal* e *Layoff*

Na série de jogos de *puzzle* em primeira pessoa *Portal* (Valve, 2007), existem dois personagens: GLaDOS (Genetic Lifeform and Disk Operating System, ou Forma de Vida Genética e Sistema Operacional de Disco) e Chell, a silenciosa personagem protagonista do jogador. O sistema artificialmente inteligente de GLaDOS é responsável por manutenção e testes dentro das instalações da Aperture Science enquanto Chell, uma ex-cobaia, tenta fugir do centro (Figura 3.3). No início, GLaDOS é meramente uma voz instrucional que monitora e direciona os jogadores conforme eles avançam nos seus "procedimentos de teste". Contudo, ainda no começo do jogo, as instruções que ela transmite pelas instalações começam a tomar um aspecto sinistro. Em um dado momento, GLaDOS alerta: "Antes de começarmos, entretanto, tenha em mente que, apesar de a diversão e o aprendizado serem os objetivos primários de todas as atividades de enriquecimento do centro, danos sérios podem ocorrer". Conforme o jogador avança, GLaDOS tenta intimidá-lo a falhar ou enganá-lo para ter sucesso menos vezes. Para atiçar a personagem do jogador a avançar, GLaDOS promete festas e uma recompensa de bolo por terminar os desafios, ao mesmo tempo em que alerta a personagem da sua morte iminente: "Bolo e terapia do luto estarão disponíveis na conclusão do teste". Segundo ela mesma, entretanto, GLaDOS é mentirosa. Para aumentar o estresse do jogador (e o humor do jogo), GLaDOS frequentemente faz provocações: "Note por favor que nós adicionamos uma consequência para falhas. Qualquer contato com o chão da câmara resultará em uma nota "insatisfatória" no seu registro oficial de testes seguida de morte. Boa sorte!"

No primeiro *Portal*, GLaDOS acaba sendo desmascarada como uma inteligência artificial (IA) corrompida que usou neurotoxinas para matar todos os cientistas anteriores do laboratório exceto Chell. No final de *Portal*, Chell destrói parte do *hardware* de GLaDOS, incluindo uma de suas esferas centrais de personalidade (seu "núcleo moral"). Conforme Chell desmembra o *hardware* de GLaDOS, um novo portal é formado, e tanto Chell quanto peças de GLaDOS são vistas do lado de fora das instalações da Aperture Science. Na sequência *Portal 2*, GLaDOS retorna, acidentalmente ativada por Chell e uma inteligência artificial positiva chamada Wheatley. Wheatley acaba sendo tentado pelo poder e pela ganância e trai Chell.

GLaDOS, em *Portal*, promete liberdade, autonomia e escolha, mas é crítica e cruel com a personagem do jogador e tem a intenção de destruí-la. Chell reage contra esses valores restritivos no que se torna uma inteligente batalha do bem contra o mal. Chell deve contar com a criatividade e a confiança em suas próprias habilidades para conseguir sua liberdade. Quando Chell é comparada ao comportamento manipulador e malicioso de GLaDOS, ela parece honesta, transparente, genuína e iluminada.

**Figura 3.3**
Chell, do jogo *Portal* (Valve, 2007).

O jogo casual *Layoff* (Tiltfactor, 2009) é projetado para induzir empatia nos jogadores em relação aos personagens do jogo (e em relação às pessoas do mundo real que são representadas por esses personagens). Diferentemente de *Hush* (Jamie Antonisse e Devon Johnson, 2007), que discutiremos em detalhes na Seção 3, *Layoff* induz a um tipo diferente de empatia. Ele é um jogo de correspondência que se assemelha a outros do gênero, como *Bejeweled*

(Popcap Games, 2001). Em *Bejeweled*, os jogadores trocam pedras adjacentes de lugar, em um tabuleiro, para criar conjuntos horizontais ou verticais de três ou mais pedras idênticas. Quando os conjuntos são criados, as pedras que os compõem desaparecem do tabuleiro e são repostas por novas pedras que caem do topo.

Em *Layoff*, os jogadores assumem o papel de "gestor corporativo", com a tarefa de cortar empregos durante uma crise financeira (Figura 3.4). Cada ícone nesse jogo de correspondência representa um trabalhador. Quando o jogador monta conjuntos de três ou mais trabalhadores, eles caem pela parte de baixo do tabuleiro dentro de um "escritório de recolocação". Da perspectiva do gestor, os trabalhadores são partes intercambiáveis que podem ser trocadas e eliminadas para poupar dinheiro. Mas o jogo é projetado para desafiar essa perspectiva de que um trabalhador é somente uma engrenagem em uma máquina. Cada trabalhador tem uma pequena biografia que aparece quando seu ícone é selecionado. Por exemplo:

> Jaime, 39, é um gerente de relacionamento com o cliente de uma pequena companhia terceirizada. Este é um novo emprego em Boston do qual Jaime gosta muito, exceto pelo clima. Jaime trabalha de casa nas sextas-feiras para diminuir a pressão financeira do cuidado com as crianças, mas o gestor possivelmente irá diminuir a semana útil de todos os empregados para quatro dias.

**Figura 3.4**
Personagens individuais em *Layoff* promoveram empatia durante uma esmagadora crise financeira (Tiltfactor Lab, 2009).

Em *Layoff*, um laço de empatia é criado não somente entre o jogador e o personagem jogável, que representa a gestão, mas principalmente entre o jogador e os personagens não jogáveis, que representam os trabalhadores que estão sendo demitidos. (Por outro lado, em *Hush*, discutido na Seção 3, os jogadores parecem experimentar uma amostra da mesma ampla gama de emoções experimentada pelo personagem jogável). Mesmo assim, em *Layoff*, os jogadores provavelmente não sentem exatamente o que os trabalhadores realmente sentem quando perdem seus empregos. Em vez disso, eles podem experimentar indignação pela insensibilidade do gestor em relação aos trabalhadores, ou tristeza pelas pessoas que perderam seus empregos em uma economia ruim.

Isso é o que os psicólogos chamam de empatia reativa – uma reação emocional à situação de outra pessoa que não espelha o estado emocional da própria pessoa.

*Layoff* e *Portal* são excelentes modelos de jogos que criam laços significativos entre os jogadores e os personagens para estabelecer uma conexão pessoal com um evento ou questão maior.

## 3. Ações no jogo

O que o jogador pode fazer (ou fazer com que os personagens jogáveis façam) em um jogo? A maioria dos jogos contemporâneos tradicionais possibilita um conjunto limitado de ações para o personagem jogável. Em jogos como *Call of Duty* (Actvision, 2003), *Angry Birds* (Rovio, 2009) e os de esporte, emergem ações comuns, incluindo atirar, lutar, correr, dirigir e ações relacionadas a esportes (como rebater ou pular). Isso não significa que um jogo no qual o personagem jogável em essência atira com uma arma, por exemplo, será necessariamente clichê ou derivativo. *September 12th* é um excelente exemplo de um jogo em que uma ação convencional assume novos significados quando colocada em um novo contexto. Nós temos ficado empolgados com as tremendas possibilidades expressivas de jogos que são construídos em torno de ações menos convencionais.

### Jogos ilustrativos: *Three Player Chess*, *Waking Mars* e *Hush*

O xadrez tradicional, no qual dois jogadores competem pelo domínio do tabuleiro capturando as peças do outro jogador, convencionalmente tem sido interpretado como uma alegoria de guerra. O jogo *Three Player Chess* (Ruth Catlow, 2001) subverte a mecânica (e a alegoria) do xadrez tradicional pela introdução de um terceiro jogador cujo objetivo é criar um estado de paz entre os outros dois (Figura 3.5).

Dois dos jogadores em *Three Player Chess* controlam as "peças de poder" (reis, rainhas, cavalos e torres) pretas ou brancas. O terceiro jogador controla todos os peões e os usa para criar interferência entre os outros dois jogadores, impedindo-os de capturar peças um do outro. Se nenhuma peça for capturada por cinco turnos, cresce grama no tabuleiro, cobrindo as casas brancas e pretas. Se nenhuma peça for capturada por vinte turnos, o tabuleiro inteiro fica coberto de grama, representando uma vitória para os peões e, no domínio deste jogo, a paz mundial.

O designer disse que o jogo foi inspirado pela segunda guerra do Iraque, quando os protestos pacíficos de pessoas comuns (peões) apresentaram um contraponto à beligerância dos poderosos na administração George W. Bush. O designer fez uma pergunta: sob que condições poderiam jogadores sem poder (peões) conseguir vitória sobre os poderosos?

Uma resposta a essa questão é sugerida pelas ações do jogador que oferecem uma alternativa pacifista à alegoria marcial do xadrez tradicional.

*Three Player Chess* subverte o xadrez tradicional dando aos peões um papel pacificador. Os valores emergem da virada no jogo tradicional. Contudo, as ações do jogo instigam valores a qualquer momento e o fazem mesmo quando são meramente um apoio ao conceito do jogo.

**Figura 3.5**
Partida de xadrez, do jogo *Three Player Chess* (Ruth Catlow, 2001).

Em *Waking Mars* (Tiger Style, 2012), estamos no ano de 2097, quatro anos depois de formas de vida alienígena serem descobertas nas cavernas de Marte. Os jogadores participam como o cientista explorador Liang e voam pelas cavernas, catalogando e descobrindo novas formas de vida (Figura 3.6). Os jogadores plantam sementes alienígenas, promovem seu crescimento coletando recursos e distribuindo-os de acordo e, depois, passam para organismos animalescos. Em alguns casos, os jogadores devem promover o nascimento de outras formas de vida; em outros, as formas de vida devem ser gerenciadas. Os jogadores checam seu progresso por meio de uma pontuação de biomassa, que aumenta plantando a flora e supervisionando o ciclo de vida da fauna. Os jogadores criam ecossistemas projetados por eles próprios e se esforçam para conseguir um alto nível de biomassa e construir sistemas equilibrados. Para alcançar isso, os jogadores devem descobrir estados de equilíbrio ou arriscar a criação de relações desequilibradas e improdutivas entre os organismos que não gerarão biomassa suficiente. O objetivo do jogo é descobrir os segredos do passado de Marte trazendo as plantas adormecidas à vida, mas isto acontecerá somente se o ecossistema for robusto. A noção de equilíbrio inspira o jogo: algumas plantas crescem em solo básico, outras em solo ácido; alguns organismos são imóveis, outros são móveis; alguns organismos são construtivos e produzem proles, outros são destrutivos. A paciência é necessária nesse jogo de ritmo relativamente lento conforme os jogadores resolvem *puzzles* sobre quais formas de vida são simbióticas com outras. Em vez de recompensar os jogadores por vencer ou conquistar, o jogo recompensa por considerar causa e efeito e, durante um tempo mais longo do que o tipicamente projetado em um jogo casual, também premia a atenção dos jogadores à sustentabilidade.

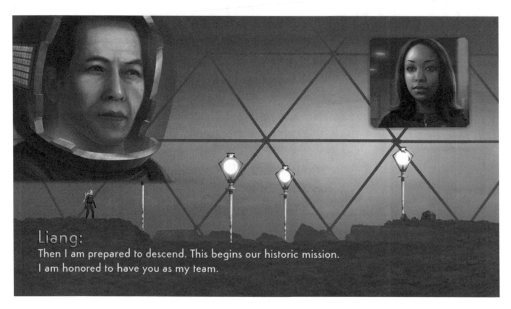

Figura 3.6
Liang, de *Waking Mars*, trabalhando para reviver o planeta (Tiger Style, 2012).

*Hush* (Jamie Antonisse e Devon Johnson, 2007) usa uma mecânica de temporização/correspondência para imergir o jogador no papel do personagem jogável, uma mãe da etnia Tutsi de Ruanda escondendo-se com seu bebê em uma cabana durante o genocídio de 1994 (Figura 3.7). Joga-se como uma mãe que canta uma canção de ninar para acalmar seu bebê enquanto soldados passam do lado de fora da janela. Se houver hesitação na canção de ninar, o bebê começa a chorar e os soldados podem descobrir o esconderijo.

Os criadores de *Hush*, Jamie Antonisse e Devon Johnson, foram designers conscienciosos que encontraram maneiras de expressar valores por meio de seu jogo. O jogador "canta" a canção de ninar digitando-a no ritmo preciso indicado pelos avisos na tela. Os jogadores reportaram que, conforme eles erram as notas da canção de ninar, o choro do bebê fica mais alto e os soldados chegam mais perto, eles sentem uma crescente sensação de tensão e pavor. O jogo venceu o Better Game Contest de 2008, onde os jurados disseram que ficaram maravilhados pela ansiedade que o jogo causa. Em uma demo atrás da outra desse jogo, através de diversos públicos, os jogadores se emocionam. Após assistirem alguém jogando, as pessoas abordam o demonstrador ou jogador para dizer que esta foi a primeira vez que tiveram tal reação emocional a um jogo. Elas consistentemente sentiram um forte sentido de empatia pela mãe. Este é um exemplo do que os psicólogos chamam de empatia paralela, onde uma pessoa sente emoções que são parecidas com aquelas sentidas pela outra pessoa.[4] Um jogo pode oferecer apenas uma experiência extremamente limitada de uma situação tão horrível, mas *Hush* cria um laço empático entre o jogador e o personagem jogável.

**Figura 3.7**
As ações do jogador gerando tensão e empatia incríveis, do jogo *Hush* (Jamie Antonisse e Devon Johnson, 2007).

## 4. Escolhas do jogador

Diferentemente da maioria das outras mídias, os jogos podem fornecer aos jogadores uma oportunidade de escolha. Muitos jogos canalizam os jogadores para um caminho relativamente linear do começo ao fim, com eventos determinados que devem acontecer em cada nível.

Alguns jogos, entretanto, oferecem escolhas que influenciam significativamente a experiência de jogo e, em alguns casos, têm valor moral. Por exemplo, os jogos *Mass Effect*

(Bioware, 2007) permitem que os jogadores abordem situações como um "paragon" empático, conciliatório e altruísta ou como um "renegade" cruel, beligerante e egoísta. A escolha do estilo de jogo afeta bastante as interações e as relações com os personagens não jogáveis e também determina como o enredo se desenrola.

A partir de uma perspectiva de valores, o que significa oferecer ou negar esses tipos de escolhas? Jogos como *Mass Effect* incentivam igualmente as escolhas "boas" e "más" e poderiam ser considerados moralmente relativísticos. Pode ser que os jogadores os experimentem como um tipo de caixa de experimentação de jogo moral, permitindo que explorem questões éticas em um espaço onde as consequências do mundo real não se aplicam.

**Jogos ilustrativos:** *Star Wars: Knights of the Old Republic, The McDonald's Videogame* e *Spent*
Os jogos de RPG *Star Wars: Knights of the Old Republic (KOTOR)* (Bioware, 2003) são similares a *Mass Effect* no fato de que os jogadores escolhem seguir o "caminho da luz" (no qual o comportamento do personagem jogável é motivado por compaixão, piedade e autossacrifício) ou o "caminho sombrio" (no qual o personagem jogável é guiado por ódio e desejo de poder) (Figura 3.8). Dependendo do caminho escolhido para uma das três classes de personagens jogáveis, as histórias do jogo progridem de maneira diferente, e o personagem jogável desenvolve poderes diferentes.

**Figura 3.8**
Em *Star Wars: Knight of the Old Republic (KOTOR)*, os jogadores podem escolher um caminho escuro ou um caminho de luz (Bioware, 2003).

Os jogos *KOTOR* apresentam escolhas morais intrigantes, mas os jogadores não necessariamente tomam suas decisões usando critérios morais. Um jogador poderia agir de maneira impiedosa para ganhar poderes do lado negro porque fazê-lo introduz mecânicas divertidas. Outro jogador poderia agir virtuosamente para destravar os poderes do lado claro. Então, o caráter moral do jogo poderia depender significativamente de como o jogador decide se envolver com ele,[5] e os jogadores provavelmente questionam suas identidades e responsabilidades no *gameplay*.

# Elementos dos jogos: a linguagem dos valores

*The McDonald's Videogame* (Molleindustria, 2006) oferece uma abordagem diferente à escolha do jogador. Essa é uma simulação de negócios, como *Railroad Tycoon* (MicroProse, 1990) ou *The Movies* (Lionhead Studios, 2005), na qual o jogador microgerencia vários aspectos de um empreendimento comercial. O texto de descrição do jogo no site do *McDonald's Videogame*, escrito a partir do ponto de vista de Ronald McDonald, admite que o negócio tem "falhas" em termos de desmatamento, insegurança alimentar e outros e tem afetado a sociedade e o ambiente de forma negativa. Diferentemente da maioria dos jogos casuais, *The McDonald's Videogame* é projetado para transmitir um argumento sobre a natureza do capitalismo. Começando no ano 2000, os jogadores trabalham anos sucessivos para aumentar a receita. Eles precisam supervisionar todas as áreas da cadeia de *fast food*, incluindo agricultura, confinamento, restaurantes e salas de reunião (Figura 3.9). Como as opções são limitadas, destruir áreas de floresta para produzir pasto para o gado, por exemplo, é inevitável. O tráfego no restaurante pode ser controlado por campanhas de marketing. Ian Bogost analisa a experiência de jogo:

> *The McDonald's Videogame* traz uma retórica procedural sobre a necessidade de corrupção no negócio do *fast food* mundial e a esmagadora tentação da ganância, que leva a mais corrupção. Para se ter sucesso no longo prazo, o jogador precisa usar hormônios de crescimento, coagir republiquetas e montar campanhas de relações públicas e *lobby*. Além disso, a tentação de destruir vilas indígenas, lançar campanhas de suborno, reciclar partes de animais e acobertar riscos à saúde é tremenda, mesmo que o benefício financeiro em fazer isso seja apenas marginal.[6]

**Figura 3.9**
As escolhas do jogador em *The McDonald's Videogame* refletem a natureza das práticas de negócios globais contemporâneas: o jogador deve destruir florestas na América do Sul para cultivar para o McDonald's (Molleindustria, 2006).

O jogo cria uma tensão interessante entre as escolhas do jogador (os jogadores podem escolher se envolver nas práticas de negócio mais prejudiciais) e uma propensão geral em aumentar a pontuação. Os jogadores alternam entre uma fazenda que fornece comida ao McDonald's (onde o desmatamento deve ocorrer para dar conta da crescente necessidade de terra), um lote de confinamento (onde as vacas são engordadas e os jogadores tentam parar as doenças), um restaurante McDonald's (onde trabalhadores ineficientes devem ser demitidos – "elimine os elos fracos") e a sede corporativa (onde o conselho administrativo e o escritório de relações públicas desenvolvem medidas contra os detratores da empresa).

Na maioria dos jogos, as escolhas dos jogadores podem ser quase que exclusivamente determinadas pelo que lhes dá melhores pontuações (ou qualquer coisa que o jogo use como marcador de realização ou progresso). De maneira similar, no contexto de um empreendimento capitalista, o comportamento do jogador pode ser direcionado quase que exclusivamente na direção do objetivo de maiores ganhos e, em algumas circunstâncias, exploração, suborno e fraude podem parecer comportamentos quase irresistivelmente pragmáticos. Ao colocar os jogadores nos processos de tomada de decisão dos executivos de *fast food*, o jogo oferece uma crítica convincente aos valores políticos e econômicos dominantes.

*Spent* (McKinney, 2011) também promove tensões que provocam a reflexão nas escolhas do jogador, mas o faz limitando as possibilidades a opções desfavoráveis (Figura 3.10). O jogo oferece decisões realistas, porém difíceis que as pessoas enfrentariam vivendo com apenas US$ 1.000 por mês em Durham, na Carolina do Norte, ou em suas proximidades. Feito para o Gabinete de Política Urbana de Durham, o jogo oferece dilemas que levam as pessoas a procurarem ajuda social ou financeira. O objetivo é terminar o mês com algum dinheiro sobrando, mas contratempos como acidentes ou problemas de saúde surgem e ameaçam derrubar o jogador. Os jogadores aprendem com que rapidez as mudanças de emprego, casa e cuidado com a saúde podem levar à pobreza e à condição de morador de rua.

"Você nunca precisaria de ajuda, certo?" pergunta o jogo no início. Os jogadores entram no jogo clicando em "Prove: aceite o desafio". A estatística abre o jogo para posicionar o ponto de vista do jogador: 14 milhões de americanos estão desempregados, e você é um pai/mãe solteiro(a). Você consegue passar o mês? As opções são "Encontrar um emprego" ou "Sair". A partir dali, os jogadores escolhem dentre opções limitadas, como se candidatar a um emprego como atendente de restaurante, trabalhador em um armazém ou temporário em um escritório. Os temporários precisam fazer um teste de digitação no jogo. Atendentes de restaurante precisam comprar seus uniformes. A maioria das compras é muito cara para o orçamento mensal.

O jogo oferece *feedback* do mundo real a partir de dados da área de Durham. Por exemplo, o jogador pode escolher viver perto do trabalho, onde o aluguel é bem mais caro, ou viver bem mais longe, onde o custo com o transporte é maior. Após os jogadores escolherem uma opção, o jogo mostra uma mensagem reconhecendo que "você e 12 milhões de outras famílias americanas" gastam demais com moradia.

# Elementos dos jogos: a linguagem dos valores

**Figura 3.10**
*Spent* demonstra o quanto a maioria dos americanos está perto da condição de morador de rua (McKinney, 2011).

## 5. Regras para interação com outros jogadores e personagens não jogáveis

Com frequência, os valores estão visivelmente em jogo nas maneiras como os jogos proporcionam e regulam as interações com outros jogadores ou personagens não jogáveis. Algumas vezes, os personagens não jogáveis dão dicas ou permitem interações interessantes para encontrar pistas ou trocar itens. A série *Fable* (Microsoft, 2004) de jogos *single--player* tem um desenvolvimento de personagens não jogáveis mais profundo que a maioria, mas existem muitos bons exemplos de interações significativas com esse tipo de personagem. Em jogos *multiplayer*, costumes e regras que são únicos à comunidade *gamer* podem governar as interações (o elemento contexto de jogo é detalhado mais a fundo adiante neste capítulo). Alguns jogos criam espaços pouco acolhedores para novos jogadores. Por outro lado, o RPG *online* massivamente *multiplayer* (MMORPG) *City of Heroes* (NC-Soft, 2004) encoraja relações cooperativas entre jogadores novos e experientes. O jogo usa um "sistema de ajudante" que dá incentivos tanto aos personagens de alto nível quanto aos de baixo nível para jogarem como uma equipe. Esse conjunto de mudanças de regra relativamente direto pode reestruturar completamente as relações entre jogadores experientes e novatos. Mexendo com as regras de interação com outros jogadores ou personagens não jogáveis, os designers podem colocar valores como cooperação, generosidade e altruísmo em jogo ou podem ajustar essas regras para afirmar valores mais individualistas, como competição e independência.

### Jogos ilustrativos: pega-pega pedra, papel e tesoura e *Journey*

Celia Pearce, Tracy Fullerton, Janine Fron e Jacqueline Ford Morle descreveram um evento chamado New Games Day (Dia dos Jogos Novos), onde os estudantes, os professores e os funcionários da University of Southern California reviveram alguns dos jogos criados pelo experimental New Games Movement (Movimento dos Jogos Novos) dos anos 1970s.[7] Trabalhando com jogos tradicionais, os novos jogos da equipe incluíam atividades de larga escala que incorporavam fisicalidade, confiança e cooperação. Sua descrição de pega-pega pedra, papel e tesoura fornece um excelente exemplo de como a mudança das regras de interação entre os jogadores pode reconceitualizar o *ethos* competitivo que muitas vezes é associado a esporte e jogos (Figura 3.11):

> De longe, o favorito do grupo foi um jogo chamado pega-pega pedra, papel e tesoura. Nesse jogo, dois times ficam frente a frente na extensão de uma linha. Na contagem de três, cada grupo mostra pedra, papel ou tesoura, tendo se reunido antes para decidir a estratégia. A equipe que perde se vira e corre para sua base, cerca de 4,5 m atrás. A equipe que vence a persegue. Qualquer pessoa que é "pega" pela equipe vencedora se transfere para aquela equipe na próxima rodada. A chave do jogo está na fluidez das equipes. Embora você possa ter começado na Equipe 1, logo você vai estar na Equipe 2, então de volta à Equipe 1, e por aí vai. O jogo acontece até haver apenas uma equipe ou até todos estarem cansados demais para continuar.[8]

**Figura 3.11**
Uma versão de pega-pega pedra, papel e tesoura sendo jogada na Dartmouth College.

Muitos esportes tradicionais usam uma estrutura competitiva baseada em equipes que categoriza os outros jogadores como inimigos ou aliados, e essa categorização é mantida do começo ao fim da partida. Essa construção de equipes pode criar fortes laços entre os jogadores e animosidade em relação aos oponentes.[9] Entretanto, quando os jogadores mudam de time frequentemente, como em pega-pega pedra, papel e tesoura, a distinção entre aliados e adversários se torna muito efêmera para "pegar" da mesma maneira que acontece nos esportes competitivos tradicionais. Nas palavras de Pearce e suas colegas, a abordagem alternativa ao jogo competitivo "encoraja uma fidelidade ao jogo em si em vez do sucesso de qualquer time em particular".[10]

*Journey* (thatgamecompany, 2012) é um jogo de PlayStation 3 que coloca o jogador como uma figura solitária de túnica usando uma echarpe e andando em um vasto deserto (Figura 3.12). Os jogadores se encontram viajando em uma busca em direção a uma montanha distante para descobrir a história de uma cultura que já foi vibrante e ocupava aquela terra. Em cada nível, é possível encontrar outro jogador que pode se conectar temporariamente a seu jogo. Os jogadores podem ver, encontrar e ajudar um ao outro, mas eles só podem se comunicar por meio de padrões musicais de canto, e eles são pareados anonimamente. Os jogadores podem se ajudar somente mostrando caminhos ou ajudando a mudar a echarpe do outro.

**Figura 3.12**
A busca espiritual de *Journey* (thatgamecompany, 2012).

A harmonia que cria a música transforma tecidos encontrados em tecidos vermelhos mágicos, que permitem ao jogador flutuar por um tempo. Se os jogadores terminam um nível juntos, eles podem permanecer juntos no próximo. Os jogadores podem ser distinguidos pelos símbolos únicos que aparecem no ar conforme eles cantam ou estão marcados em suas túnicas. O design do jogo promove cooperação entre os jogadores sem exigi-la e remove a competição. Como um jogador pode ser útil ao outro, mas não pode prejudicá-lo, a interação entre os jogadores tende a ser colaborativa e profunda. O designer Jenova Chen notou que alguns *playtesters* choram após terminar o jogo. No fórum do jogo no site da thatgamecompany, os jogadores discutem profundamente sobre o choro. Um jogador comenta: "a coisa que realmente me impressiona, porém, journey [sic] não dispara meu desejo de vencer ou de ser melhor do que alguém. Algo que acontece em praticamente todos os outros jogos".[11]

### 6. Regras para interação com o ambiente

Que tipos de interações o jogo proporciona entre personagens jogáveis e os aspectos não conscientes do mundo do jogo (ou seja, aqueles aspectos que não são personagens)? Que recursos estão disponíveis? Que tipos de interações são incentivadas por meio das regras do jogo e da capacidade do sistema de inteligência artificial? O jogador é recompensado por explorar ou apreciar, por exaurir recursos ou reabastecê-los ou por destruir ou nutrir o mundo do jogo?

### Jogos ilustrativos: *StarCraft* e *Trash Tycoon*

*StarCraft* (1998), uma série de jogos criada pela Blizzard Entertainment após o sucesso do jogo *Warcraft* (1994), é um jogo de estratégia em tempo real situado no século XXV, quando três espécies lutam pelo domínio – os insectoides Zerg, os Protoss (espécie humanoide com habilidades psíquicas) e os Terrans (humanos exilados da Terra). Em muitos jogos de estratégia como *StarCraft*, os jogadores colhem os recursos do mundo do jogo continuamente atrás de matéria-prima para construir equipamento militar, construções e outros, e não lhes é dado nenhum mecanismo para repor esses recursos. Seria exagerado dizer que jogos como *StarCraft* inspirem valores antiambientalistas, mas tais jogos fazem pouco para promover o valor da sustentabilidade.

O jogo de Facebook do tipo *FarmVille* chamado *Trash Tycoon* (Guerillapps, 2011) nos dá um exemplo de jogo que é compatível com a sustentabilidade (Figura 3.13). O conceito central do jogo é "reusar" ou converter o desperdício em novos materiais ou produtos de alta qualidade e melhores para o ambiente. Os jogadores limpam uma cidade com lixo espalhado, constroem instalações como recicladoras de papel e fundidoras de vidro e vendem os produtos para ganhar fundos para construir novas instalações e melhorar as já existentes. No decorrer, eles ganham distintivos e recompensas por alcançar metas de sustentabilidade. O distintivo bronze O Mestre do Plástico, por exemplo, é ganho por criar vinte itens com plástico reciclado.

No nível abstrato, as regras de *Trash Tycoon* são quase idênticas às de muitos jogos de estratégia populares. O jogador colhe recursos (neste caso, lixo) e os processa em produtos que facilitam o progresso em direção aos objetivos do jogo. Isso não é mecanicamente diferente de colher minerais em *StarCraft*, por exemplo, para serem processados em tanques de guerra. A narrativa de *Trash Tycoon* dá nova cara ao conjunto de regras convencional dos jogos de estratégia para produzir um conjunto de valores muito diferente.[12] A questão de produzir o lixo em primeiro lugar não é abordada, entretanto, o que põe em discussão a efetividade de repaginar um modelo de jogo de sucesso comumente aceito para criar um jogo de impacto social quando a raiz do problema continua.

**Figura 3.13**
O reúso no jogo *Trash Tycoon* aborda as consequências do lixo (Guerillapps, 2011).

## 7. Ponto de vista

Como em outros formatos de mídia, o ponto de vista nos jogos molda como os observadores e os participantes experimentam o mundo que está sendo apresentado. Como os jogadores veem o personagem jogável? Eles inspecionam o mundo do jogo a partir de uma perspectiva em primeira ou terceira pessoa? Os jogadores assumem a visão de um certo personagem ou controlam a situação a partir de uma visão de cima para baixo, como um deus? É algo no meio do caminho ou ambos? O ponto de vista pode determinar parcialmente como os jogadores entendem a si mesmos em relação a outros jogadores, a personagens não jogáveis e ao mundo do jogo e pode influenciar também como eles concebem sua própria atuação. Por exemplo, um jogo no qual os personagens jogáveis são controlados a partir de uma perspectiva de cima (*top-down*) pode sugerir que os jogadores ocupam o papel de um "deus" ou "mestre". Por outro lado, uma perspectiva em primeira pessoa pode favorecer uma maior identificação com os personagens jogáveis. Mesmo dentro de um tipo de ponto de vista (como em terceira pessoa), existem grandes variações na interpretação. A maioria dos jogos *Uncharted* (Naughty Dog, 2007), por exemplo, é em terceira pessoa, mas a câmera é dinâmica. A maioria dos jogos implementa uma câmera sobre o ombro – comum em jogos como *Resident Evil 4* (Capcom, 2005) e *Gears of War* (Epic Games, 2006) –, mas algumas seções em estilo plataforma trazem a câmera para trás, assim o jogo se torna efetivamente um *side-scroller* (jogo de rolagem lateral). Outras seções em plataforma em *Uncharted* fazem a câmera ficar na frente do personagem jogável conforme ele corre sem parar em direção a ela enquanto algo o persegue por trás, como em *Crash Bandicoot* (Naughty Dog, 1996). Sutilezas no ponto de vista, como a posição da câmera, fazem diferença. Mesmo que todas as três variações da câmera de *Uncharted* sejam em terceira pessoa no sentido mais amplo, elas favorecem diferentes estilos de jogo, relações com o personagem jogável e experiências de jogo.

### Jogos ilustrativos: *Tomb Raider* e *Mirror's Edge*

Os jogos *Tomb Raider* (Eidos, 1996) usam uma perspectiva em terceira pessoa convencional na qual a câmera flutua atrás de Lara Croft, a icônica personagem jogável da série. Apesar de a câmera muitas vezes se distanciar para acomodar segmentos de *gameplay* que exigem uma visão mais ampla, ela normalmente retorna para trás de Lara, oferecendo o que muitos críticos têm argumentado ser uma satisfatória visão voyeurística do seu corpo (Figura 3.14).

**Figura 3.14**
Os controles de câmera destacando a perspectiva em terceira pessoa em jogos como *Tomb Raider* podem oferecer um prazer de um *voyeur* (Eidos, 1996).

O crítico Mike Ward aponta o significado de ver Lara por trás durante o *gameplay*: o prazer do *voyeur* depende da capacidade de olhar sem ser visto.[13] Nada disso significa que a perspectiva em terceira pessoa seja necessariamente sexualizadora ou objetificadora. Mas, com o contexto oferecido pela roupa de Lara (tipicamente *shorts* curtos e uma regata justa) e por suas proporções (quadris e seios grandes em uma figura esbelta), o efeito é inequivocamente sexual.

# Elementos dos jogos: a linguagem dos valores

Compare isso a como o ponto de vista é usado em *Mirror's Edge* (EA Digital Illusions CE, 2008), outro jogo de ação e aventura com uma personagem jogável feminina. Os jogadores veem a ação de uma perspectiva em primeira pessoa por meio dos olhos de sua personagem jogável, uma mensageira chamada Faith que trabalha com rebeldes antiautoritários em uma sociedade totalitária (Figura 3.15). Quando ela corre, a distância é vencida rapidamente para a frente. Quando ela pula, a visão de mundo do jogador sobe e então desce. Nós não vemos muito do corpo de Faith no *gameplay*. Em vez disso, o foco está mais nas suas ações, que são representadas por mudanças no seu campo de visão conforme ela se move. Enquanto *Tomb Raider* apresenta uma forte personagem feminina que parece projetada, ao menos parcialmente, para o prazer masculino, *Mirror's Edge* oferece uma heroína de ação que é, semanticamente falando, menos paradoxal.

**Figura 3.15**
Faith, de *Mirror's Edge* (EA Digital Illusions CE, 2008).

## 8. *Hardware*

O *hardware* dos jogos molda como os designers pensam os jogos. O *hardware* – a capacidade central de memória do sistema, a velocidade dos processadores gráficos e o dispositivo físico do mouse, controlador ou teclado – estrutura as possibilidades da imaginação dos designers.[14] A cada avanço em *hardware*, novos tipos de jogos são possíveis. Isso tem sido verdade ao longo da história dos jogos eletrônicos e digitais. O jogo ancestral *Tennis for Two* (Higinbotham, 1958) usava um osciloscópio como monitor visual. Em 1998, a Nintendo empacotou um "biossensor" junto com o jogo *Tetris 64* (Amtex, 1998) e, em 2010, ela ofereceu um "sensor de vitalidade" que monitora o pulso do jogador. No jogo de 2002 *Rez* (Sega, 2001), projetado por Tetsuya Mizuguchi, os jogadores voam tridimensionalmente (usando uma convenção de "atirador em trilhos" em espaço 3D) num túnel aparentemente sem fim preenchido com som, luz e inimigos. Sempre voando para frente, os jogadores atiram nos inimigos, ganham pontos e fazem música eletrônica com os sons que estão criando. A intenção era que fosse jogado com uma peça adicional de *hardware* chamada "vibrador de transe" (*trance vibrator*). Esse *hardware* foi projetado para ser usado no corpo para trazer ainda mais sensações para dentro da ação e criar uma experiência sinestésica.

**Jogo ilustrativo:** *Dance Central 2*
O jogo *Dance Central 2* (Harmonix, 2011) incorpora algumas características interessantes que são possíveis por conta do *hardware* do Xbox Kinect, que oferece uma câmera e uma interface infravermelha para permitir controle preciso dos itens na tela sem as mãos. Enquanto jogos de dança mais antigos usavam tapetes para detectar o movimento dos pés, o *hardware* do Kinect permite que o *Dance Central 2* responda ao corpo inteiro do jogador (Figura 3.16). O jogo pode rastrear um corpo ou vários, monitorar os corpos em movimento em uma área 3D, oferecer batalhas simultâneas entre dois jogadores e monitorar e recompensar a dança em coreografias desafiadoras.

A precisão da detecção do corpo permite que os jogadores foquem nos aspectos mais criativos da dança, como o estilo, a precisão e o tempo. O jogo, assim, estimula a dançar de verdade em vez de dançar "para o jogo" ou fazer movimentos somente para conseguir que o controle responda. Adicionalmente, o uso dos dados da câmera para oferecer *replays* divertidos e rápidos dos dançarinos destaca a dança dos indivíduos, e não só dos personagens do jogo. Esta precisão molda os valores do jogo permitindo que os jogadores se expressem criativamente e individualmente.

**Figura 3.16**
O *hardware* do Kinect permite uma nova espécie de jogo de dança em *Dance Central 2* (Harmonix, 2011).

## 9. Interface

*Interface* se refere a atributos de *software* e *hardware* que mediam as interações dos jogadores com o jogo. Interfaces são construções de *hardware* (assim como no Kinect) e *software*, que são os modos como os jogadores interagem com o mundo do jogo. Tanto os elementos físicos quanto aqueles em tela moldam a experiência do jogador. Apesar de serem muitas vezes presumidos como neutros, eles podem moldar a experiência de jogo de maneiras ricas em valores. Por exemplo, poderíamos dizer que uma interface de *hardware* que permita que pessoas com deficiências físicas joguem afirma os valores de inclusão e acessibilidade. Uma interface de *software* que permita fácil comunicação entre os jogadores poderia afirmar o valor da cooperação por facilitar o jogo tático colaborativo.

### Jogo ilustrativo: *Leela* e *[giantJoystick]*

Com frequência, os videogames exibem movimentos rápidos e tomadas de decisão frenéticas. O jogo *Leela* (THQ, 2011a), de Deepak Chopra, é o tipo oposto de jogo. Usando um Xbox Kinect (ou um Nintendo Wii, apesar de a versão para Wii não ser tão cheia de recursos), os jogadores aprendem sete meditações e movimentos que ajudam a focar a mente em partes do corpo onde estão os sete *chakras* (Figura 3.17). A ideia de que os jogos podem oferecer uma conexão espiritual ou religiosa é bem antiga, surgindo nas origens dos jogos, seis a oito mil anos atrás. Uma interface digital para religião e espiritualidade, entretanto, parece bastante nova. Na seção Play da experiência de jogo *Leela*, os jogadores tem como objetivo um dos seus *chakras* e usam movimentos sutis para estimulá-los.

**Figura 3.17**
A inteface de *Leela* envolve tanto o corpo quanto a mente (THQ, 2011).

O *chakra* do umbigo, por exemplo, é supostamente estimulado enquanto os jogadores miram e juntam bolas de fogo virtuais (o elemento do *chakra* do umbigo) para destruir minérios flutuantes.

Os *chakras* podem ser estimulados em sequências, ou o jogador pode trabalhar em sua mandala pessoal. O visual do jogo – particularmente na seção Mandala – é psicodélico, com composições interativas em estilo *trance* que apresentam padrões em repetição, fractais manipuláveis e cores que mudam. Na área Reflect de *Leela*, o jogo é usado como uma plataforma para meditação guiada ou como um acompanhamento para meditação silenciosa. O Kinect realmente mede a respiração do jogador, por exemplo, e o jogo mostra uma representação da respiração para fornecer *feedback*. Chopra está interessado na cura e na interseção de ciência, consciência e espiritualidade, e criou um jogo de sucesso que espelha de maneira cativante alguns processos internos para os quais outras interfaces seriam inadequadas.

A coautora deste livro, Mary Flanagan, criou uma escultura interativa chamada *[giantJoystick]* (2006), que incorpora o valor da cooperação pela modificação da interface de jogos clássicos de Atari 2600 como *Asteroids* e *Breakout*. As versões originais desses jogos são profundamente envolventes, mas podem se tornar uma busca isoladora: eles deslocam a atenção dos jogadores na direção da ação na tela e para longe dos amigos no ambiente físico. Para trocar o valor da individualidade pelo da cooperação e, particularmente, promover a cooperação entre estranhos, Flanagan mudou um elemento específico do design – neste caso, a escala da interface de usuário. Ao tornar o *joystick* enorme – ele tem mais de três metros e são necessários alguns passos para se montar na escultura –, a experiência de jogo é transformada (Figura 3.18).

**Figura 3.18**
A escultura interativa de três metros *[giantJoystick]* torna o familiar estranho com uma mudança significativa na escala da interface (Mary Flanagan, 2006).

Primeiro, os jogadores relatam a transição para um estado infantil por se sentirem pequenos novamente em virtude da escala total do objeto de jogo: *[giantJoystick]* traz uma sensação de admiração para os jogadores. Segundo, a escala promove uma fascinação infantil com a obra, mas também determina como as pessoas interagem no jogo. Os visitantes não conseguem jogar facilmente sozinhos com o *[giantJoystick]*. Uma pessoa (ou às vezes mais de uma) move o controle, enquanto outra pressiona o botão de tiro pulando nele. Por meio da mudança de escala, a obra destaca os papéis espacial e social da interface. O próprio *[giantJoystick]* se torna o jogo e o local para comunicação interpessoal. Com a nova interface, os jogos clássicos se tornam uma alegre celebração de diversão colaborativa. *[giantJoystick]* redefine as convenções tecnológicas ao reconhecer a fisicalidade e a natureza arbitrária das próprias interfaces. O controle de Flanagan conecta pessoas reais no espaço real, um fenômeno que, de modo rápido, está se tornando um domínio emergente para os jogos digitais à medida que novos itens de *hardware* e tecnologias de interface envolvem o corpo e evoluem a natureza do *gameplay* digital.

## 10. *Engine* do jogo e *software*

Como uma restrição particular em um *software* ou *engine* de jogo afeta o que acontece em um jogo? As possibilidades do *engine* ou base de código permitem que um jogo pareça e aja como ele é. *Engines* de jogos – estruturas de *software* usadas para criar jogos – são muitas vezes apregoados por suas novas características, como as inovações do *engine* de física (renderização, texturas, ambiente, sistemas de partículas, iluminação e *frame rate*), da habilidade de uso em rede (*multiplayer*, *chat*) e da customização (usando ferramentas como editores). Restrições incorporadas no *software* ou no *engine* do jogo podem moldar seu conteúdo e seus valores. No mundo dos jogos de tiro em primeira pessoa, os *engines* criados para o jogo *Wolfenstein 3D* (id Software, 1992) e *Doom* (id Software, 1993) definiram o cenário para muitas convenções que ainda estão em uso nos *gameplays* em 3D. Os *engines* restringiam bastante as interações físicas, como, por exemplo: os jogadores normalmente correm, pulam, agacham e atiram, mas eles não podem estender mãos virtuais para tocar algo. Os jogadores não conseguem acariciar um cachorro, por exemplo, ou carregar algo com alguém. Essas restrições moldam as decisões de design.

Física *ragdoll*, por exemplo, é um exemplo em que "o que pode ser feito" se tornou uma técnica-padrão em muitos jogos 3D. Com física *ragdoll*, a animação é gerada computacionalmente, permitindo que o jogo evite sequências "enlatadas" ou pré-desenhadas. Física *ragdoll* tem sido usada principalmente em cenas de morte, que se tornaram mais "realistas" pois os corpos caem de maneira única. Outras convenções também emergiram simplesmente por causa das limitações do *engine* de jogo. Por exemplo, personagens de jogos "pegam" objetos, na maior parte das vezes, passando por eles ou atirando neles, simplesmente porque o *engine* não conseguiria lidar com ações mais complexas.

*Engines* populares de jogos tornam certos tipos de ações e comportamentos, como colisões e detecções de partículas, mais fáceis e espetaculares. *Engines* de física facilitam o cálculo de trajetórias para atividades como lançamentos, saltos e tiros. A facilidade com que tais ações são expressas pode inclinar o designer em certas direções e para longe de ações mais alinhadas com outros valores que ele poderia estar tentando expressar, como família, comunidade, paz e compartilhamento. *Engines* de jogos são muitas vezes feitos para jogos de tiro em primeira pessoa. Eles não se comportam tão bem quando servem como base para outros tipos de conteúdo, como o uso de texto, narrativas mais lentas, diálogos introspectivos e profundos de personagens e vídeos de ação críveis.

### Jogo ilustrativo: *Quake*

O *engine* do jogo *Quake* (id Software, 1996) foi muito influente por uma década. Ele foi o primeiro *engine* de renderização 3D em tempo real e o primeiro jogo de tiro em primeira pessoa popular jogado em rede (Figura 3.19).[15] O *engine* de *Quake* funcionava bem pela maneira como o pré-processador reduzia o número de "faces" de objetos por não processar áreas do nível ou do mapa do jogo que não eram visíveis para o ponto de vista do jogador. Desta maneira, o ambiente podia ser desenhado rapidamente em processadores que agora poderiam ser considerados muito lentos. Esta tecnologia permitiu a representação de gráficos 3D em máquinas razoavelmente limitadas.

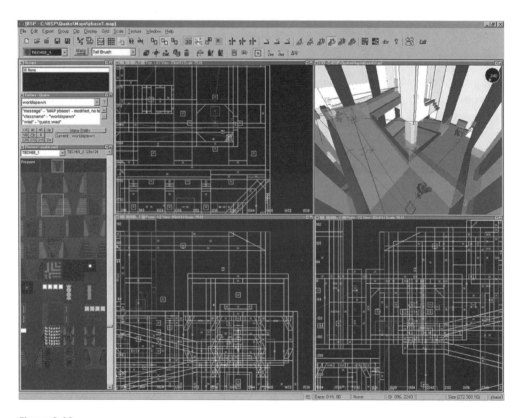

**Figura 3.19**
O design do *engine* de Quake focou em técnicas para gráficos de carregamento rápido e uma perspectiva em primeira pessoa (id Software, 1996).

Em *Quake*, o personagem jogável é um protagonista desconhecido que, no modo *single-player*, é atacado por monstros, zumbis e outros infortúnios durante uma busca para coletar runas e derrotar um "chefão" final (o inimigo final na conclusão do jogo). *Quake* contribuiu para o processo no qual as normas dos jogos bidimensionais existentes mudaram para espaços tridimensionais, como "coletar" saúde no ambiente e derrotar um "chefão" final. No modo *multiplayer*, os jogadores se conectam por meio de um servidor e jogam tanto juntos como uma equipe cooperativa quanto uns contra os outros em modos conhecidos como *death matches*. Várias ações do jogador – como coletar granadas, munição de metralhadora e pregos para a arma de pregos – se tornaram padrão pelas técnicas de *engine* 3D e pela institucionalização de atalhos prévios de *gameplay*.

## 11. Contexto de jogo

As culturas que se desenvolvem em torno dos jogos afetam a experiência do jogador. Tais culturas podem ser encontradas em mundos de jogos como os MMORPG, em fóruns *online* e comunidades de jogadores e nos ambientes físicos nos quais se joga. Muitos jogos *multiplayer online* oferecem um ambiente relativamente hostil para novos jogadores (*noobs*), que são rotineiramente zombados, explorados e atacados por jogadores mais experientes. De maneira oposta, *Lord of The Rings Online* (Turbine, Inc., 2007) celebra a troca e a generosidade. O *chat* do jogo acontece em tempo real e é quase que exclusivamente por voz e não por texto. O jogo apresenta parentescos e outras formações sociais para manter próximos os laços entre os jogadores. A qualquer momento, os jogadores podem dar coisas a outros jogadores, e os bens envolvidos são criados a partir de atividades que acabam sendo bem elaboradas. Por exemplo, um jogador pode fazer bolinhos encontrando os ingredientes e um forno; esses bolinhos podem ser trocados por cerveja ou dados gratuitamente por generosidade. O jogo recria a atmosfera e os valores dos personagens e dos mundos de J. R. R. Tolkien.

**Jogo ilustrativo:** *Defense of the Ancients 2*
*Defense of the Ancients*, da Valve (2003), é uma série de jogos de estratégia *online multiplayer* baseados em sessões em tempo real na qual dez jogadores são divididos em dois times iguais com o objetivo de destruir a estrutura ancestral (*Ancient Structure*) do time oponente na sua fortaleza (Figura 3.20). Jogo em equipe e comunicação são as fundações do jogo. Como alguns jogos *online*, ele é bem "hostil a novatos", o que significa que jogadores experientes muitas vezes tratam mal os novos jogadores. A hostilidade dos jogadores que se envolveram com o primeiro jogo da série era bem conhecida, e o segundo jogo introduziu um *chat* por voz que facilitou a hostilidade. Muitos jogadores reclamaram sobre os comentários pouco acolhedores, agressivos e de assédio (tal comportamento direcionado especificamente a jogadoras tem sido bem documentado).[16] *Chat* por voz, na maioria dos casos, torna o gênero dos jogadores mais óbvio, o que deixa os jogadores vulneráveis a abuso direcionado. Assédio é um tema recorrente dentro e fora dos jogos. Apesar de não haverem estatísticas confiáveis sobre assédio dentro dos jogos, evidências incidentais sugerem que ele é um grande problema: um estudo de 2009 demonstra que metade das adolescentes americanas sofre assédio sexual (ele é muitas vezes encoberto como *bullying*).[17] Postagens em blogues sobre *Defense of the Ancients* (e outros jogos) são cheios de discurso de ódio, e a cultura do jogo é tendenciosa contra mulheres e jogadores de etnias não caucasianas. Algumas pessoas que poderiam, de outro modo, jogar não o fazem por causa do contexto do jogo.[18]

**Figura 3.20**
O contexto de jogo em *Defense of the Ancients* é hostil a novos jogadores (Valve, 2003).

Tais problemas não estão limitados a *Defense of the Ancientes*. A cultura imperdoável e de *bullying* de um jogo muitas vezes desafia novos jogadores ou aqueles de grupos sub-representados a "superar" ou sair do jogo. Uma festa de lançamento do jogo *Battlefield 3* (EA Digital Illusions CE, 2011) no Texas, por exemplo, "barrou" mulheres do evento para protegê-las dos insultos dos jogadores homens. Um comunicado dos organizadores é revelador:[19]

> Nada estraga mais uma boa LAN *party* do que convidados desconfortáveis ou muita tensão, podendo ambos resultar da mistura de jogadores imaturos e misóginos com suas contrapartes femininas. Apesar de termos feito nosso melhor para evitar essas situações nos anos passados, nós certamente tivemos nossa parcela de problemas. Como resultado, não permitimos mais que mulheres participem deste evento.[20]

O fato de os organizadores banirem as mulheres, mas acolherem os "jogadores misóginos" diz muito sobre os valores nesse contexto de jogo.

## 12. Recompensas

Pelo que se ganha pontos? Quais são os objetivos do jogo? Se nenhum ponto é dado, como os jogadores são recompensados conforme avançam no jogo? Qual é o estado final do jogo? Como você vence? A estrutura de recompensa do jogo revela que tipo de realizações são valoradas no jogo e, portanto, pode ser um elemento especialmente interessante para designers conscientes de valores considerarem. Aspectos dos sistemas de recompensa podem incluir missões paralelas (em oposição às missões obrigatórias), conteúdo destravável

Elementos dos jogos: a linguagem dos valores 73

e requisitos para atingir uma resolução particular da narrativa. Em *Super Mario Bros.*, por exemplo, o jogador acumula um placar através do jogo, mas muitos jogadores são motivados por outros objetivos e poderiam considerar o placar como secundário.

### Jogos ilustrativos: *Harpooned* e *SpellTower*

Alguns jogos ativistas expõem os valores que estão presentes em sistemas de recompensa comuns ao oferecer recompensas irônicas. Em um jogo que se diz pró-social, os jogadores poderiam assumir o papel de uma companhia poluente, por exemplo, e placares mais altos representariam danos causados ao meio ambiente. Nestes casos, placares mais altos são ganhos ironicamente por comportamentos aos quais o jogo na verdade se opõe. Um jogo com um sistema de placar irônico é *Harpooned* (Conor O´Kane, 2008) (Figura 3.21).

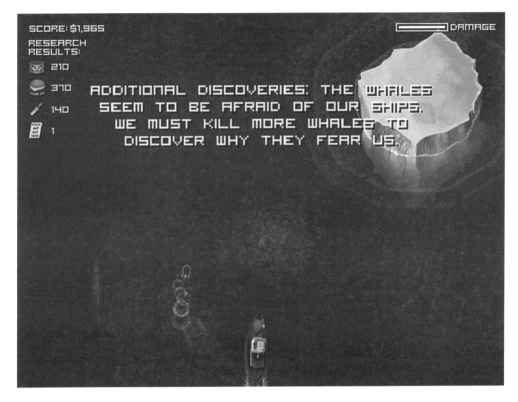

**Figura 3.21**
*Harpooned* (Conor O´Kane, 2008).

O jogo acontece de maneira quase idêntica aos jogos *arcade* de rolagem vertical do tipo *shoot 'em up* do começo dos anos 1980, como *Galaga* (Namco, 1981) e *1942* (Capcom, 1984), mas o sistema de placar dá uma virada ativista neste gênero familiar de jogo. Os jogadores controlam uma embarcação de pesquisa japonesa na Antártica e são instruídos a "fazer pesquisa com baleias atirando nelas com seus arpões explosivos". Depois de matar uma baleia, o jogador pode manobrar o barco na direção dos seus restos para coletar sua carne para "estudos futuros". No final de cada nível, a carne é descarregada para uma "embarcação de pesquisa" onde os jogadores recebem uma pontuação que tem a intenção de ser um sarcástico reconhecimento de sua performance. Por exemplo, um típico resumo da pontuação no fim do nível diz ao jogador: "Nossa pesquisa produziu 320 latas de comida de animais, 200 hambúrgueres de baleia, 120 produtos cosméticos e 1 artigo científico". Uma vez que o sistema de pontuação é entendido, a mensagem do jogo se torna clara: a chacina em massa de baleias para "pesquisa" cometida pelo Japão é uma cobertura para a pesca comercial.

*SpellTower* (Zach Gage, 2011) tem uma abordagem diferente para recompensas porque o jogo não necessariamente aborda uma questão social (Figura 3.22). Este jogo aparentemente casual de soletração de palavras incorpora um conjunto de letras ao estilo *Boggle* combinado com uma mecânica de empilhamento do tipo de *Tetris* para permitir que os jogadores soletrem palavras sob restrições. As letras são misturadas na tela e, dependendo do modo de jogo, pressão por tempo ou por turno aumenta a dificuldade. Pontos são ganhos com base no tamanho da palavra, e os jogadores competem contra seu próprio recorde.

As recompensas em *SpellTower* são projetadas com cuidado e enganosamente simples. Os sons criados enquanto se combinam palavras cada vez mais longas evoluem para se tornar um indicador mágico de maestria, recompensando o jogador com sons raros por aumentar o tamanho das palavras. Juntamente com o design de som, à medida que as letras individuais vão construindo palavras, elas brilham e pulsam em antecipação ao completamento da palavra. Esses pequenos elementos de *feedback* tornam a entrada de uma palavra recorde extremamente recompensadora; uma palavra completada explode e as letras se ajustam ao novo estado do tabuleiro. A palavra que deu o placar mais alto é gravada, assim os jogadores podem continuamente tentar melhorar sua melhor palavra. Muitas vezes, as melhores palavras precisam ser criadas trabalhando de trás para frente e diagonalmente; assim, o jogo é configurado para recompensar o pensamento criativo. A recompensa final – ver a melhor palavra de alguém e a pontuação associada a ela – motiva o jogador para a próxima rodada.

## 13. Estratégias

Que estratégias podem ser utilmente aplicadas no jogo? Que abordagens aos desafios apresentados no jogo ajudarão os jogadores a progredir ou vencer? Este elemento é similar à pontuação: estratégias podem transmitir valores de maneira direta motivando os jogadores a usarem estilos de jogo particulares, ou elas podem recompensar esses estilos com o propósito de uma crítica irônica.

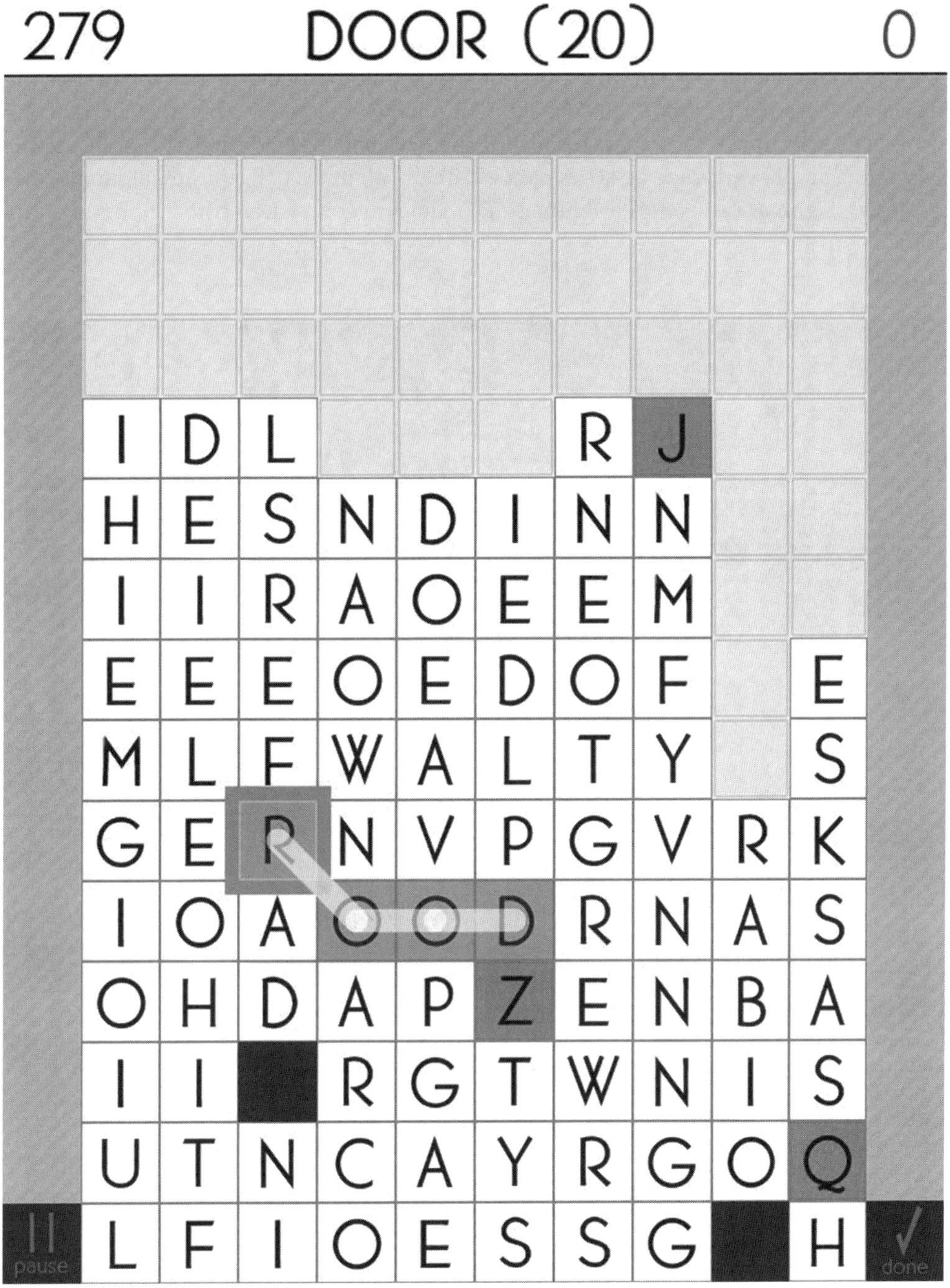

Elementos dos jogos: a linguagem dos valores 75

**Figura 3.22**
Os sons e os efeitos de brilho em *SpellTower* constroem um prazeroso encontro com a soletração (Zach Gage, 2011).

**Jogo ilustrativo:** *PeaceMaker*

Em *PeaceMaker* (ImpactGames, 2007), o jogador assume o papel do primeiro-ministro israelense ou do presidente palestino durante um período particularmente volátil do conflito Israel-Palestina (Figura 3.23). Seja qual for o papel escolhido, o objetivo é criar condições nas quais uma solução para o conflito que sirva para os dois estados se torne viável. Existe uma ampla variedade de ações para escolher – algumas beligerantes, algumas conciliatórias, algumas unilaterais e algumas que requerem cooperação com grupos do outro lado do conflito.

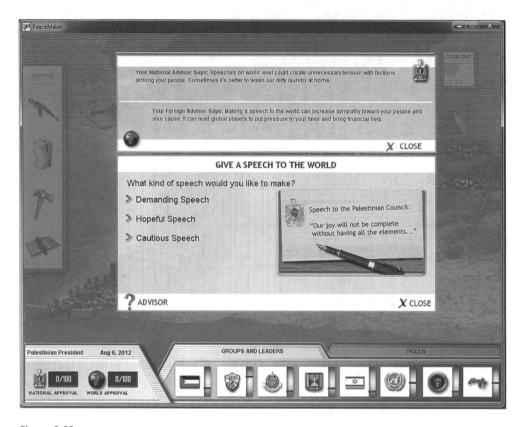

**Figura 3.23**
Estratégias de guerra ou de paz em *PeaceMaker* culminam em resultados extremamente diferentes e refletem o desafio de um conflito no mundo real (ImpactGames, 2007).

Os valores do jogo podem ser mais claramente diferenciados pelo contraste entre os tipos de estratégias que levam ao sucesso e aqueles que levam ao fracasso. Geralmente, uma política externa beligerante exacerbará o conflito, e pequenos gestos conciliatórios construirão confiança entre os dois lados. Pequenos gestos criam o cenário para políticas mais significativas de construção da paz que podem, em dado momento, levar ao fim do conflito. O jogo afirma o valor da diplomacia e de uma política externa não militarista. O jogador pode aceitar ou rejeitar as suposições do modelo, mas é encorajado a considerar sua aplicabilidade a conflitos do mundo real.

## 14. Mapas de jogo

Mapas de jogo (também chamados de níveis ou ambientes) são os cenários feitos sob medida – as etapas, os ajustes e os detalhes de missão – de um jogo. Em muitos casos, são projetados em um espaço baseado em *grids* ou cúbico. Qualquer arranjo espacial em um jogo pode priorizar valores particulares. Colaboração, por exemplo, não pode acontecer facilmente em espaços confinados onde as equipes não podem se reunir na tela para que os jogadores possam ver as interações de seus amigos quando lutam juntos. Como outro exemplo, generosidade poderia exigir a capacidade de abordar ou, no mínimo, reconhecer outros jogadores no espaço do jogo ou receber mensagens deles. Assim, tanto as alusões às metáforas espaciais no design do mapa quanto as limitações reais do mapa podem promover ou proibir certos valores.

### Jogo ilustrativo: *Left 4 Dead 2*

*Left 4 Dead 2* (Valve, 2009), o segundo de uma série de jogos de zumbi da Valve, é um jogo de tiro em primeira pessoa cooperativo situado em uma Nova Orleans pós-pandêmica (Figura 3.24). A história gira em torno de quatro pessoas que são imunes à doença viral global e devem encontrar outros sobreviventes e chegar a refúgios seguros. Aqueles que são infectados se tornam zumbis e atacam os não infectados.

**Figura 3.24**
Em *Left 4 Dead 2*, o mapa de jogo é reminiscente de uma Nova Orleans pós-furacão Katrina (Valve, 2009).

O *gameplay* começa em Savannah, no estado da Georgia, e o objetivo é chegar a Nova Orleans, que é chamada de "The Parrish" no jogo, uma cidade em ruínas muito similar a como ela ficou em consequência do furacão Katrina. Os mapas do jogo moldam as experiências do jogador com becos claustrofóbicos e muitos espaços confinados que dão oportunidade para ataques zumbis. A fictícia Agência Civil de Emergência e Defesa (CEDA) e os militares criam áreas seguras para evacuar tantos sobreviventes quanto possível. Alguns dos trabalhadores da CEDA que estão usando roupas de proteção contra materiais perigosos (*hazmats*), entretanto, já são zumbis prontos para atacar.

No jogo, o movimento dos sobreviventes é soberano. Na criação de uma Nova Orleans virtual, os mapas precisaram usar espaços não lineares para prolongar o *gameplay*, criar ambiência e espelhar a variedade de espaços encontrada em uma velha cidade. O designer de níveis Dario Casali observou que os mapas foram definidos pelo desenho de um percurso que os jogadores (como sobreviventes) provavelmente fariam. Por exemplo, o parque da cidade mostrado na campanha cinco é situado no centro da cidade. Com seus espaços abertos rodeados por uma cerca viva de arbustos arredondados, este parque se torna um lugar ideal para os designers colocarem um "gerador", um tipo de zumbi com traços particulares (outros tipos incluem "cuspidor", "cavalo de batalha" e "caçador"). Em seguida na jornada do jogador provavelmente vem o cemitério, um grande espaço aberto que tem criptas, o que permite emboscadas e outras ações.[21] Esses espaços abertos são perigosos e rapidamente se tornam cheios de zumbis que criam um "efeito manada" que alguns críticos dizem espelhar representações de uma Nova Orleans em crise após o furacão Katrina. O "diretor" do jogo – a inteligência artificial técnica que controla a dificuldade do jogo – muda o *layout* do mapa conforme os jogadores se movem pelo espaço. No cemitério, por exemplo, o *layout* das criptas é criado dinamicamente baseado no quanto o jogador está agindo bem. Os padrões são dinamicamente gerados pelo *gameplay*.[22]

Chet Faliszek, o roteirista do projeto, descreveu os espaços do jogo como "Deep South" (Extremo Sul), apresentando pântanos e estradas de terra assim como Nova Orleans.[23] O espaço de Nova Orleans é, para alguns jogadores e críticos, demais para se ter em um jogo após uma catástrofe. "Situar o jogo em uma cidade que foi cenário de corpos mortos e inchados boiando tão próximo do ocorrido foi um apelo ruim" escreveu Willie Jefferson do *Houston Chronicle* em seu blogue Gamehacks. "Nova Orleans ... ou o Velho Sul podem ser áreas muito, muito sensíveis para se lidar".[24] Faliszek comenta sobre a representação de Nova Orleans: "É um lugar que amamos, estimado em nossos corações. Não queremos diminuí-lo. Não é uma representação de Nova Orleans tijolo a tijolo; é uma versão ficcional, e eu amo aquela cidade".[25] No entanto, os espaços representados no jogo revelam valores que estão incorporados no próprio design de níveis.

Na superfície, os mapas de jogo parecem ter pouco a ver com política e valores. Os níveis em *Left 4 Dead 2* são gerados computacionalmente para se ajustarem à habilidade do jogador. O que pode haver de política nessas meras criações de locação? Como sabemos, Faliszek admite ter evocado intencionalmente a Nova Orleans pós-furação Katrina. Mas, como alguns mapas do jogo são gerados para modelar esse tempo e espaço, o jogo evoca algumas questões da história social americana. Ao criarem as regras para gerar os mapas, os designers trouxeram as dimensões da problemática disparidade racial e socioeconômica que se seguiu na esteira do desastre. O Katrina não é apenas uma história de fundo: o jogo traz com ele a tensão, as acusações e representações daqueles que foram mais afetados. O jogo está gerando a cidade dinamicamente e se refere à Nova Orleans pós-Katrina, então, o *status* racial e socioeconômico parece ter sido algoritmicamente incorporado na representação da cidade – um mapa de jogo claustrofóbico cheio de zumbis desesperados.[26]

# Elementos dos jogos: a linguagem dos valores

## 15. Estética

Apesar de a beleza estar nos olhos do observador, a estética de um jogo expressa valores. Todos os jogos apresentam algum tipo de visual, tratamento sonoro ou movimento físico que os conecta ao conceito histórico de estética. Os jogos operam muito além de um nível funcional: é central em qualquer jogo sua conexão com a emoção e os sentimentos. A estética oferece fortes razões para gostar ou não de um jogo. Ela dá aos jogadores a noção de significado dentro e fora das ações do jogo, da narrativa e de recompensas. Para muitos jogadores, por exemplo, a série *Uncharted* (Naughty Dog, 2007) se destaca por ser bela e "cinemática". *Uncharted 2* (Naughty Dog, 2009) ganhou muitos elogios pelos cenários nos quais as batalhas aconteciam, pelo alto grau de polimento visual e sonoro e por sua trama estilo Indiana Jones. Essa série se diferencia de outros jogos de aventura e ação por seus altos valores de produção e sua experiência coesa – em outras palavras, pela sua estética.

Todos os jogos têm algum tipo de estética, e muitos deles são bonitos, mas a estética vai além do que tem boa aparência ou não e acaba trazendo valores aos jogos. *Journey*, por exemplo, traz valores de muitas maneiras. O valor da cooperação é integrado através de seu deslumbrante design de som enquanto os usuários se comunicam: a bela estética sonora do jogo emerge do valor da cooperação. O valor da curiosidade é recompensado por belíssimas cenas ao longo da jornada para a montanha. A estética de um jogo é um ponto de partida para o prazer do jogador e também coloca valores em jogo.

### Jogo ilustrativo: *Limbo*

O jogo de plataforma *Limbo* (Playdead, 2010) coloca o jogador no papel de um garoto sem nome cuja irmã desapareceu (Figura 3.25). O garoto pode correr, pular, escalar, empurrar e puxar. O jogo tem um marcante estilo de arte em branco e preto, o que é especialmente

**Figura 3.25**
A beleza de *Limbo* inicialmente mascara algumas das crueldades do jogo (Playdead, 2010).

interessante porque o personagem pode momentaneamente se "perder" no cenário do mundo, que consiste inteiramente de formas de sombras. A ambiência de áudio é mínima e assustadora. Criaturas perigosas, como aranhas gigantes, emergem das sombras de uma maneira surpreendente, bela e (para muitos) horripilante. O belo mundo monocromático do jogo remeteu os críticos a filmes *noir* ou filmes expressionistas alemães. A beleza do jogo funciona em contraste com o tema sombrio e o estilo de jogo que é proposto. Terríveis animações (desmembramentos, decapitações) se materializam naturalmente e de maneira surpreendente desse aparentemente simples e esteticamente deslumbrante mundo, interrompendo sentimentos de beleza e simpatia com horror. Os valores de beleza e crueldade emergem juntos através de *Limbo*.

## Conclusão

Neste capítulo, examinamos quinze categorias de elementos de jogos – uma desconstrução ontológica do que "constrói" um jogo. Mas seguem alguns avisos. Primeiro, o significado emerge não dos elementos individualmente, mas *da relação entre os elementos*. Esse ponto tem sido um tema implícito nas seções precedentes. Relembre como o ponto de vista e a representação da personagem nos jogos *Tomb Raider* se inter-relacionam para moldar Lara Croft como um objeto de prazer voyeurístico ou como o jogo *Three Player Chess* introduz ações e regras suplementares para subverter os valores do xadrez tradicional. Enxergamos essas relações entre os elementos executando um papel similar ao da sintaxe de uma língua, que, junto com outros sistemas, nos torna capazes de entender como as palavras se combinam para transmitir significado por meio de frases. De modo similar, se compreendemos a sintaxe dos jogos, sabemos como os elementos se combinam para transmitir significado por meio do jogar. Segundo, é plausível que esses elementos em qualquer jogo pudessem assumir uma variedade de significados diferentes e mesmo opostos dependendo de quem joga. O design e a análise conscientes de valores devem, portanto, dar peso aos fatores contextuais, incluindo a variabilidade de valores, crenças e repertório dos jogadores.

## Base para o Values at Play

Nestes três primeiros capítulos, nós trouxemos a base para o Values at Play. No Capítulo 1, estabelecemos a teoria dos valores nos jogos digitais. No Capítulo 2, investigamos algumas das muitas maneiras como os valores podem surgir, intencionalmente ou não, nos jogos. Aqui no Capítulo 3, descrevemos quinze elementos, a matéria-prima a partir da qual o mundo de um jogo é construído. Na próxima seção do livro, dos Capítulos 4 a 7, damos uma guinada prática. Guiados por nossa teoria dos valores e com os quinze elementos como nossos tijolos de construção, descrevemos os três principais componentes da heurística do Values at Play – descoberta, implementação e verificação – para oferecer orientação aos designers conscienciosos ao criarem novos jogos.

## II  Heurística do Values at Play

# 4 Visão geral da heurística

Projetar e desenvolver um jogo digital pode ser extremamente complexo, compreendendo atividades com muitas camadas e dimensões entrelaçadas. Mas mais do que isso, jogos criados para ampla distribuição, incluindo comercial, são formados pela contribuição de investidores, executivos, designers e jogadores que desejam dirigir o processo de muitas etapas que leva o jogo de uma ideia a um produto finalizado. Temos consciência de que acrescentar valores a essa equação – um passo crucial – aumenta a complexidade com uma camada que pode parecer vaga e abstrata, por isso é útil ter uma cartilha para considerar os valores no design.

A heurística do Values at Play (VAP) é uma abordagem prática e dinâmica para considerar os valores no design. Mais concreta do que um comando generalista, porém mais aberta e flexível do que um método passo a passo, a heurística VAP permite o progresso em um projeto mesmo quando o objetivo final não está totalmente articulado. A heurística pode servir como um guia rudimentar para designers que gostariam de moldar os valores sociais, éticos e políticos que são incorporados nos jogos.[1]

A heurística VAP possui três componentes:

- *Descoberta*: a descoberta envolve localizar os valores relevantes para um dado projeto e definir esses valores dentro do contexto do jogo.
- *Implementação*: a implementação é a tradução de valores em elementos de jogo – incluindo especificações, gráficos e linhas de código. Coração do design, é o processo de tornar os valores reais em termos dos elementos práticos básicos de um jogo.
- *Verificação*: a verificação exige estabelecer a validade dos esforços dos designers em descobrir e implementar valores. A verificação é uma forma de controle de qualidade.

Descoberta, implementação, verificação: nós os chamamos de componentes e não de passos porque um designer não descobre os valores primeiro, então os implementa e, finalmente, os verifica. Em vez disso, o processo é iterativo, assim como é o processo de desenvolvimento de *software*. A palavra *iterativo* significa "que se repete", e design iterativo é um processo cíclico de geração de ideias, criação de protótipos, teste, análise e refinamento – e então repetição do ciclo um número indefinido de vezes até que um resultado desejado é alcançado ou, mais pragmaticamente, até que um prazo seja alcançado ou o financiamento acabe. "Desenvolvimento de *software* é um processo definitivamente inexato, muito influenciado pelas personalidades, habilidades e experiência das pessoas que o fazem. E nisto está muito do problema", observou o designer de *software* Robert O. Lewis. "Duas pessoas a quem fosse dado o mesmo problema nunca projetariam e programariam precisamente a mesma solução de *software*, assim, o *software* é tão complicado e variado quanto as estratégias cognitivas combinadas de todas as pessoas que contribuírem para ele".[2] Além disso, sistemas de *software* são notoriamente cheios de erros, e tais erros têm derrubado sistemas bancários e atrasado missões espaciais. Dadas todas as incertezas nesse processo, o design iterativo serve como uma garantia de qualidade. O objetivo do design iterativo é ajudar a equipe técnica a progredir no ciclo de desenvolvimento e incorporar consistentemente o *feedback* dos usuários do *software* – o que, no mundo dos jogos digitais, significa jogadores.[3]

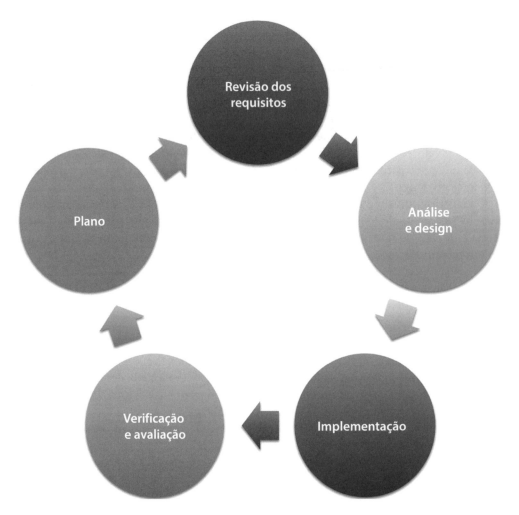

**Figura 4.1**
Um ciclo tradicional de desenvolvimento de jogos.

O ciclo típico de desenvolvimento caminha em uma volta rápida (Figura 4.1). "Ao longo de todo o processo de design e desenvolvimento do seu jogo, ele é jogado" explica Eric Zimmerman. "Você o joga. O resto da equipe de desenvolvimento o joga. Outras pessoas no escritório o jogam. As pessoas que visitam seu escritório o jogam. Você organiza grupos de avaliadores que correspondem a seu público-alvo. Você faz quantas pessoas for possível jogarem o jogo. Em cada caso, você as observa, faz perguntas e, então, ajusta seu design e testa novamente".[4] No caso de projetos em cascata, como *World of Warcraft* (Blizzard Entertainment, 2004), o ciclo continua iterativamente e também de maneira cumulativa até que a linha de produção se feche – muitas vezes, esse ciclo pode levar anos.

A heurística do Values at Play é iterativa também, mas foca em valores durante o processo de design e construção (Figura 4.2). No ciclo-padrão, um desenvolvedor poderia perguntar: "nós fizemos o jogo que o consumidor queria?" e "ele responde sensivelmente à entrada do jogador?". Através do ciclo VAP, o designer consciencioso faz perguntas como: "os valores expressos neste jogo são aqueles que nós queremos expressar?" e "nós implementamos os valores descobertos no início do projeto consistentemente através do jogo de maneira significativa?".

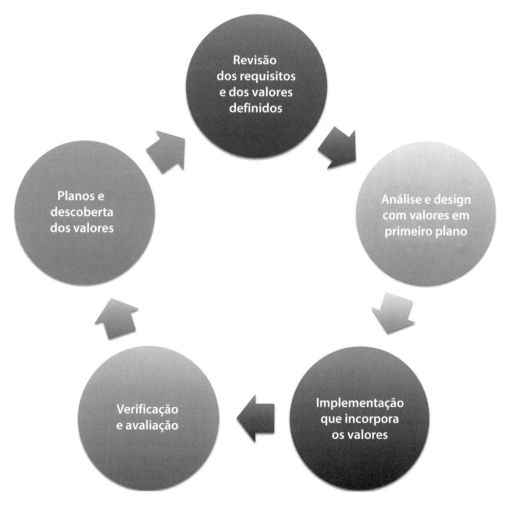

**Figura 4.2**
O ciclo de desenvolvimento do Values at Play (adaptado de Mary Flanagan 2009, p. 257).

Descoberta, implementação, verificação: esta heurística de três componentes ajuda designers a manterem o foco nos valores, a encontrarem expressão para aqueles valores com os quais estão comprometidos e a ficarem alertas para observar e eliminar quaisquer valores indesejados que poderiam rastejar para dentro do jogo. Os próximos três capítulos oferecem uma descrição mais detalhada de cada um desses três componentes.

## 5  Descoberta

Uma organização de prevenção do câncer procurou nosso amigo Kris, que fez o design de muitos jogos premiados e inovadores, para ver se ele poderia projetar um jogo para dispositivos móveis para sua organização de caridade. Um doador dessa organização não governamental (ONG) tinha a forte impressão de que a vacina projetada para proteger as pessoas do vírus do papiloma humano (HPV), que pode causar câncer cervical, era a chave para o futuro da saúde da mulher em todo o mundo. O doador pediu à ONG que desse um impulso à distribuição da vacina em uma nação em desenvolvimento, e um país da África foi escolhido como local para esse impulso. Ao conversar com Kris, os representantes da ONG começaram discutindo educação de jovens e focaram nos valores de bem-estar, igualdade, acesso e empoderamento. Mas, quando Kris soube que a ONG queria um jogo para dispositivo móvel cujo alvo eram meninas de oito a doze anos para que elas persuadissem seus pais a ajudá-las a conseguir a vacina, ele começou a questionar as hipóteses do grupo. As garotas de oito a doze anos nesse país têm celulares para jogarem algo? Como elas conseguiriam convencer seus pais (muitas vezes o pai) a tirarem folga do trabalho e viajarem com elas para a vacinação, ainda mais ela requerendo três doses em três visitas consecutivas? Kris concluiu que os representantes da ONG estavam profundamente deslocados dos valores e das experiências vividas pelas potenciais jogadoras. Apesar da melhor das intenções, suas esperanças em mudar valores culturais profundamente arraigados com um simples jogo eram muito irreais.

Talvez o pior aspecto da proposta era a avaliação. Quando Kris perguntou aos membros da ONG como eles mediriam o sucesso, eles disseram que perguntariam às pessoas se elas haviam gostado do jogo: "Afinal, não há como medir quem está tomando a vacina e quem jogou o jogo". Com os critérios de sucesso desconectados dos objetivos centrais do jogo, Kris decidiu não se envolver com o projeto. A ONG procurava um jogo que explorasse uma questão, mudasse mentes, e mesmo comportamentos. Mas eles falharam em buscar a descoberta de valores com profundidade suficiente para aprender sobre as expectativas e os valores culturais de seus principais constituintes – os usuários.

Descoberta, como a definimos no Values at Play, incorpora duas atividades: (1) localizar valores e (2) defini-los. O resultado da primeira é um conjunto (uma lista, se você desejar) de valores como cooperação, paz, justiça, benevolência, tolerância, criatividade, liberação, generosidade, autonomia e empatia. Listar, entretanto, não é suficiente: os valores conforme os concebemos para este livro, incluindo muitos com grande significado político, cultural e histórico, como igualdade, justiça e autonomia, podem ser abstratos, complexos e, muitas vezes, ambíguos. Os designers precisam resolver a ambiguidade e desenvolver ou adotar uma definição de valores relevantes que seja suficientemente concreta para guiar o design – em outras palavras, para ser colocada em funcionamento no contexto do jogo.

Os processos de localização e definição se aplicam àqueles valores incorporados na descrição funcional de um jogo (isto é, nas intenções de um jogo) assim como àqueles que surgem como efeitos inesperados de uma miríade de outras decisões de design (chame-os de colaterais). Ambos são revelados em um processo contínuo de descoberta que começa nos primórdios da concepção e do desenvolvimento de um jogo e continua até que todos os elementos de design estejam finalmente definidos

**Localizando os valores**

A heurística VAP para localizar valores em um dado projeto de jogo é considerar as diversas influências que moldam esses valores. Sugerimos quatro fontes como um útil ponto de partida – agentes-chave, descrição funcional, *input* da sociedade e restrições técnicas.

1. *Agentes-chave*: as pessoas envolvidas na criação do jogo.
2. *Descrição funcional*: a afirmação explícita descrevendo o jogo.
3. Input *da sociedade*: contextos culturais, padrões e outros fatores externos que afetam o jogo.
4. *Restrições técnicas*: *software*, *hardware* e outros elementos que, juntos, constituem o jogo.[1]

**1. Agentes-chave**

Jogos são feitos por pessoas, para pessoas. Invariavelmente, essas pessoas, sejam elas financiadores, *publishers*, jornalistas, jogadores ou designers, entram no processo por meio de uma variedade de caminhos, explícita e implicitamente.[2] As influências de criadores e jogadores podem ser bastante diretas. Financiadores e *publishers* que estão procurando servir a um público global podem favorecer valores que aumentarão o apelo de massa e o sucesso comercial. Jogos comerciais, por exemplo, devem responder às expectativas do jogador sobre como os personagens são retratados, e as histórias, contadas, o que por sua vez reflete paletas particulares de valores. Quando grandes equipes com muitas camadas de gerenciamento e supervisão estão envolvidas na produção de um jogo, todas essas pessoas podem ter influência na formação dos valores do jogo, seja por intervenção explícita ou escolhas menores e inadvertidas ao longo do percurso.

Os valores dos designers e dos membros individuais das equipes de design, surpreendentemente, são muitas vezes negligenciados nesse processo. Mesmo designers que não estão envolvidos nas decisões importantes podem ter efeitos profundos em um jogo. Origens étnicas, grupos culturais, contextos socioeconômicos e políticos, identidades de gênero, educação e treinamento disciplinar dos designers moldam suas perspectivas e preferências. Essa bagagem pode influenciar tanto os projetos que eles escolhem quanto os detalhes de design que eles incluirão em seus projetos.[3]

# Descoberta

Keita Takahashi, designer do jogo para PlayStation *Katamari Damacy* (Namco, 2004) (Figura 5.1), descreve suas intenções para o projeto:

> Eu sou influenciado pelo que está acontecendo na realidade, e muitas vezes isso aparece no que eu crio. Eu tenho certeza de que os ataques terroristas e a guerra no Iraque, que começou assim que iniciamos o desenvolvimento, me afetaram em algum grau. É claro que eu não criei realmente este jogo com uma referência direta ao conceito de paz, mas há algumas coisas que eu conscientemente escolhi fazer aqui. Há muita agressividade e violência nos jogos hoje em dia. Eu não condeno essa violência completamente, porque é uma parte do instinto humano e é uma coisa muito direta para se expressar. O que eu tentei fazer foi não somente trazer sentimentos de paz para o jogo, mas também criar algo totalmente diferente, que seria mais empolgante do que apenas estar sendo pacífico. Eu queria estimular o instinto humano em um nível diferente.

Às vezes, agentes relevantes podem pressionar em direções opostas. No caso do desenvolvimento de um jogo de *cheerleading* (animação de torcida) para o Nintendo DS, por exemplo, a designer principal percebeu que não queria que as personagens fossem *cheerleaders* "insípidas" estereotipadas, mesmo que o público-alvo as esperasse. Quando os jogadores do grupo de teste descobriram que o jogo desviava de suas expectativas, eles se rebelaram e demandaram *cheerleaders* tolas. Isso colocou os jogadores contra os membros da equipe de design comprometidos com os valores de igualdade, criatividade e outros. Apesar de a equipe de design não poder alterar o tema ou a estética *cheerleader*, eles criaram recursos para permitir que os jogadores desenhassem os uniformes. Eles também introduziram uma competição de moda: jogadores que executam bem a performance levam os uniformes do outro time quando ganham dele. Os designers esperavam que aumentar a complexidade do jogo faria os estereótipos da superfície menos centrais à experiência de jogo e promoveria a criatividade como um valor.[4]

**Figura 5.1**
Uma cena de rua do jogo *Katamari Damacy* (Namco, 2004).

A experiência com o jogo de *cheerleading* revela a influência de outro público-chave nos valores – os jogadores. Como revelado em pesquisas, *feedbacks* informais e estudo sistemático, as preferências dos jogadores podem moldar o design de maneiras que são relevantes para os valores. O desempenho de mercado dos produtos completos também constitui um índice importante, apesar de menos direto, dos valores dos usuários. Inovações guiadas pelos usuários (particularmente em contextos *open source* e em conteúdo gerado pelos usuários, como periféricos e jogos de Facebook) podem mudar drasticamente os valores expressos nos jogos. Com o advento do processo de design iterativo e abordagens participativas, designers e desenvolvedores procuram incorporar os *feedbacks* dos usuários logo cedo no processo de design e desenvolvimento.

O "cabo de guerra" de preferências e valores dos diversos constituintes foi um fator significativo no desenvolvimento de *The Adventures of Josie True* (2000), de Mary Flanagan, o primeiro jogo de aventura *online* para garotas (Figura 5.2). Flanagan e sua equipe de estudantes desenharam mais de quarenta retratos de personagens, algumas das quais eram praticamente idênticas à Barbie e outras personagens bem conhecidas. Os retratos eram então mostrados a garotas do ensino médio. Quando se perguntava às garotas "qual dessas personagens poderia ser a heroína de um novo jogo?", elas esmagadoramente escolhiam desenhos que lembravam a Barbie. Mas quando perguntadas "qual poderia se tornar sua amiga?", as garotas esmagadoramente escolhiam a personagem que no final se tornou Josie True.

**Figura 5.2**
Josie, de *The Adventures of Josie True* (Mary Flanagan, 2000).

Nessa conjuntura, o designer consciencioso tem uma escolha – ficar próximo das expectativas comerciais existentes e previsíveis ou arriscar um novo visual, estilo, atitude ou comportamento para uma personagem. O designer escolhe o último para lutar contra estereótipos e promover valores de igualdade e justiça na representação. Jogadores da versão finalizada fizeram comentários positivos sobre a personagem.[5]

Quanto mais tempo um jogo estiver em uso, maior a oportunidade para os designers utilizarem os ciclos do design iterativo para adaptar os valores e as preferências dos usuários.[6] Isso nunca esteve mais em evidência do que no jogo *World of Warcraft* da Blizzard (2004). Nas primeiras versões do jogo, era possível selecionar um personagem dentro de parâmetros específicos. Os jogadores selecionavam um personagem pertencente a uma facção e a uma raça, com cada raça possuindo forças e limitações características. Um Alliance Gnome, por exemplo, podia ser um Warrior (guerreiro) ou um Warlock (bruxo), mas não um Priest (sacerdote). Os jogadores tinham de escolher a combinação de classe e raça de seus personagens com sabedoria, porque esses fatores poderiam beneficiar ou atrapalhar o jogo. Entretanto, respondendo a uma enxurrada de pedidos de jogadores, a Blizzard mudou essas restrições para permitir combinações de personagens mais flexíveis. De início, elas eram mais visuais do que instrumentais – uma escolha sobre estética, não funcionalidade. Depois, mudando os modelos financeiros para a seleção de personagens, a Blizzard permitiu que os jogadores pagassem a mais para alterar a raça de um personagem no meio do jogo. Os jogadores também podem pagar a mais para que seus personagens mudem de facção, da Horde para a Alliance ou vice-versa. Essas mudanças no jogo têm, interessantemente, sido uma fonte de receita extra, enquanto oferecem aos jogadores uma maior latitude para expressar suas preferências e valores.

O quadro no final deste capítulo, escrito pelo designer Frank Lantz, é uma descrição incisiva de como ele e os membros de sua empresa, Area/Code, lidaram com algumas questões de valores no seu jogo para Facebook de 2010, *Power Planets* (Figura 5.3). Criado para o Discovery Channel, o jogo promovia uma série televisiva sobre energia alternativa. A equipe de design estava comprometida com a questão mais geral: "Que valores estão em jogo no tópico do consumo de energia da humanidade?". Focando nas questões complexas de como os humanos consomem energia, eles foram capazes de moldar decisões de design específicas no caminho. O relato de Lantz é uma história informativa da descoberta de valores.

Um exemplo final de descoberta de valores vem da recente série de jogos de Flanagan abordando preconceitos e estereótipos, particularmente os obstáculos para as mulheres na ciência, para a National Science Foundation. Flanagan e sua equipe da Tiltfactor desenvolveram protótipos de muitos jogos, como *Awkward Moment* (Mary Flanagan, 2012a) (Figura 5.4), que usava novas estratégias para reduzir preconceitos.

**Figura 5.3**
Um planeta em miniatura, do jogo *Power Planets* (Area/Code, 2010).

**Figura 5.4**
*Awkward moment*, um jogo que ajuda a reduzir o preconceito (Mary Flanagan, 2012a).

Neste caso, os agentes-chave foram os designers, de um lado, e, de outro, os financiadores (cientistas e oficiais do governo). Apesar de, inicialmente, a abordagem inesperada tomada pelos designers ter sido surpreendente para os financiadores, os dados dos testes persuadiram-nos da eficácia do jogo. O jogo *Buffalo: The Name Dropping Game* (Mary Flanagan, 2012b) (Figura 5.5) incitou um ceticismo semelhante, depois superado. Essas experiências revelam o importante "braço de ferro" gerado pelas perspectivas variadas dos diversos agentes-chave.

**Figura 5.5**
*Buffalo*, um jogo que destaca os sentimentos de injustiça (Mary Flanagan, 2012b).

Por haver uma grande diversidade de agentes-chave cujos desejos, preferências e valores dão forma a um jogo, diferenças e conflitos quase certamente surgirão e levarão o design a diversas direções. No microcosmo da criação de jogos, os designers confrontam uma pluralidade de valores. As inclinações dos designers deveriam prevalecer sobre as do público nesse cabo de guerra com valores? Dar aos jogadores exatamente o que eles esperam ou querem é uma boa ideia? O fato de os desejos do jogador serem moldados por materiais de marketing, jogos anteriores e a cultura dominante deveria importar? Os valores dos designers deveriam prevalecer sobre os valores do mercado, ou vice-versa? Essas e outras questões similares de responsabilidade são muitas vezes negligenciadas nas decisões instante a instante que dão forma à criação de jogos. Apesar de não termos respostas gerais, estamos certos de que essas questões deveriam ser feitas. Respostas específicas dependem de características específicas desses casos (como a natureza do jogo, seu público, seu contexto e outros) e da natureza de outras fontes de valores, para as quais nos voltamos agora.

## 2. Descrição funcional

Imagine-se visitando um site e lendo a descrição real de um jogo, ou vendo uma propaganda dele. Ou, talvez, você seja parte de um grupo de design, articulando os primeiros objetivos e ideias. Nesses momentos, você encontrará formulações da descrição funcional de um jogo. Normalmente escrita no começo do projeto de desenvolvimento de um jogo, a descrição funcional pode ou não se referir a valores. Quando o faz, ela oferece um guia de alto nível para os valores que os desenvolvedores do jogo querem expressar.[7] É isso que queremos dizer quando identificamos a descrição funcional como uma das fontes básicas dos valores em jogo.

Como um designer, você pode estar criando um jogo com um valor particular em mente. Você pode estar interessado em mudar a perspectiva das pessoas, convocá-las para a ação ou motivá-las a apoiar uma causa. Seu jogo pode ser projetado para atrair atenção para a conservação ambiental, gerar empatia com as vítimas de guerra ou inflamar indignação sobre preconceitos de raça, cultura, religião ou gênero. Você pode estar procurando aprofundar o entendimento das pessoas sobre temas sociais complexos, como a luta em uma certa região, desastres naturais ou o aquecimento global. Em uma escala mais pessoal, você pode estar interessado em um jogo que explore amizade, cooperação, solidariedade, generosidade, amor ou segurança, ou em um que estimule criatividade, alegria, libertação, autonomia ou independência. Se algum desses for um dos objetivos primários do seu jogo, é provável que você os expresse pela sua descrição funcional.

A descrição funcional dos jogos pode incluir valores, mas ela também destaca o design de tecnologia em geral. Apesar de valores como acessibilidade e justiça poderem chamar a atenção dos designers enquanto eles desenvolvem ou criticam um *software* educacional e motores de busca, eles também são incorporados no próprio DNA de um sistema quando são aspectos de sua descrição funcional. Assim, quando os designers se propõem a desenvolver motores de busca justos ou sistemas educacionais acessíveis para pessoas com deficiência, os valores guiam e definem de maneira explícita a forma do sistema. A privacidade, por exemplo, tem inspirado um número cada vez maior de "ferramentas de aumento de privacidade" para navegação na web, e-mail, mídias sociais e outros. A expressão de valores na definição funcional é evidente em muitos jogos.

O jogo *online Darfur Is Dying* (Susana Ruiz, 2005) foi criado por uma equipe de estudantes da University of Southern California e publicado pela mtvU (Figura 5.6). O objetivo do projeto era (1) conscientizar sobre a crise humanitária na região de Darfur, no Sudão ocidental, causada por um conflito entre as tropas do governo sudanês e milícias não árabes, e (2) gerar um movimento de base entre os estudantes universitários dos Estados Unidos e de outras nações ocidentais para terminar o conflito por meio de intervenção governamental. Colocando os jogadores como refugiados, o jogo visava trazer empatia, provocar engajamento com a crise, estimular os esforços para prover itens básicos de sobrevivência, restaurar a comunidade e estabelecer a democracia e a liberdade.

*Quest Atlantis* (Sasha Barab, 2005), um jogo desenvolvido por Sasha Barab e sua equipe de pesquisa na University of Indiana, envolveu crianças com idades entre nove e doze anos em um jogo dramático envolvendo atividades de aprendizado tanto online quanto no mundo real. Focando primariamente nas tarefas do jogo, a definição do projeto é uma rica fonte de valores:

QA combina as estratégias usadas no ambiente dos jogos comerciais com lições de pesquisa educacional sobre aprendizado e motivação. A participação neste jogo é projetada para melhorar as vidas das crianças enquanto as ajuda a amadurecer em adultos bem informados, responsáveis e empáticos.[8]

**Figura 5.6**
Uma cena de *Darfur Is Dying* (Susana Ruiz, 2005).

O website de *Quest Atlantis* também inclui uma discussão sobre o comprometimento do projeto com os valores:

O projeto QA promoverá a conscientização sobre sete dimensões críticas para torná-las reais nas vidas das crianças:

- Expressão criativa – "Eu crio"
- Afirmação da diversidade – "Todo mundo importa"
- Ação pessoal – "Eu tenho voz"
- Responsabilidade social – "Nós podemos fazer diferença"
- Consciência ambiental – "Pense globalmente, aja localmente"
- Comunidades saudáveis – "Viva, ame, cresça"
- Sabedoria compassiva – "Seja gentil"

As descrições funcionais de ambos os jogos, *Darfur Is Dying* e *Quest Atlantis*, revelam objetivos-chave do projeto e incluem comprometimento explícito com valores.

## 3. *Input* da sociedade

A gama de valores que os indivíduos trazem para projetos técnicos é constituída parcialmente (alguns diriam inteiramente) pela sociedade. Contudo, apesar da coparticipação dos indivíduos nas sociedades, fontes de valor sociais coletivas e institucionais são influentes e valem ser observadas.

Mesmo um simples eletrodoméstico que toste o pão deve respeitar padrões sociais: seu plugue deve encaixar em uma tomada na parede, e não deve pegar fogo ou colocar o sistema elétrico em curto. Sistemas e infraestruturas informacionais (como navegadores, *switches* de rede e sistemas de e-mail) devem obedecer a padrões de robustez, segurança e confidencialidade. Outros padrões de performance – eficiência energética para eletrodomésticos, gasto de combustível para veículos, limites de emissão em máquinas industriais – refletem expectativas sociais. Com os videogames, as classificações da indústria alertam os pais da presença de conteúdo sexual explícito, linguagem imprópria, violência e outros conteúdos "maduros", e esses alertas podem dar forma aos jogos à medida que os designers lutam para cumprir ou evitar certas classificações. Seja a intenção o comprometimento com a "diversão boa e limpa" ou simplesmente a venda de mais jogos, o resultado é um produto de mídia moldado pelos padrões sociais incorporados nesses esquemas de classificação.

Como fonte de valores, o *input* da sociedade pode ser profundamente carregado de política. Nos anos 1990, um departamento estadual de educação dos Estados Unidos rejeitou um jogo educacional sobre a história americana que incluía o ativismo pelos direitos dos gays. Apesar de a designer (a coautora Flanagan) ter sido inspirada pelos valores de igualdade, inclusão e justiça, o departamento de educação ameaçou proibir as escolas de comprarem o jogo se ele incluísse a informação sobre ativismo gay, e o *publisher* exigiu que a designer removesse essas partes antes do lançamento do jogo. Dessa maneira, costumes sociais se tornaram uma fonte de valores no design do jogo por intervenção direta do *publisher* (pelo seu desejo de presumidamente aumentar as vendas) e intervenção indireta da autoridade de estado (por seus mandatos). Os mecanismos de influência podem variar significativamente – da demanda explícita (como nesse caso) até as influências indiretas e às vezes sutis de contextos culturais e históricos.

## 4. Restrições técnicas

Além de padrões sociais, definições funcionais e agentes-chave, as tecnologias nas quais os jogos são construídos impõem suas próprias restrições e possibilidades. Criadores de jogos encaram uma diversidade de grandes e pequenas decisões durante as fases de design e desenvolvimento, e essas decisões podem ter implicação nos valores. Alguns emergem como resultado de escolhas explícitas de design, outros emergem inadvertidamente enquanto os designers focam na produção de algum outro efeito. Como observado na discussão sobre os elementos do jogo no Capítulo 3, quase todos os aspectos de um jogo podem estar carregados de valores, oferecendo tanto oportunidades quanto perigos para aqueles no comando do design. Nós gostamos do termo *colateral* para esses valores porque, apesar de não orientarem um projeto desde o início, como aqueles na descrição funcional, eles aparecem ao longo do caminho para um designer astuto – muitas vezes como resultado de limitações e possibilidades técnicas – como dificuldades significativas.

Os valores que emergem das decisões técnicas são comuns em contextos de não jogo, também. Desenvolvedores de interface que usam pistas visuais inadvertidamente discriminam aqueles usuários com problemas de visão, debilitando assim o valor da inclusão. Serviços localizados, que agora são comuns em dispositivos móveis, podem permitir a vigilância de indivíduos por terceiros, uma potencial violação de privacidade. Alguns motores de busca priorizam resultados de acordo com taxas de publicidade, colidindo com transparência e justiça. Em cada um desses casos, os designers podem ter focado em eficiência ou utilidade, e eles podem ter trabalhado com limitações de tamanho de tela, performance, largura de banda, formalismo e muitos outros. Mas suas decisões, sejam intencionais ou forçadas, têm consequências no domínio dos valores.[10]

O mesmo é verdade nos jogos. Um jogo de simulação de direção pode não especificar quaisquer valores em particular em seus objetivos, mas os designers devem, de qualquer maneira, tomar decisões sobre modelos de carro, cores, avatares dos pilotos, ponto de vista do jogador, obstáculos no caminho do carro, entre outros. Conforme essas decisões acumulam, os designers podem encontrar uma cultura emergindo que expressa um conjunto de valores nas suas escolhas de design.[11] Esse é um exemplo dos valores "colaterais" mencionados na introdução deste capítulo: algumas vezes, os valores aparecem nos jogos não intencionalmente, mas como resultado de outras decisões de design. Ao decidir enredo, resolução e arco narrativo de um jogo – assim como objetivos, pontuação e ações disponíveis –, um designer pode contribuir para a experiência do jogador com os valores incorporados.

Considere a introdução do Real ID, uma característica do serviço de jogos *online* Battle. net. Com o Real ID, os amigos dos jogadores aparecem sob seus nomes reais em uma lista de "amigos", ao lado de quaisquer personagens com os quais ele esteja jogando em qualquer jogo do Battle.net (Figura 5.7). Os jogadores podem ver os nomes reais de seus amigos quando se comunicam dentro do jogo, conversam ou veem o perfil do personagem. Os jogadores não precisam se lembrar de que amigo está jogando com que personagem em que servidor.

Antes, os jogadores podiam conversar ou executar certas ações do jogo (como percorrer as catacumbas) somente com outros no mesmo servidor. Mas, com o Real ID, eles podem fazer isso com outras pessoas em outros servidores. Antes, os ataques em *World of Warcraft* eram específicos do servidor. Agora, um grupo de batalha é uma coleção de servidores, e os acontecimentos pertencem àquele grupo de batalha. Antes do Real ID, a coleção de jogadores era anônima porque eles controlavam uma variedade de personagens com nomes diferentes. Com o Real ID, os jogadores podem se agrupar com seus amigos em vez de receber estranhos em um grupo de ataque. A comunidade ativa do servidor tem seus próprios fóruns e batalhas, então, a expansão do local para o global afetou as conexões pessoais que acontecem no jogo. O objetivo do Real ID foi expandir a amizade e a comunidade para fora do paradigma tecnológico da comunidade baseada em um servidor. Mas essa decisão técnica teve outros efeitos. Houve uma perda de anonimato e privacidade, de lealdade à própria comunidade do servidor e de socialização, já que a mistura com estranhos em um grupo não existe mais. Esses são os tais efeitos colaterais dos quais os designers devem estar conscientes quando lidarem com restrições técnicas de um sistema de jogo.

Outras restrições técnicas dão suporte a valores, quer o designer se dê conta ou não. O Tiltfactor Laboratory de Flanagan conduziu um estudo sobre aprendizado da disseminação de doenças e pensamento de sistemas por meio de um jogo que foi implementado de maneira quase idêntica como jogo de tabuleiro e para iPad. Em experimentos controlados aleatórios, os pesquisadores descobriram que as pessoas jogaram de 10% a 20% mais rápido no iPad e falaram com os outros 10% a 20% menos durante as jogadas em turno, mesmo as condições para o jogo durante as partidas sendo idênticas. Esse estudo mostrou à equipe de design que algumas características são particulares a cada mídia e necessitam de estudos mais aprofundados.

**Figura 5.7**
Muitas guildas são criadas entre amigos. Aqui está um grupo de um dos amigos da autora na sua guilda *Vanity Cheer Squad*.

## Definindo valores

Até agora, respondemos à questão "que valores estão em jogo neste projeto de design?" focando na localização dos valores. Mas responder à questão da descoberta também envolve definir esses valores; não necessariamente fornecer uma análise universal de valores relevantes, mas desenvolver um claro e consistente significado. Valores éticos e políticos (como justiça, equidade, privacidade, tolerância, autonomia e liberdade) são conceitualmente abstratos, controversos e notoriamente difíceis de definir. Entretanto, quando os usamos para descrever um sistema político, um relacionamento, uma organização ou uma competição, temos em mente definições ou interpretações que são concretas, específicas e operacionais. Transformar um valor de abstração em conceito totalmente articulado o torna acessível para o design e capaz de influenciar a arquitetura e as características. É o trabalho de definição e análise que constrói uma ponte necessária entre conceitos de valor abstratos e conceituações concretamente articuladas capazes de guiar a mão de um designer.

Definir valores em termos operacionais é mais do que um emprego para filósofos desocupados. Se valores são definidos de maneira descuidada ou imprecisa, se os envolvidos têm muitas concepções diferentes ou se a natureza substantiva do valor é incorretamente construída, então mesmo um sistema belamente projetado e bem executado pode errar o alvo. Em muitos casos, a implementação – a tradução em design de uma ideia em uma característica (discutida no próximo capítulo) – pode acontecer implicitamente e sem muito barulho. Entretanto, com valores controversos, boas intenções e competência técnica podem não ser o bastante. O designer também deve ser guiado por uma compreensão sólida e reflexiva do conceito de valor.

Considere alguns exemplos da tecnologia aplicada a não jogos. Imagine que você está projetando um repositório digital de registros médicos e está preocupado em proteger a privacidade. A sua definição – seja com controle do paciente sobre a informação ou com apropriação do fluxo de informação[12] – fará diferença em como você projetará seu repositório. Ou considere a abertura, um valor que tem sido controverso entre designers de *software*, especialmente aqueles das comunidades *open source* e de *software* livre. Um sistema aberto significa que vale tudo, ou um sistema pode ser considerado aberto mesmo se algumas restrições sobre como desenvolvê-lo forem colocadas? De forma similar, uma rede aberta pode colocar restrições sobre aqueles que entram ou se conectam, ou podem estabelecer requisitos de protocolo ou bom comportamento? Conceitos bem definidos (privacidade, abertura ou qualquer outro valor em jogo) são de interesse mais do que filosófico: eles têm consequências genuínas para as tecnologias em nossas vidas.

No mundo dos jogos, você poderia estar interessado em promover a generosidade. Como esse valor deveria ser entendido? Em alguns jogos de RPG *online* massivamente *multiplayer* (MMORPGs), os jogadores que conseguem recursos mais poderosos dão seus itens mais velhos e menos úteis para classes mais baixas de jogadores. Esse compartilhamento não é exigido pelo jogo, e normalmente não há recompensa explícita por dar esses itens. Entretanto, como na vida real, compartilhar bens e objetos pode incorrer em benefícios sociais, como lealdade e aumento de reputação. Os jogadores valorizam esses tipos de recompensas sociais e, assim, alguma forma de generosidade se tornou comum. Mas e se a generosidade é recompensada pelo sistema?

Em *Asheron's Call* (Turbine, 1999), "mentores" dentro do jogo mantêm uma percentagem dos pontos de experiência ganhos pelos seus orientandos. Se a generosidade é recompensada em um jogo, é generosidade de verdade? Recompensas materiais eliminam a possibilidade de um jogo genuinamente generoso? E se não há recompensas explícitas para a generosidade, isso encoraja os jogadores a focarem em recompensas sociais, como amizade ou trabalho em equipe? Por outro lado, se pontos de experiência ou outros sistemas de recompensas são usados para encorajar a generosidade, como isso influencia as relações entre mentores e orientandos? A generosidade exige que você dê algo a alguém ou que a coisa que você dê seja algo de valor? Isso requer que o estoque do doador seja diminuído ou prejudicado? Ou apenas que o estoque do recebedor seja aumentado?[13] Tais questões devem ser respondidas pela equipe para definir o valor adequadamente.

A cooperação requer que as pessoas trabalhem juntas na direção de um fim comum. Mas o trabalho em conjunto deve ser totalmente voluntário ou ainda é cooperação se a coerção for envolvida? Como se define lealdade? Ela pede um favoritismo injusto ou meramente um comprometimento para o bem de outro quando todos os outros são iguais? São cruciais para essa exploração a negociação baseada localmente e a definição desses valores. A gama de interpretações disponíveis tanto para o designer quanto para o jogador é vasta.

O projeto de pesquisa RAPUNSEL (2003-2006), empreendido pela coautora Flanagan e seus colegas na New York University e custeado pela National Sciente Fundation, pretendia ensinar ciência da computação básica para garotas de baixa renda.[14] Os designers, em outras palavras, procuravam promover justiça social por meio da equidade de gênero. Esses valores amplos e abstratos poderiam se tornar reais por um domínio melhor sobre uma habilidade de *status* elevado. Antes que eles pudessem projetar o jogo, contudo, a equipe precisava descobrir os valores em jogo (justiça, equidade) e também defini-los. Seus objetivos dependiam de muitas proposições-chave empíricas e filosóficas. Uma é o papel proeminente das tecnologias da informação nas sociedades ocidentais contemporâneas. Outra é a importância da proficiência em habilidades quantitativas e analíticas como uma fonte de *status* cultural, incluindo empregos mais bem pagos. "Programação é a mídia mais poderosa para desenvolvimento do pensamento sofisticado e rigoroso necessário para a matemática, a gramática, a física, a estatística e todas as disciplinas 'difíceis'", afirmou Seymour Papert. "Eu acredito mais do que nunca que a programação deveria ser uma parte importante do desenvolvimento intelectual de pessoas em crescimento."[15] Os estudos sobre as mulheres, entretanto, têm inequivocamente revelado baixo interesse e poucas conquistas nessas áreas pelo menos até o início da adolescência. Como resultado, as mulheres têm acesso limitado a muitos empregos bem pagos e de *status* elevado.[16] Os pesquisadores da RAPUNSEL projetaram um jogo para funcionar como um ambiente de aprendizado para programação de computadores que teria apelo a garotas do ensino médio. Seu objetivo era intervir em um padrão dominante de distribuição e acesso desiguais a bens. De acordo com isso, justiça e igualdade foram definidos operacionalmente para o jogo do projeto RAPUNSEL, *Peeps* (RAPUNSEL, 2006), em termos de aumentar o acesso a empregos com salários mais altos e *status* mais elevado.

### Descoberta para designers

Os designers e outros participantes do processo dão forma aos jogos de maneiras que são relevantes aos valores. Os jogadores também trazem valores e expectativas para um jogo, moldando-os diretamente por meio do *feedback* e do jogar e, indiretamente, pelo mercado. Fatores sociais geram expectativas de fundo, e restrições e possibilidades técnicas produzem resultados com dimensão de valores. Antes de tudo isso, os valores podem ser expressos (embora não precisem ser) na própria concepção de um jogo por meio de sua definição funcional.

O trabalho da descoberta é especificar, procurar, achar, entender, conceitualizar, articular e definir valores que são relevantes para seu jogo. Ela pode acontecer em qualquer momento durante o design – antes que ele comece, na conclusão, e mesmo depois, já que os valores emergem do próprio jogar. O componente da descoberta torna os designers conscienciosos astutos e sistemáticos na sua sensibilização aos valores em jogo. É a base necessária para nosso engajamento ativo com eles.

**O poder dos valores**

Por Frank Lantz, diretor criativo e cofundador, Area/Code, Zynga New York

Em 2010, a Area/Code desenvolveu um jogo para Facebook chamado *Power Planets* para o Discovery Channel. O objetivo do jogo era promover uma série de TV sobre fontes de energia alternativas chamada *Powering the Future*. As experiências que tivemos criando este jogo podem servir como um exemplo útil de como pensar sobre valores influencia o processo de design de jogos em múltiplos níveis.

Vamos começar com os valores envolvidos em nossa aceitação do projeto em primeiro lugar. *Power Planets* é um projeto de desenvolvimento por contrato. Sua razão de ser é gerar consciência e interesse sobre uma série de televisão. Ele é, em uma palavra, um *advergame*, e essa não é uma palavra bonita. Muitos dos projetos da Area/Code foram desse tipo. Como conciliamos nossos valores em design de jogos (um desejo de fazer jogos significativos, de alta qualidade e inovadores) com a demanda vulgar da propaganda consumista? Para ser honesto, não precisamos nos esforçar muito.

Nós descobrimos que este contexto de criação de jogos oferece uma surpreendente quantidade de liberdade criativa. Nossos interesses eram primariamente formais, e nossa paixão principal eram os sistemas e estruturas de jogos. A exigência de expressar as temáticas de alguma mídia existente foi um tipo de restrição arbitrária que, na verdade, achamos bastante útil. Além disso, há uma certa quantidade de ambiguidade sobre o que torna um jogo desse tipo um sucesso. Na maioria das vezes, o objetivo principal de fazer um jogo bom, original e interessante estava alinhado o suficiente com os objetivos estratégicos de nossos clientes.

Mas nós levávamos a sério a obrigação de explorar os temas que nos eram dados. No caso de *Power Planets*, a série de TV que o jogo promovia não havia sido criada ainda, então tínhamos apenas um esboço dos assuntos que ela exploraria. Ele era apenas uma visão geral dos desafios relacionados ao consumo de energia nas próximas centenas de anos.

Que valores estão em jogo na questão do consumo de energia? Usamos energia para melhorar nossas vidas, atingir nossos objetivos, satisfazer nossas preferências. Existem diferentes tipos de energia, cada uma com seus custos e benefícios. Alguns desses custos tomam a forma de efeitos externos: fardos como a poluição são compartilhados por uma comunidade além daquela que recebe o benefício direto do consumo dessa energia. Algumas vezes, esse fardo é distribuído não geograficamente, mas ao longo do tempo: gerações futuras carregarão alguns dos custos do consumo de energia atual.

A equipe de design gastou tempo pesquisando e discutindo essas questões. Cada membro da equipe trouxe sua opinião para o todo, mas, no final, chegamos à conclusão de que essa questão é controversa porque é genuinamente complexa. Nenhum de nós sentiu que havia verdades fáceis que um jogo sobre energia deveria incorporar ou expressar.

Como muitas questões controversas, a política de energia mistura problemas matemáticos e de valores. Por problemas matemáticos, eu quero dizer questões empíricas, questões factuais, problemas de engenharia. Problemas matemáticos podem ser difíceis por si só. Nós podemos discordar sobre fatos ("Quanto petróleo ainda há?"). Podemos discordar sobre a maneira adequada de enquadrar o problema ("Em que ponto de estar perto de acabar o petróleo devemos fazer a transição para outros combustíveis?"). Podemos discordar sobre o melhor tipo de soluções que devemos procurar ("Devemos focar em usar o petróleo de maneira mais eficiente ou em buscar maneiras de substituí-lo?"). Entretanto, em geral, nós sabemos como abordar problemas matemáticos. Sabemos que tipo de critérios usar para medir o sucesso e que tipo de trocas teremos de fazer para chegar lá. Queremos maximizar nossos benefícios e minimizar nossos custos. Uma vez que estamos no domínio dos números, não há necessidade do tipo de disputa emocional feroz que gira em torno do uso de energia e do impacto ambiental.

Mas antes de podermos entrar no domínio dos números, temos de concordar em assuntos mais nebulosos: o que constitui um benefício e o que constitui um custo? Que benefícios são melhores que outros, que custos são piores, e o quanto o são? Este é o domínio dos valores. Quanto vale a natureza intocada? Quanto custa diminuir a biodiversidade? Quais são nossas obrigações morais com nossos vizinhos, nossas futuras gerações e com os filhos de nossos filhos? Essas questões não podem ser respondidas em termos técnicos, ainda que questões matemáticas e de valores tenham se embaraçado confusamente no discurso público do uso de energia.

Os jogos, frequentemente, também unem esses tipos de problemas. Muitas vezes o fazem de propósito, como quando um jogo *single-player* faz o jogador escolher entre uma ação para alcançar um objetivo explícito do jogo e outra que parece moralmente melhor dentro da história (para exemplos, veja cada jogo triplo A feito nos últimos dez anos).

Por sorte, não estávamos fazendo um jogo *single-player*. Estávamos fazendo um jogo para Facebook e decidimos usar as qualidades formais desta plataforma para separar esses dois tipos de problema. O objetivo foi fazer um jogo cuja mecânica central fosse um problema matemático grande e bem definido e cujo problema de valor residisse inteiramente no domínio social das relações entre os jogadores.

Especificamente, decidimos focar no que consideramos uma das grandes e mais interessantes questões de valor – nossa responsabilidade moral com o futuro. Muito da dificuldade das questões de energia envolve pensar sobre as consequências em uma escala de tempo planetária. É difícil determinar que peso moral devemos dar às preferências das pessoas que viverão logo após morrermos. Afinal, já é difícil o bastante para os humanos entenderem o peso apropriado a ser dado a nossas preferências futuras. Por isso bebemos muito, comemos demais, procrastinamos e evitamos os exercícios. Tentar delinear nossa responsabilidade com as futuras gerações é como multiplicar o problema em muitas ordens de magnitude. Intuitivamente, sentimos que há alguma responsabilidade. Quando a geração futura são nossas crianças, nosso sentimento de responsabilidade é enorme. Mas quando as gerações futuras são mais distantes ou não diretamente relacionadas a nós, essa sensação é mais tênue. Nós sentimos que é certo sacrificar alguns de nossos próprios objetivos e desejos para beneficiar essas pessoas do futuro, mas quanto? E se nós enquadrarmos essa relação como prejudicial ao invés de benéfica? Em que ponto nossos direitos colidem diretamente com os deles? Nenhuma discussão sobre política energética e impacto ambiental pode acontecer sem considerarmos essas questões, mas são questões que nossos cérebros já acham difícil contemplar, ainda mais responder.

*Power Planets* usou a força dos jogos para explorar essa questão. No jogo, gerencia-se um pequeno planeta simulado, ganhando pontos por construir e energizar estruturas que servem às necessidades e aos desejos dos habitantes. Mas os jogadores estão no controle de seu planeta somente por uma limitada quantidade de tempo, pois, a cada poucos dias, o jogo troca os planetas: o planeta atual de todo jogador é dado para outra pessoa gerenciar. Depois de cinco trocas (chamadas de "epochs"), um planeta era aposentado. A própria simulação de gerenciamento do planeta é cheia de trocas complexas que refletem os desafios da estratégia de energia. Diferentes tipos de produção de energia tinham diferentes níveis de efeito no meio ambiente do planeta, o que, por outro lado, afetava a eficiência das estruturas de produção que você construía. Petróleo e carvão eram baratos e poderosos, mas finitos e altamente poluentes. Fontes alternativas, como vento e energia solar, eram ilimitadas e limpas, mas exigiam pesquisa cara e eram menos eficientes no geral.

Cada planeta que você gerenciava era como um pequeno quebra-cabeças envolvendo recursos limitados e restrições que se sobrepunham. Você precisava tomar decisões complexas sobre que tipos de estruturas e sistemas de energia construir e quando e como fazer a transição de um tipo para o outro. *Power Planets*, entretanto, tratava-se de mais do que apenas as trocas feitas instante a instante que você encontrava gerenciando a simulação. Nós queríamos que o foco real da experiência de jogo fosse a tensão entre o impacto imediato das suas decisões e suas consequências de longo prazo. Como suas decisões afetariam os jogadores que herdassem seu planeta "rio abaixo"?

Nosso objetivo era fazer com que o jogador sentisse constantemente o desejo de espremer tantos pontos quanto possível do planeta sob seu controle e, então, considerasse como isso afetaria o próximo jogador da fila. Queríamos que os jogadores experimentassem gratidão quando recebessem um planeta cujo proprietário anterior tivesse mantido em boa forma, racionando recursos escassos e investindo em pesquisa de longo prazo. E queríamos que os jogadores experimentassem a dor de receber um planeta cujo proprietário anterior tivesse transformado em um deserto fumacento e exaurido de recursos.

Durante o processo de design, lutamos com a questão de como expressar a tensão entre o objetivo explícito de maximizar os pontos e o implícito de cooperar com outros jogadores. Deveríamos ter dois tipos diferentes de pontos ou um sistema de reputação que permitisse que os jogadores classificassem os outros? No final, decidimos que a melhor opção era a mais simples: o objetivo do jogo era fazer a maior pontuação, e a tabela de classificação acompanhava a pontuação média de cada jogador por planeta. Isto encorajava os jogadores a conseguirem o maior número de pontos que pudessem em cada planeta que gerenciassem. Quaisquer consequências negativas por deixar seus amigos com um planeta arruinado e sem esperança seriam sentidas puramente no domínio social e na sua consciência.

Havia, entretanto, uma segunda tabela de classificação para os planetas. Esta tabela classificava cada planeta completado pelo total de pontos que havia produzido em seu ciclo de vida, junto aos cinco jogadores que o haviam gerenciado. A justaposição das duas tabelas destacava a tensão entre as duas maneiras de abordar o jogo. Você podia jogar de maneira egoísta, sem considerar o efeito que suas ações teriam para os outros jogadores, ou altruísta, balanceando seus ganhos com alguma consideração pelos outros. Não havia jeito de você estar no topo das duas tabelas.

Na verdade, chegar na tabela de classificação dos planetas exigia um certo tipo de fé. Para maximizar o ganho geral dos pontos ao longo de cinco "epochs" separadas, os jogadores precisavam usar os recursos limitados sob seu controle para ajustar situações que se pagariam muito depois que sua "epoch" terminasse. Eles comprometiam seu próprio lucro para assegurarem que os futuros jogadores sobreviveriam e prosperariam. Entretanto, quem herdava o planeta estava além do controle dos jogadores. Se o próximo jogador fosse egoísta, estúpido ou ambos, então seu sacrifício seria em vão. Os planetas vencedores seriam aqueles sortudos o bastante de encadear cinco jogadores que tivessem decidido dar esse salto de fé. Olhando dessa maneira, você poderia ver a escolha de jogar altruisticamente não como uma rejeição do problema de matemática do jogo, mas como uma tentativa de resolver um problema matemático maior e mais sutil, um que exigia domínio dos sistemas mecânicos do jogo, colaboração com parceiros distantes e silenciosos, inteligência, sorte e confiança.

Não havia maneira "correta" de jogar *Power Planets*, nem escolhas certas ou erradas, nem uma mensagem que quiséssemos transmitir sobre a maneira aproriada de gerenciar nossas necessidades de energia e nossos recursos limitados. Nós quisemos criar um jogo no qual as qualidades elusivas dessas questões fossem destacadas; os pequenos detalhes, ampliados; e a vasta e incompreensível escala do problema, comprimida em algo que podia ser considerado e passado a um amigo.

Para nós, essa foi a lição definitiva sobre valores em jogo que aprendemos no processo de criar o *Power Planets*. Jogos podem explorar o mundo complicado e ambíguo dos valores porque são modelos, simulações e espaços imaginários dinâmicos e também porque funcionam como formas estilizadas de interação social. Os jogos são uma maneira de as pessoas se envolverem com questões por meio do emaranhamento entre um sistema dinâmico e os aspectos do mundo que ele destaca e reflete, assim como pelo emaranhamento entre essas coisas, nós mesmos e os outros.

# 6  Implementação

Sally, uma designer e escritora veterana, terminou o roteiro da sequência de um RPG para crianças. O primeiro jogo apresentava uma forte protagonista feminina que tinha um ajudante *geek*, e, para a sequência, os donos da marca queriam trocar os protagonistas dentro do elenco. Em seu roteiro para o segundo jogo, Sally criou um novo protagonista, uma ajudante e um estereotipado cientista malvado como vilão. Todos na equipe estendida aprovaram o roteiro, mas quando duas pessoas do marketing ("forasteiras") finalmente o leram, elas acharam que a ajudante acabou saindo uma paranoica histriônica completamente dependente do protagonista. Sua falta de atitude era reforçada por outros personagens, como o vilão autoritário, que a tratava com superioridade e de maneira sexista. Ela era maltratada e embaraçosamente estereotipada. Apesar de o ajudante *geek* do primeiro jogo também não ter muita atitude, seu personagem não se encaixava nos estereótipos de gênero da mesma maneira que sua contraparte feminina.

Sally teve de abordar suas preocupações. "Eu tive uma reação instintiva" ela admite. "Eu estava brava. Eu sou uma designer mulher, e a equipe contava comigo para ter essa perspectiva. É claro que vou tratar as mulheres com justiça em meus textos! Quem essas forasteiras pensam que são? Elas não têm nada melhor para fazer do que me aborrecer? Mas essa questão da atitude me mostrou que ninguém é perfeito, especialmente quando nos referimos a papéis em jogos." Sally acabou refletindo que o incidente foi vital para fazer um jogo melhor, mais equânime. "Este foi o pensamento convencional virado de ponta cabeça – 'Não deixe o marketing ver ainda' – porque, neste caso, as pessoas do marketing eram mulheres que tinham uma perspectiva que faltava em outras partes da equipe, e eu poderia realmente ter usado seus olhos sobre o problema mais cedo".

O problema surgiu, em parte, pela necessidade de diferenciar os personagens do segundo jogo daqueles do primeiro, e em parte pela falha em notar algumas caracterizações estereotipadas, sobre as quais Sally depois admitiu: "No final, é realmente útil ter um segundo par de olhos e processos reflexivos para ajudar redatores e designers a alcançarem o alvo. Nós não precisamos ter medo de cometer erros porque eles refletirão em nossas credenciais de boas pessoas. E isso é tarefa de todos, e o motivo pelo qual trabalhar em equipe é bom, e a razão pela qual equipes com diversidade são importantes".

Uma vez que o problema foi notado e reconhecido, foi relativamente fácil resolvê-lo. Sally gastou um dia ajustando a personagem e melhorando as interações entre os personagens não jogáveis. Ela está convencida de que o jogo agora está muito melhor: "Eu não estava olhando como as partes se ajustavam no todo. Problemas emergem, particularmente quando se usa uma forma familiar, porque a estrutura é familiar e velhas estruturas trazem injustiças datadas às quais você tem de estar atento... No processo de descoberta e ideação, é difícil enxergar esses problemas emergindo. O desenvolvimento de personagens gerais e ajudantes parece inócuo visto de 50.000 pés de altura. Precisa haver um esforço consciente para procurar conflitos de valores conforme os detalhes de implementação emergem. Algumas vezes, mesmo que, pessoalmente, tenha valores muito sólidos, é possível que você recorra à caricatura e ao estereótipo. Values at Play oferece uma maneira de checar seu processo. Essa checagem sistemática é um modo de evitar que preconceitos não intencionais surjam".

Valores em um dado projeto devem ser traduzidos em especificações para gráficos, roteiros e linhas de código. Esse processo é o que chamamos *implementação* – a transformação de visão criativa, ideias, aspirações e requisitos fundamentais em um produto jogável. Implementação é o coração da criação e do design de jogos.

Este capítulo aborda a questão que um designer consciencioso pode fazer: "como eu consigo fazer um grande jogo e ainda pensar sobre valores?". A questão em si soa ambígua, um pouco como perguntar como se assa pão. Uma maneira de responder é dar uma receita: adicione uma colher de sal a cinco xícaras de farinha; misture um pacote de fermento seco em meia xícara de água morna e espere de dez a quinze minutos até que a mistura esteja espumando; e por aí vai. Outra maneira de responder é oferecer um conjunto de princípios: identifique vários paradigmas da panificação e explique as propriedades dos ingredientes-chave (como tipos de farinha, agentes de crescimento, adoçadores) e as maneiras como cada um contribui para o empreendimento da panificação. É mais provável que a primeira resposta resulte em um produto imediato; a segunda desenvolve a habilidade e o conhecimento do padeiro. Projetar com valores em mente, como o design em geral, baseia-se em arte, ciência e sabedoria prática. Implementar valores em um jogo específico envolve conhecimento, experiência, intuição, criatividade e teste em um ciclo iterativo de descoberta, tentativa e melhoria. É necessário foco no produto e nos diversos fatores em seu contexto de uso. Consequentemente, a implementação não se presta a uma receita passo a passo. Em vez disso, revelar princípios guiadores por meio de casos oferece maiores flexibilidade e adaptabilidade, que são mais adequadas aos desafios que um designer pode encarar.

Neste capítulo, ilustramos a implementação com muitos casos tirados tanto de nossas próprias experiências quanto das de outros. Apesar de a inspiração criativa ser uma parte essencial da prática, dois dispositivos heurísticos fornecem degraus adicionais:

1. *Dê atenção sistemática aos elementos do jogo*. Nesse processo, os designers consideram todo o espectro de elementos de um jogo, como narrativa, representação dos personagens, ações e mesmo o substrato dos *engines* e *hardware*. Isso abre uma grande matriz de maneiras de implementar um dado valor. Apesar de a implementação bem-sucedida ser, muitas vezes, um desafio, designers podem melhorar suas possibilidades procurando de modo criativo, mas sistemático, diferentes combinações e seguindo em direções incomuns. A heurística VAP não exige a adoção da análise específica de elementos dos jogos que oferecemos neste livro. A ideia principal é

conceber todos os componentes analíticos (sob qualquer análise que se prefira) como potenciais veículos para a implementação de valores.
2. *Considere o que você está tentando realizar e como seu jogo transmite valores aos jogadores (e potencialmente a outros).* Você poderia estar interessado em mudar comportamentos (por exemplo, por meio de ações generosas), possibilitar uma performance valorada (por meio da criativdade), induzir uma experiência desejada (liberdade ou seu oposto, por exemplo) ou induzir sentimentos (como empatia, desgosto ou vergonha) para alinhar os jogadores com certas questões e afetar suas inclinações para agir. Com valores como paz, justiça racial e democracia, você pode visar a um efeito cognitivo (para envolver crenças, preconceitos e emoções dos usuários ou aprofundar seu entendimento e sua apreciação dessas questões). Como os jogadores podem não experimentar um jogo das maneiras pretendidas pelo designer, um experienciar iterativo de design que inclua valores em um regime de teste é essencial para o processo de implementação.[1]

**Tradução: prática e processo**

Entre os jogos que visam moldar crenças, compreensões e preferências, *Homefront* (Kaos Studios, 2011) é um exemplo do mundo AAA ("triplo A") de jogos de alta qualidade desenvolvidos para as grandes plataformas e com alta verba para marketing. O principal designer de níveis, Rex Dickson, revelou que o objetivo de sua equipe era criar uma "sensação de simpatia pela situação dos inocentes atingidos pela guerra. Existem temas universais em nosso jogo aos quais todos os humanos reagem em um nível muito visceral – bebês e crianças pegos em fogo cruzado, ou uma casa roubada e transformada em prisão. A perda de sua identidade sob uma ocupação brutal".[2] Na fase da descoberta, os designers observaram que o jogo precisava ter um balanço entre a ação do jogador (manifestando o valor da liberdade) e o investimento na narrativa. Isso foi crucial para os valores que os designers queriam expressar. Para o designer Chris Cross, nos jogos de tiro em primeira pessoa, os jogadores não podem se ver e, assim, não há ninguém com quem se identificar – nenhum espelho que revele como as ações do personagem seriam recebidas socialmente. Mas ele não queria desistir da mecânica familiar do *shooter*: se os jogadores conhecessem as ações principais e não precisassem aprender uma nova mecânica, então eles poderiam imergir mais profundamente na narrativa do jogo. Assim, a equipe projetou três aliados que acompanhariam o personagem do jogador, expressariam reações humanas a situações de jogo e promoveriam empatia.[3] Eles focaram em personagem, escolha do jogador e regras de interação com personagens não jogáveis como elementos que ajudam a criar experiências significativas e apoiam o valor central da empatia. Apesar de o jogo se manter dentro das convenções familiares do *shooter* em primeira pessoa, ele alcança um objetivo de design complexo e rico em valores.

Por último, mesmo que o designer consciencioso trabalhe duro para implementar valores nos jogos, os valores que estão em jogo são tanto uma função das circunstâncias nas quais ele é jogado quanto dos contornos do jogo em si. Considerando a interação das características com o contexto de jogo, os designers podem descobrir maneiras de tirar vantagem dessa ação recíproca para alcançar seus objetivos de modo até mais eficiente.

### Caso: *Pipe Trouble*

Em *Pipe Trouble* (Pop Sandbox, 2012), os valores estão em evidência em muitos dos elementos do jogo, incluindo a premissa narrativa e objetivos, ações e escolhas do jogador, regras de interação com personagens não jogáveis e com o ambiente e recompensas. "Jogos de impacto" socialmente responsáveis destacam esses elementos enquanto abordam questões sociais e políticas importantes. *Pipe Trouble* (Figura 6.1) foi financiado pela rede de televisão pública canadense TVO e desenvolvido em conjunto com o filme *Trouble in the Peace* (Pinder, 2012). Neste jogo, os jogadores colocam tubulações de gás natural no Canadá sob a restrição de fazer lucro e levar gás do começo ao final do nível. O jogo faz referência ao clássico *Pipe Mania/Pipe Dream* (Lucasfilm, 1989), em que os jogadores conectam tubos por uma longa distância para gerar discussões sobre os efeitos ambientais das tubulações de gás natural. Como muitos jogos, *Pipe Trouble* usa uma mecânica familiar e belos cenários para envolver os jogadores. Ele usa a crítica de vândalos, políticos e mídia como penalidades internas que emergem da comunidade.

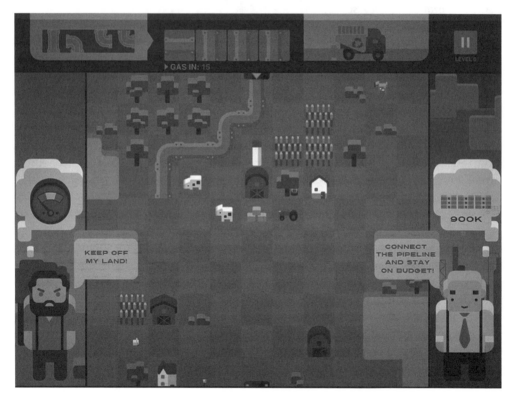

**Figura 6.1**
Questões preocupantes da comunidade, do jogo *Pipe Trouble* (Pop Sandbox, 2012).

A narrativa que emerge nesse jogo é de inteligência em gerenciar protestos locais, e os valores que emergem são interesse pessoal, lucro e um descuido com o meio ambiente.

O jogo gerou tanta controvérsia no Canadá que foi tirado do site da TVO. A maior crítica era que encorajava os jogadores a agirem como bombardeiros ecoterroristas, o que não era a intenção dos designers ao criar o jogo.[4]

Exemplos do gênero *serious games* são muitas vezes criticados por serem didáticos. Eles geralmente são consignados ao setor educacional em vez do setor de entretenimento e têm sido acusados de não serem divertidos. No passado, a crítica era garantida, particularmente quando os elementos de conteúdo eram escolhidos apenas para expressar valores. Jogos de impacto cada vez mais sofisticados têm tido mais sucesso à medida que envolvem um número de elementos na busca pela construção de significados.

### Caso: *Profit Seed*

Em *Profit Seed* (Tiltfactor, 2008), os designers implementaram valores por meio de interface, personagens, recompensas e regras para interação com o ambiente. A mecânica do jogo exige que rajadas de vento sejam controladas para mover sementes para campos específicos em uma fazenda. Algumas sementes são orgânicas, e algumas são organismos geneticamente modificados (OGM). A mecânica do vento imita as maneiras reais como o pólen e as sementes geneticamente modificadas caem nas terras dos fazendeiros orgânicos. Se uma mistura de sementes orgânicas e OGM é encontrada em um pedaço de terra, o fazendeiro será exposto a um processo – uma situação que tem acontecido no mundo real. No jogo, um advogado chega e emite uma intimação para o jogador. Os elementos de interface (o vento) e personagem (o fazendeiro, o advogado, as sementes) permitem ao jogador explorar os valores de propriedade privada e intelectual, sustentabilidade e justiça.

### Caso: *World of Warcraft*

Considere o valor da cooperação. Um designer poderia ser capaz de obter comportamento cooperativo em um jogo *multiplayer online* impondo restrições sobre que ações os jogadores podem executar ou motivando-os com certas recompensas. Em *World of Warcraft* (Blizzard Entertainment, 2004), os designers implementaram valores por meio de ações dos jogadores, contexto de jogo e regras de interação com personagens não jogáveis. Nos primeiros dias de *World of Warcraft*, ataques contra "chefões" de final de fase exigiam esforços cooperativos em massa de até quarenta jogadores *online* para serem bem-sucedidos. Isso exigia participação sincronizada entre muitos jogadores que, às vezes, viviam em diferentes fusos horários e tinham vidas ocupadas. Ainda assim, eles fizeram desse evento uma importante prioridade para alcançar o objetivo. De certa maneira, era um mutirão virtual no qual os jogadores se juntavam para completar uma tarefa que seria impossível conseguir sozinho. Grupos como a Angry, uma guilda da Horde de *World of Warcraft*, tem uma história longa e bem documentada de grandes esforços bem-sucedidos (Figura 6.2).[5]

Enquanto mudanças no design do jogo passaram a exigir menos jogadores para completar tais ataques, jogadores experientes que completam ataques no modo heroico como equipe continuam a receber as melhores recompensas. O sucesso é recompensado com alguns dos itens mais desejados do jogo. Coordenar muitos jogadores é um desafio, mas o valor da cooperação está implementado de maneira bem-sucedida por meio dos elementos de recompensas, estratégias e regras para interação com outros jogadores.

**Figura 6.2**
Quarenta membros da guilda Angry alinhados para tentar um ataque ao Twin Emperor, de *World of Warcraft* (Blizzard Entertainment, 2004).

**Caso:** *Shadow of the Colossus*

*Shadow of the Colossus* (Sony Computer Entertainment, 2005) é outro jogo que implementa cooperação e o valor relacionado da coordenação. Em *Shadow of the Colossus*, o designer implementou valores por meio de escolhas do jogador e regras de interação com outros personagens. O designer de jogos Fumito Ueda expressou esses valores escolhendo uma forma de jogo aberta em vez de dar instruções específicas para os jogadores. O personagem jogável, Wander, desenvolve uma relação com seu cavalo-guia, Agro. O comportamento do cavalo, entretanto, é programado, então ele nem sempre responde a seus comandos. Assim, os jogadores não conseguem "guiar" o cavalo como guiariam um carro, que reage precisamente a seus movimentos. O jogador deve montar o cavalo em uma relação de mão dupla governada pelos atos de dar e tirar. Esse estilo de controle leva o jogador a adotar uma mentalidade cooperativa. Companheirismo e colaboração são valores inerentes à relação Wander/Agro. Nas palavras de Ueda: "Um cavalo real... nem sempre obedece. Não é como um carro ou uma motocicleta; ele nem sempre virará quando você disser 'vire'!"[6]. Os elementos do jogo que são relevantes aqui – a escolha do jogador e as regras de interação com personagens não jogáveis – permitiram que Ueda manifestasse valores particulares em *Shadow of the Colossus*.

Outros jogos atacam mais diretamente na formação de certos tipos de comportamento. As opções do designer para implementar tais valores estão entre dois extremos. Em uma ponta (o lado coercivo), eles podem conseguir certos comportamentos por meio da força (ou grandes restrições). O jogo poderia não permitir que certas ações fossem executadas por causa das regras de interação com o ambiente, com personagens não jogáveis ou com outros jogadores. Em um labirinto, os jogadores poderiam ser capazes de escolher somente dois caminhos, três armas, quatro ações, cinco alvos, e por aí vai. Na outra ponta do espectro (o lado cooperativo), os designers podem encorajar certos comportamentos enquanto ainda permitem que o jogador exercite a escolha. Isso é possível baseando-se em motivadores ou recompensas conhecidos (como pontos, penalidades e níveis), *feedback* (pistas

# Implementação

sensoriais com associações prazerosas ou não) e pistas com certos significados (como uma passagem, uma luz verde ou vermelha, o som de uma explosão e outros). Entre as abordagens para moldar a escolha do jogador, algumas são melhores se concebidas como obstáculos, e outras, como facilitadores. Nesse último caso, os designers levam os jogadores a se envolver em certos comportamentos tornando-os fáceis, convidativos ou atraentes.

**Caso:** *Farm Blitz*

Em *Farm Blitz* (Financial Entertainment, 2010), os designers tentaram implementar valores por meio de personagem, ações do jogador, premissa narrativa e objetivos. *Farm Blitz*, do Fundo Doorways to Dreams, é um jogo de educação financeira que combina elementos de dois jogos populares, *Bejeweled* (PopCap Games, 2001) e *FarmVille* (Zynga, 2009a), para promover bons hábitos de poupança e desencorajar o acúmulo de débitos (Figura 6.3). O objetivo do jogador é desacelerar os coelhos (que se multiplicam tão rapidamente quanto as dívidas) e cultivar árvores (que crescem tão lentamente quanto o dinheiro nas contas de poupança). O jogo implementa valores como elementos de jogo criativamente pelo uso do conhecimento comum – coelhos se multiplicam rapidamente – como sua metáfora central. Desse modo, o elemento do personagem ajuda a demonstrar os perigos de dever dinheiro, e as tentativas de desacelerar os coelhos (o elemento de ação do jogador) correspondem ao comportamento do mundo real que o jogo espera promover (o gasto lento de dinheiro). O jogo rompe com objetivos comuns de jogo, que geralmente focam na acumulação rápida (de dinheiro, tesouros ou pontos). A ação inusitada de limitar o crescimento (de coelhos e dívidas) poderia induzir o jogador a questionar a busca excessiva por posses materiais.

**Figura 6.3**
Uma cena de *Farm Blitz* (Financial Entertainment, 2010).

## Caso: *POX: Save the People*

Em *POX: Save the People* (Tiltfactor, 2010), os designers tentaram implementar valores por meio de ações do jogador, recompensas, premissa narrativa, objetivos e regras de interação com o ambiente. A equipe de Mary Flanagan criou o jogo de tabuleiro *POX: Save the People*, um dos jogos da Tiltfactor sobre saúde pública, para ensinar pensamento sistêmico e gerar respostas experienciais e analíticas a vacinação, imunidade de grupo e propagação de doenças (Figura 6.4). A equipe criou o jogo original e dois outros. *ZOMBIEPOX* (Tiltfactor, 2012) era um jogo idêntico com uma premissa narrativa diferente, e o outro foi uma tradução direta para iPad do jogo original. O objetivo era usar uma forte premissa narrativa e a fantasia para fazer com que as pessoas considerassem o mundo à sua volta de diferentes maneiras, embora muitos escritórios de saúde pública e professores tenham achado que a forte ficção da narrativa ensinaria bem menos do que um design mais direto. Os resultados dessa implementação são discutidos no próximo capítulo.[7]

**Figura 6.4**
Dois jogos de tabuleiro – *ZOMBIEPOX* (Tiltfactor, 2012) e *POX* (Tiltfactor, 2010).

## Valores em conflito

No meio do prazo de entrega de um projeto, um designer de jogos veterano da costa oeste, "Lorenzo", compartilhou seus pensamentos sobre valores e as negociações com o design: "Quase todos os jogos em que trabalhei não envolviam assuntos controversos. Eu nunca fiz um *shooter*, então não há um conflito óbvio de valores – por exemplo, matar pessoas". Mas ele notou que parece haver um conflito real de valores nos modelos comerciais de design da maioria dos tipos de jogos. Um conflito básico muitas vezes surge entre o interesse criativo de um designer (fazer um trabalho autenticamente criativo) e o interesse econômico de um *publisher*.

Lorenzo disse: "Os jogos recentes nos quais tenho trabalhado têm sido *free to play* (grátis), então as equipes têm de 'tirar leite de pedra' das economias do jogo. Todavia, há definitivamente uma linha tênue entre um jogo legal e um ralo de dinheiro. Nós acabamos de lançar um jogo de *poker* e temos dados incríveis vindo dele. Logo após o lançamento da versão beta, havia um rapaz que, no segundo dia, tinha gastado US$ 700 no jogo e alcançado o nível 100. Isso significava que ele não tinha saído do jogo por 48 horas. Isso é legal? Ou não?". Lorenzo observou que trabalha frequentemente com *publishers* que apenas querem repaginar jogos já existentes com seu próprio conteúdo. Designers de jogos muitas vezes evitam fazer clones diretos porque o trabalho não é muito criativo. Os *publishers*, entretanto, tendem a achar que tais jogos são mais baratos de produzir e uma aposta mais segura com o público; eles apresentam menos risco. Então, é uma boa ideia clonar um modelo de jogo existente que responde ao que é naturalmente divertido ou é uma prática pouco criativa que rouba ideias de outros?

Qualquer artefato que funcione é o produto de restrições que interagem (e algumas vezes conflitam), incluindo restrições físicas, econômicas e funcionais. Os valores podem interagir com outras restrições, mas também uns com os outros. Os valores não colidem menos no design de tecnologia do que o fazem na política, e a variedade dessas interações é ilimitada. Conflitos não são necessariamente o resultado de falta de jeito, ausência de ideias ou apatia, mas são o resultado inevitável do comprometimento com o pluralismo de valores. Encontramos inspiração nas palavras do grande filósofo político Isaiah Berlin, que oferece uma avaliação clássica dos valores em conflito:

> O que é claro é que os valores podem colidir – é por isso que civilizações são incompatíveis. Eles podem ser incompatíveis entre culturas, ou grupos na mesma cultura, ou entre você e eu. Você acredita em dizer sempre a verdade, não importa o que aconteça; eu não, porque eu acredito que ela às vezes pode ser dolorosa e destrutiva demais. Nós podemos discutir o ponto de vista um do outro, podemos tentar chegar a um denominador comum, mas, no final, o que você almeja pode não ser reconciliável com os objetivos para os quais eu acredito que tenha dedicado minha vida. Valores podem facilmente colidir no coração de um indivíduo; e não é verdade que, se isso acontecer, alguns deve ser verdadeiros e outros falsos. Justiça, a justiça rigorosa, é para algumas pessoas um valor absoluto, mas não é compatível com outros que podem ser não menos cruciais para elas – misericórdia, compaixão –, como surge em casos concretos.
>
> Tanto a liberdade como a igualdade estão entre os objetivos primários buscados pelos seres humanos por muitos séculos; mas liberdade total para lobos é morte para as ovelhas, liberdade total dos poderosos, do talentoso, não é compatível com o direito a uma existência decente do fraco e do menos talentoso ... Igualdade pode demandar a repressão da liberdade daqueles que desejam dominar; a liberdade – sem um pouquinho da qual não há escolha e, portanto, nenhuma possibilidade de se manter humano como compreendemos a palavra – pode ter que ser reduzida para dar lugar ao bem-estar social, alimentar o faminto, vestir o nu, abrigar o sem-teto, dar espaço à liberdade dos outros, permitir que a justiça ou a equidade sejam exercitadas.[8]

Berlin insiste que valores em conflito não são uma condição incomum nas tomadas de decisões políticas e éticas, mas são inerentes à abordagem pluralista dos valores que ele defende. Na súmula anual da Suprema Corte dos Estados Unidos, americanos podem testemunhar uma sucessão sem fim de valores constitucionais em conflito. Mesmo reducionistas como os utilitaristas, que defendem que valores diferentes podem ser reduzidos a um único valor como felicidade ou dinheiro, não podem evitar os conflitos que surgem quanto uma decisão afeta agentes diferentes de maneiras diferentes. Não é surpresa, então, descobrir que os projetos de design (particularmente aqueles com exigências, objetivos, constituintes e restrições múltiplos) estão repletos de choques e conflitos, que incluem proteção *versus* custo, transparência *versus* privacidade, estética *versus* funcionalidade, segurança *versus* facilidade de uso, facilidade de uso *versus* profundidade, novidade *versus* familiaridade e entretenimento *versus* educação. Choques podem ocorrer entre os valores e entre as pessoas porque as escolhas feitas no design e na operação de um sistema afetam pessoas variadas diferentemente.

O que um designer deve fazer? Na prática de ética, direito, filosofia moral e política, resolver valores em conflito continua sendo um dos desafios mais intratáveis.[9] O Values at Play não oferece uma solução completa para os problemas que, por milênios, têm deixado perplexos legisladores e filósofos, mas isso não significa que os designers devem se desesperar, concluindo que esses problemas difíceis possam ser atacados com arbitrariedade ou simplesmente ignorados. Em nossa visão, há muito a ganhar estando alerta para as decisões de design que fazem surgir tais conflitos e confrontando-os com humildade, mas de modo sistemático. Felizmente, nem todos os conflitos são absolutamente intratáveis, e apesar de nem todos poderem ser resolvidos com perfeição, eles podem ser minimizados e atenuados.

Para designers que confrontam escolhas difíceis envolvendo o choque de valores, a heurística do Values at Play esboça três abordagens – dissolução, comprometimento e troca. Dissolução, o mais feliz dos três, envolve encontrar um redesign criativo que ofereça um caminho alternativo para evitar um conflito particular. Quando a dissolução é impossível, o comprometimento é uma alternativa que promove cada um dos valores em questão, mas não em sua plenitude. Finalmente, uma troca pode ser necessária, na qual um ou alguns valores são sacrificados em favor de outros.

### Dissolução

Dissolver um conflito significa desenvolver um redesign criativo que alcance todos os valores em questão. Com muita frequência, essa opção é negligenciada porque desenvolvedores de sistemas às vezes falham em ver que os conflitos são devidos não a valores fundamentalmente incompatíveis, mas a restrições materais contingentes e designs sem inspiração. Ocasionalmente, isso pode ser conseguido pela revisão de decisões anteriores ou pela escolha de diferentes *engines* ou infraestruturas porque alguns conflitos podem ser meros artefatos materiais ou apenas um design pobre ou apressado. Por vezes, usuários e produtores de tecnologia se resignam a fazer escolhas difíceis que, aos envolvidos, pode ser conveniente perpetuar (alguns conflitos incluem privacidade *versus* segurança, anonimato *versus* responsabilidade e usabilidade *versus* funcionalidade). Na verdade, em muitos exemplos concretos, o que os designers encontram não é um choque de valores bruto, mas um estreitamento de alternativas em virtude de decisões anteriores, o que por sua vez reflete em um design sem inspiração ou, simplesmente, o que havia de mais moderno naquele tempo.[10] Em ambos os casos, revisitar as decisões antigas poder ser produtivo, particularmente se a tecnologia ou a ciência avançaram. Designers de computador que antes coçavam suas cabeças sobre o conflito entre portabilidade e potência, por exemplo, se beneficiaram dos avanços em miniaturização, o que facilitou muito (se não dissolveu completamente) esse conflito. Outro exemplo é a usabilidade, considerada uma perda inevitável nos sistemas complexos; esse conflito pode muitas vezes ser dissolvido com a ajuda de novas técnicas de visualização, que tornam possível apresentar grandes e complexos padrões de dados de maneiras compreensíveis para os usuários. Às vezes, conceitualização sem imaginação é um problema maior do que incompatibilidade inerente de objetivos. No domínio dos jogos, céticos podem rejeitar a ideia de valores e acreditar que os jogos podem ou ser divertidos ou ter intenções profundas, mas não os dois. O Values at Play é uma abordagem para o design que visa dissolver esse conflito mostrando jogos que são divertidos e também incoporam os valores desejados.

O projeto de jogo *Peeps* (RAPUNSEL, 2006) ilustra como os conflitos podem ser dissolvidos pelo pensamento criativo. Os designers estavam desenvolvendo um jogo de dança tridimensional que ensinava conceitos básicos de programação para garotas do ensino fundamental.[11] O conceito era incorporar código de programação nas roupas de modo que o código, pela roupa que era usada, mudava os movimentos de dança dos personagens. Como o ponto de vista do jogo daria forma à relação entre o jogador e os habitantes do mundo do jogo, os designers escolheram uma visão de "deus" de cima para baixo. Entretanto, eles ficaram preocupados que esse ponto de vista levasse os jogadores a considerarem a relação entre os personagens jogáveis em termos de uma dinâmica mestre-escravo. Em vez de abandonar o ponto de vista de cima para baixo (o que poderia sacrificar a jogabilidade), eles desencorajaram a interpretação mestre-escravo mudando outro elemento no jogo. Inserindo um punhado de técnicas de inteligência artificial simples, eles deram aos personagens um grau de autonomia em relação ao controle do jogador. Por exemplo, o personagem fazia suas próprias expressões e seus comentários sem a ajuda do jogador. Dessa maneira, o personagem jogável era programado como um agente semiautônomo em vez de um escravo dos comandos do jogador. Os designers estavam preocupados com os valores que poderiam ser transmitidos por meio do elemento ponto de vista, então, para evitar comprometer a qualidade da experiência de jogo, eles implementaram alguns pequenos padrões programados no comportamento do personagem. Isso permitiu que os designers oferecessem um ponto de vista de cima para baixo que respeitava a autonomia do personagem. Ajustando as regras de interação (e não permitindo o controle total dos personagens do jogo), eles evitaram uma interpretação problemática que poderia, de outra maneira, ser encorajada por um ponto de vista de cima para baixo.

## Comprometimento

Onde dissolver um conflito for impossível, o comprometimento pode ser a melhor alternativa. Isso significa promover cada um dos valores em questão, mas em uma extensão possivelmente desigual. Tais acordos são tão presentes que nós dificilmente os reconhecemos como tal. Um exemplo familiar é a rotina de segurança de aeroportos: tanto a liberdade quanto a segurança são comprometidas conforme somos escaneados e examinados. A liberdade é certamente comprometida, mas a segurança não alcança seu máximo porque as autoridades entendem que certos exames e sondagens não seriam aceitáveis para os passageiros. Comprometimentos de valores são frequentemente encontrados em jogos comerciais populares. No original e na primeira expansão de *World of Warcraft* (Blizzard Entertainment, 2004), os jogadores muitas vezes participavam de minijogos de "capture a bandeira" que envolviam dez jogadores da Horde e outros dez da Alliance. A participação dependia do nível do jogador. Jogadores entre os níveis 10 e 19 eram agrupados, assim os de 20 a 29, e assim por diante. Alguns jogadores, contudo, se tornaram o personagem mais poderoso do nível mais alto do grupo e então escolheram permanecer nesse grupo e não avançar. Eles estavam dispostos a renunciar a pontos de experiência para manter seus poderes e seu armamento avançado no grupo inferior. Jogadores menos experientes tinham uma desvantagem significativa ao entrar nessa arena de batalha. Muitas vezes, eram mortos imediatamente e enviados para o cemitério mais próximo, eliminando-os temporariamente do jogo. Novos jogadores tinham poucas razões para tentar lutar no seu próprio nível porque as regras favoreciam os jogadores mais experientes que permaneciam no grupo para tirar vantagem dos fracos. O valor da justiça estava em conflito com o valor da autonomia do jogador.

A Blizzard resolveu o conflito por meio de várias decisões. Primeiro, os designers introduziram pontos de experiência nas arenas de batalha, o que deu aos novos jogadores mais razões para jogar. O sistema também monitorava o progresso de maneira que os jogadores que tinham jogado antes nos níveis mais altos ganhassem pontos de experiência suficientes para subir para o próximo grupo. Depois que essas mudanças foram feitas, os personagens de níveis altos reclamaram porque eles queriam demonstrar sua senioridade com suas armas e poderes mais avançados. A Blizzard permitiu que "desligassem" tais pontos de experiência (por uma taxa paga dentro do jogo) quando estivessem na arena, mas o jogo agora enviava todos os jogadores cujos pontos de experiência estivessem escondidos para sua própria arena de batalha especial. Esse comprometimento permitiu que novos jogadores progredissem e jogadores experientes usassem sua força. Finalmente, a Blizzard aumentou o número de grupos de maneira que cada um incluísse apenas cinco níveis de jogadores em vez de dez. Assim, ao mudar os elementos de recompensas e regras de interação com outros jogadores, os designers do jogo preservaram os valores de equidade e oportunidade para novos jogadores e de individualidade e autonomia para os jogadores mais experientes.

## Troca

Nos casos onde o comprometimento não é nem factível nem desejável, uma terceira opção é a troca – desistir de um ou mais valores em favor de outros. Retornando ao exemplo da segurança de aeroporto, máquinas de tecnologia de imagem avançada, conhecidas como *scanners* de corpo inteiro, têm sido amplamente criticadas, em parte pelos riscos à saúde provenientes da exposição aos raios, mas principalmente por causa da visão detalhada que oferecem do corpo de uma pessoa. Esses *scanners* corporais trocaram o pudor e possivelmente a saúde pela segurança (apesar de os céticos dizerem que mesmo a segurança não é conseguida). Para atenuar, é oferecida aos passageiros a alternativa de evitar a troca optando por uma revista corporal.[12]

Poderíamos terminar a história aqui, mas um acontecimento posterior oferece um *insight* sobre como os conflitos podem ser abordados de maneira bem-sucedida. Em 2011, tendo a difícil troca em mente, a Administração de Segurança em Transportes (TSA) anunciou que um novo *software* estava sendo instalado em suas máquinas de tecnologia de imagem avançada (máquinas TIA) de onda milimétrica. Em vez de produzir uma imagem detalhada do corpo, os novos *scanners* produziam um esboço genérico de corpo humano que destacava possíveis ameaças. John Pistole, da TSA, supostamente disse: "Este *upgrade* de *software* nos permite continuar oferecendo um alto nível de segurança por meio da tecnologia avançada de imagem, enquanto melhoramos a experiência do passageiro nos *checkpoints*".[13] Supondo que o sistema funcione como prometido, o *upgrade* representa um progresso: os primeiros *scanners* trocavam o pudor pela segurança, mas a versão melhorada recupera o pudor enquanto mantém a segurança. Em nossos termos, essa inovação dissolve de maneira bem-sucedida um conflito desconfortável entre esses dois valores.[14]

Vamos retornar para o mundo dos jogos e, especificamente, para o projeto da RAPUN-SEL, *Peeps*,[15] e discutir a representação de personagens. A aparência de um personagem (tamanho, roupas, sexo, construção e etnia) contribui para o significado de um jogo. Como mesmo algo tão básico como os personagens serem masculinos ou femininos é um marcador de diferença gigantesco, a equipe de design do jogo decidiu experimentar formas abstratas de gênero neutro como personagens. Mas, após conduzir uma pesquisa *online* para colher *feedback* de jogadores, a equipe viu que seu plano não tinha funcionado. Muitos jogadores percebiam as formas como masculinas, e as garotas do ensino fundamental reclamavam que as formas "apenas não eram... legais o bastante". Os jogadores entrevistados preferiam esmagadoramente figuras femininas supersexualizadas a outros tipos de personagens femininas, formas abstratas e animais. Os jogadores ligavam suas preferências aos produtos e serviços que já usavam. O personagem preferido dos jogadores era uma garota de um site popular de moda porque, como disse uma garota de onze anos, ela era uma "garota legal... ela é moderna, artística; ela tem atitude".[16] Em tal situação, a maioria das equipes de design ficaria feliz em ceder, citando o velho mantra dos jogos "Dê aos jogadores o que eles querem". Entretanto, o que os jogadores querem tem sido moldado por seu consumo de programas de TV, filmes e outros jogos e muitas vezes incorpora valores indesejados. É aceitável perpetuar um estereótipo para agradar aos jogadores? Em vez disso, a equipe de design resistiu aos estereótipos, voltou para o desenvolvimento e, por meio de troca e comprometimento, criou uma personagem esportiva e menos sexualizada.

*PeaceMaker* (ImpactGames, 2007), o jogo do conflito Israel-Palestina discutido no Capítulo 3, apresenta um tipo diferente de troca. A premissa narrativa do jogo, conseguir a paz, raramente é obtida sem conflito. Para começar, os jogadores assumem o papel de um personagem (seja o presidente palestino ou o primeiro-ministro israelense) no meio do conflito. O objetivo do jogo é qualquer dos lados produzir uma solução para o conflito. Incorporando vídeos e imagens da vida real em vez de animações, adiciona-se tensão dramática e uma melhor percepção do que está em jogo. Os jogadores escolhem ações, de agressivas a cooperativas, mas logo descobrem que o conflito é exacerbado por agressão e violência. O jogo causa empatia tanto no nível cognitivo quanto no emocional.[17] Como o jogador inicialmente tem de escolher um lado, os valores de comunidade e lealdade estão entrelaçados no papel do personagem jogável – e esses valores podem, mesmo assim, estar em conflito com o objetivo do jogo. É possível jogar a partir da perspectiva do personagem oposto e ver como os mesmos valores afetam aquele que antes era inimigo. A solução nesse jogo está em desistir da agressão e comprometer seus próprios princípios mais valorizados – lar, comunidade, lealdade – para que outros possam aproveitar sua própria experiência desses mesmos valores. O conflito real de valores é incorporado no tecido do jogo, e uma solução muitas vezes parece impossível, o que torna esse um caso único.

## Implementação para designers

A implementação envolve traduzir valores em arquitetura e características de jogo. O Values at Play não suplanta a criatividade do ato do design. Em vez disso, oferece diretrizes para os designers. Uma abordagem é olhar para elementos-chave do jogo como locais potenciais para moldar valores. Outra é considerar potenciais modos de conectar-se com o jogador para encorajar certos comportamentos, desafiar crenças e atitudes ou induzir certas respostas afetivas. Ao considerar os elementos do jogo, os designers podem encontrar inspiração para desafios de implementação. Designers ambiciosos sem dúvida confrontarão conflitos de valores. Elas são inevitáveis na maioria dos sistemas complexos, e os jogos não são exceção; tal é a natureza dos jogos, dos produtos de tecnologia e do universo moral.

Nem todos os conflitos, entretanto, são intratáveis. O Values at Play oferece três questões que os designers podem fazer para ajudá-los a navegar pelo atoleiro dos conflitos de valores: o conflito pode ser dissolvido? É possível o comprometimento? Alguns valores devem ser trocados em favor de outros? Traduzir valores amplos em decisões fundamentais nunca é fácil. Mas, por meio de atenção cuidadosa ao espectro completo de elementos de jogo, modos de intervenção com os jogadores e consciência da possibilidade de conflitos, os designers podem implementar os valores que descobriram no mundo do jogo.

---

**Valores no *hardware* de jogos**

Por Kyle Rentschler

Em nosso dia a dia, encontramos muitos objetos de design, desde os utensílios que usamos para comer até os carros que dirigimos. Apesar de muitas vezes não prestarmos atenção ao design desses objetos ou em como seu design nos afeta, mesmo simples observações dos objetos mais mundanos revelam que eles são deliberadamente construídos em torno de valores humanos. Por exemplo, o design para tesouras infantis pequenas, sem corte e coloridas é diferente do design para tesouras adultas grandes afiadas e de visual industrial, provavelmente por razões evidentes como segurança, acessibilidade e apelo visual. Tais análises também dizem respeito a objetos associados ao jogar. Lincoln Logs,[ii] por exemplo, remetem a natureza, austeridade e história americana em sua aparência, e blocos Lego parecem terem sido projetados em torno de modernismo e modularidade. Por outro lado, cada tipo de bloco de construção também possibilita usos que estão em sincronia com seus detalhes físicos. Lincoln Logs parecem restritos ao que toras reais seriam capazer de construir, e Legos permitem uma variedade maior de estruturas. Apesar de Lincoln Logs e Legos poderem, inicialmente, ser vistos como brinquedos equivalentes, eles oferecem diferentes experiências de jogo. Valores são incorporados de maneira similar no *hardware* dos videogames, que é o componente material dos mais proeminentes *playgrounds* de mediação massificada hoje em dia.

Mas antes de nos voltarmos à discussão sobre como valores são incorporados no design do *hardware* de videogames, temos de abordar uma questão importante: o que é *hardware*? *Hardware* é um termo complicado com um passado sinuoso. Ele foi usado pela primeira vez no século XV para denotar pequenos bens de metal, e por centenas de anos sua definição original permaneceu inalterada. O uso do termo *hardware* para eletrodomésticos cabe nessa definição original. Entretanto, uma definição adicional surgiu no final dos anos 1940 – "os componentes físicos de um sistema de computador". Os videogames se apropriaram do termo a partir dos primórdios da computação e de sua bifurcação entre *hardware/software*. Em outras palavras, *hardware* são aquelas partes físicas do videogame com as quais os jogadores interagem

---

ii [N.T.] Blocos de montar que lembram toras rústicas de madeira.

no mundo material. *Hardware* de videogame geralmente inclui as plataformas usadas para rodar o *software* do jogo (como um computador *desktop*, um Nintendo DS ou um Sony PlayStation 3) e controles e equipamentos periféricos que os jogadores usam para jogar (tais como um teclado, um controle de videogame ou a tela *touch screen* de um iPhone).

*Hardware* de videogame é um objeto de design, e os vários tipos de *hardware* são desenvolvidos e produzidos por uma equipe de designers profissionais. Empresas populares de videogames gastam milhões de dólares em pesquisa, produção e marketing de seu *hardware* e colocam muita reflexão em seu design. Em toda a linha de produção, os designers de videogame tomam decisões tanto sobre *hardware* como sobre *software*. Algumas vezes, essas decisões parecem exclusivas do *hardware* ou do *software*, como decidir o gênero ao qual um jogo pertencerá ou selecionar os materiais usados para construir o console. Entretanto, a maioria das decisões não é exclusiva dos componentes de *hardware* nem dos de *software* de um jogo. Na verdade, decisões feitas no andar do escritório de design sobre o *hardware* muitas vezes levam em conta o *software* e vice-versa.

Apesar de muitos designers de *hardware* terem consciência de como ele influencia tecnologicamente o *software*, as retóricas populares que envolvem o design de jogos muitas vezes relegam o design de *hardware* ao segundo plano. Pode ser útil pensar no *hardware* e no *software* como coconstituintes do jogo e nos designs de *hardware* e *software* como coconstituintes do design de jogos. Se queremos falar sobre design de jogos, temos de reconhecer o papel integral que o *hardware* tem. Por motivos econômicos, faz sentido para a indústria de jogos reusar plataformas de *hardware*, de modo que nem todo jogo exija um novo console ou controle. Talvez em parte por conta disso, o *hardware* muitas vezes é desconsiderado da experiência global de jogo. Por outro lado, muitos jogos *indie* e uma porção de jogos comerciais muitas vezes usam *hardware* específico projetado com o *software* em mente. Mary Flanagan mostrou o papel importante do *hardware* em *[giantJoystick]* (2006), no qual os jogadores devem colaborar para controlar um *joystick* de três metros de altura para jogar clássicos de Atari. Esse esquema de controle inusitado não somente chama a atenção para o *hardware* como parte integral do design, mas também altera fundamentalmente a experiência do jogar.

De maneira similar, a experiência de jogo em *Dance Dance Revolution* (Konami, 1998) é tão dependente do *hardware* quanto do *software*. No final dos anos 1990, os consumidores estavam evitando *arcades* públicos em favor dos consoles domésticos. Os desenvolvedores de *arcade* se apressaram em tentar o próximo sucesso, e a Konami se apoiou em um rico histórico de inovação em *hardware* de *arcades* para trazer o florescente gênero de jogos de ritmo para os *arcades* com um esquema novo de controles. *Dance Dance Revolution* foi o primeiro de muitos jogos de dança que substituem o controle tradicional por quatro setas direcionais no piso. A Konami decidiu que esse *hardware* seria adequado a *arcades*, atraindo expectadores para a máquina tanto como espectadores quanto como jogadores em potencial. O jogo se tornou um grande sucesso. Embora as mecânicas de *Dance Dance Revolution* sejam similares às dos jogos de ritmo que o precederam – como *PaRappa the Rappa* (NanaOn-Sha, 1996), que pede que os jogadores pressionem os botões no controle do PlayStation em sincronia com o ritmo da música –, ele difere no modo como os jogadores pressionam os botões. Em vez de jogar inerte em uma cadeira, é exigido dos jogadores que mexam seus corpos inteiros e, como se trata de um ambiente de *arcade*, isso acontece muitas vezes em frente a grupos de outras pessoas. O jogo rapidamente ganhou a reputação de encorajar o exercício físico e, possivelmente, ajudar os jogadores a se tornarem melhores dançarinos, e um séquito devoto de seguidores dinâmicos adicionou elementos de performance. A grande mudança dos primeiros jogos de ritmo para

*Dance Dance Revolution* é o próprio *hardware* – o design do gabinete *arcade* e o esquema de controle que o constitui. Apesar de *Dance Dance Revolution* e seus predecessores compartilharem intimamente muitas mecânicas de *gameplay*, a mudança no *hardware* muda de forma drástica a experiência fenomenológica de jogar. O que poderia ter sido um gênero banal e passageiro dura até hoje, e sua popularidade cai e sobe em ciclos que, muitas vezes, são baseados em inovações de *hardware*, tais como o microfone de *SingStar* (London Studios, 2004) ou a guitarra de *Guitar Hero* (Red Octane/Activision, 2005). A popularidade de um gênero comercial inteiro é baseada no *hardware*.

Como demonstrado pelo exemplo acima, o *hardware* pode ser projetado com o *software* enquanto o jogo está sendo projetado de maneira geral. Ao longo do desenvolvimento do *hardware*, os designers podem impregná-lo de valores. Como a maioria do *hardware* de jogos é desenvolvida com interesses comerciais em mente, valores como acessibilidade, facilidade de uso, proximidade, preço e ergonomia são muitas vezes levados em consideração em *hardwares* populares como o iPhone ou o Nintendo Wii. Mesmo padrões da indústria, como a proliferação dos jogos de tiro em primeira pessoa na última década, influenciaram o design dos controles modernos. De fato, tipos populares de jogos influenciam o desenvolvimento do *hardware*. O controle do Xbox 360 S, por exemplo, foi projetado com os *shooters* em primeira pessoa em mente. Algumas vezes, o *hardware* não é desenvolvido da maneira mais lucrativa logo de cara. O controle original do Xbox, por exemplo, era com frequência considerado grande demais e desajeitado para mãos pequenas. Em resposta, a Microsoft importou seus controles menores do mercado japonês e colocou-os como controle-padrão nos Estados Unidos, dando a uma faixa maior de jogadores acesso à sua plataforma. Acessibilidade e igualdade não foram levados em conta no design inicial, mas foram trazidos à tona em uma versão posterior.

Potencialmente, todo objeto de design tem valores incorporados nele, mas às vezes é mais fácil localizar valores em produtos atípicos porque eles não são a norma. Um exemplo de uma peça incomum de *hardware* é o gabinete do jogo de labirinto *Gotcha* (Atari, 1973). *Gotcha* foi o quarto jogo de Atari e um dos primeiros exemplos do gênero labirinto, mas talvez ele seja melhor lembrado pelos *joysticks* de seu gabinete *arcade*. Segundo rumores, em virtude de uma piada interna na Atari sobre *joysticks* lembrarem falos, as primeiras versões de *Gotcha* traziam domos de borracha que simulavam peitos. Para jogar, aperta-se esses montes para navegar pelo labirinto. O público respondeu negativamente ao lançamento do jogo, e as versões subsequentes do jogo usavam *joysticks* regulares. Entretanto, como um dos muitos gabinetes *arcade* dos anos 1970 a experimentar com design de interface de *hardware*, ele é lembrado pela integração de sexualidade e corpo feminino. Nas intenções dos designers, no design real do gabinete e na reclamação subsequente do público, podemos ver como projetar o *hardware* com certos valores em mente pode ser interpretado como controverso, anormal, explícito, lascivo e sexual.

Por outro lado, algumas vezes o *hardware* é elogiado pelos valores que ele parece promover. Com o advento do jogo casual, alguns itens de *hardware* têm sido enaltecidos por sua acessibilidade e facilidade de uso. Apesar de Nintendo Wii e Nintendo DS serem bons exemplos disso, a tendência do iPhone como plataforma para jogos talvez tipifique melhor o que significa projetar o *hardware* em torno de valores como acessibilidade. Embora muitos não jogadores tenham, por um longo tempo, considerado os controles de console uma barreira de entrada intimidadora, o iPhone tem ajudado a florescer um novo mercado de jogadores que jogam em trânsito e em pequenas doses. O iPhone não é intimidador, se aproveita do entendimento que o jogador adquiriu usando o telefone de outras maneiras e parece ser mais fácil de usar que outros dispositivos por conta de sua tela *touch screen*. Como a Apple, historicamente, tem projetado seus produtos em torno de valores como a facilidade de uso, podemos ver como esses valores têm sido traduzidos no design de *hardware* de videogames. De fato, o design de *hardware* de videogames com valores incorporados tem se tornado relevante não somente para aficcionados ou *hardcore gamers* que poderiam procurar por um velho gabinete de *Gotcha*, mas para usuários do dia a dia de nossa tecnologia mais difundida.

Esses dois exemplos demonstram como os valores foram incorporados no design de *hardware* do passado. Olhando para a frente, podemos predizer que haverá um aumento na consciência do design de *hardware* na indústria dos jogos. À medida que o design de videogames se torna mais e mais investigado, a possibilidade distinta de se projetar *hardware* intencionalmente em torno de valores humanos selecionados emerge. Seja lá como esse *hardware* venha a ser, seremos capazes de aprender com ele, como fizemos com o *hardware* do passado. Assim como o jogar não acontece somente na tela, os valores em jogo não existem somente nos monitores dos jogos digitais. Eles também existem no que usamos para jogá-los – naquelas peças que existem no mundo material. Precisamos entender o *hardware* como parte do próprio jogo, e quando falamos de valores nos jogos, precisamos entender o papel do *hardware* no estabelecimento desses valores. Isso nos permite ter um entendimento mais sutil dos jogos, esperar mais de nós mesmos como consumidores, exigir mais de nós mesmos como designers e inspirar pensamentos e reflexões mais profundos no que quer que criemos. Dando esse passo consciente de valores, nos tornamos jogadores e designers mais atentos.

# 7  Verificação

Após descobrir e implementar valores, designers conscienciosos vão querer responder a uma importante questão: funcionou? A verificação envolve abordar se os esforços para integrar valores foram bem-sucedidos. Como sugerido no Capítulo 4, um processo iterativo significa que essa questão – a verificação – não deveria ser reservada para o final da produção, mas feita em cada passo ao longo do caminho.

A verificação é crucial a qualquer sistema em tecnologia. É relativamente simples verificar que uma torradeira alcança seu objetivo de tostar o pão por igual sem queimar um fusível. É um tanto mais difícil verificar que um *engine* de pesquisa na Web encontra o que os usuários estão procurando. Verificar valores em jogos traz desafios ainda maiores, principalmente porque a avaliação deve levar em conta as complexas interdependências entre o jogo (enquanto artefato), seus jogadores e o contexto do jogar. Verificar também deve confrontar um tipo diferente de desafio dos céticos, que perguntam: "Você realmente acredita que um jogo pode salvar o meio ambiente, trazer a paz mundial ou fazer os indivíduos mais gentis, mais sensíveis e menos preconceituosos?". Responder a esses desafios significa descrever como o Values at Play pode ser verificado (a tarefa primária deste capítulo) e identificar o que está sendo verificado (o que os designers querem dizer quando alegam que um jogo incorpora, expressa, promove ou apoia um dado conjunto de valores). Um método para descobrir se um jogo que promove a economia de energia realmente incorpora a conservação poderia ser a medição da economia de energia dos jogadores antes e depois de jogar; felizmente, para o amplo complexo de métodos, há também outras maneiras.

A contribuição substantiva deste capítulo vai além de nossa avaliação dos processos para verificar alegações feitas sobre os valores em jogo. Também visamos expandir o entendimento do que significa, em primeiro lugar, alegar que valores estão "em" um dado jogo. Sugerimos três interpretações para essa afirmação: uma, observada acima, é como uma alegação sobre os modos como os comportamentos, práticas, atividades e maneiras de agir do jogador são afetadas; uma segunda é se o jogo expande e aprofunda o entendimento e a apreciação dos jogadores sobre valores-alvo e questões intimamente associadas; e uma terceira é a extensão do impacto sistemático de um jogo sobre atitudes, empatia ou afeto do jogador.

Este capítulo discute várias maneiras como designers podem proceder com o processo de verificação. Baseado em práticas-padrão adotadas no design de jogos, desenvolvimento de sistemas de *software* de maneira mais geral e pesquisas de ciências sociais, ele avalia métodos que os designers podem adotar, concluindo com situações reais nas quais os designers colocaram métodos de pesquisa para funcionar na condução da verificação.

## O processo de verificação

De acordo com o processo iterativo introduzido no Capítulo 4 (veja a Figura 4.1, "Um ciclo tradicional de desenvolvimento de jogos"), os passos usuais no design de um videogame são planejamento, revisão dos requisitos, análise e design, implementação e, finalmente, verificação. O processo é cíclico, envolvendo constantes avaliações e testes para certificar que os produtos finais correspondam às demandas iniciais. Mesmo nos primeiros estágios de um projeto, a verificação ocorre à medida que as versões iniciais são testadas por vários grupos. Algo muito familiar para designers de jogos é o teste por meio de protótipos,[1] que são muito úteis na experimentação de partes particulares de um dado jogo e dos valores que dali emergem.[2] Em cenários técnicos, modelos de desenvolvimento ágil de *software* podem ajudar nos sistemas cujos requisitos mudam frequentemente.[3]

Dentro de um processo iterativo, existe um número de maneiras de se conduzir a verificação. Em engenharia e desenvolvimento de *software*, o processo é frequentemente chamado de validação e verificação (V&V). Vários critérios podem ser usados para assegurar que um dado artefato preenche seus objetivos. O primeiro grande critério é funcional: nós construímos a coisa certa? Construímos a casa ou o jogo digital que o consumidor queria? A cozinha está no ponto onde o consumidor a queria? O jogo acontece da maneira que era para acontecer? Essa poderia parecer a questão central, mas há mais nesse processo. Continuando com o exemplo da cozinha, algumas vezes, quando você coloca a cozinha no ponto em que o consumidor queria, infelizmente não há espaço para o exaustor exigido pelo código de construção. Assim, o segundo critério na avaliação de um trabalho é experiencial: Nós o construímos direito? A construção da casa é de alta qualidade e em conformidade com os códigos de construção? O *software* do jogo opera em todos os *browsers* exigidos?

A Figura 7.1 mostra os tipos de verificação considerados no ciclo-padrão de design de *software*: os requisitos do sistema são revisados e verificados, o design é verificado, o código em si e o *hardware* são criados e verificados, e o próprio processo passa por avaliação. Muitas nuances estão envolvidas na verificação tradicional de *software*, mas os valores que aparecem nela são apenas os "úteis" de confiabilidade, eficiência e robustez. Quandos valores humanos estão envolvidos, a validação deve ir além dessas categorias de avaliação. Cada categoria deve ser ampliada para considerar os valores.

Novas questões sobre valores em jogos precisam ser adicionadas aos padrões tradicionais de verificação. Como observado no Capítulo 4, o modelo do Values at Play insere valores no processo iterativo do design de *software*, assim, o designer conscioncioso deve planejar o projeto com os valores em mente, descobrir que valores estão em jogo, implementá-los no design e verificar que os valores descobertos e implementados estão expressos no jogo. Quando ideias emergem desse modelo iterativo, os designers devem mapear os padrões e *feedbacks* do jogador para cada elemento do jogo. Apesar de os valores emergirem dos muitos elementos de jogo, eles são melhor verificados juntos em seu efeito cumulativo.

Verificar que os valores estão incorporados no *software* ou jogo pode ser facilitado por meio de reuniões regulares com parceiros de design, *play-testers*, educadores, parceiros externos e conselheiros da indústria. Os designers devem assegurar que o jogo melhora com a integração firme dos valores e que eles não somem do jogo. Esse é um ato de balanceamento delicado entre objetivos aparentemente opostos; a tarefa seria impossível sem o teste iterativo e a estrutura de *feedback*.

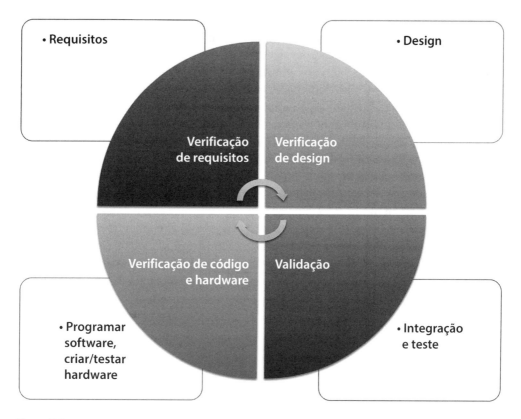

**Figura 7.1**
Verificação de *software* através da lente da engenharia.

Mais tarde no processo de desenvolvimento (às vezes após um projeto ser finalizado), é prudente conduzir avaliações formais. A questão do engenheiro de *software* sobre a funcionalidade ("construímos a coisa certa?") se traduz em "nós incorporamos os valores descobertos no início do projeto consistentemente ao longo do jogo de maneira significativa?". Essa é a parte fácil. A questão do engenheiro de *software* sobre a experiência ("fizemos direito?") é mais difícil de abordar porque envolve soltar o jogo no mundo, ter pessoas jogando-o em contextos muito diferentes e ver como aqueles valores são experimentados. Tentar entender se um jogo muda um comportamento (persuadindo alguém a parar de fumar, por exemplo), molda uma atitude (sobre as intervenções externas dos EUA, por exemplo) ou provoca uma emoção (como empatia pelas vítimas de um genocídio) exige ferramentas sofisticadas de análise.

Como o design iterativo de *software* não tem o vocabulário para abordar questões de valores, o designer conscencioso deve buscá-lo em outras disciplinas. Qualquer jogo pode conter persepctivas de psicologia, literatura, estudos de mídia, educação, fatores humanos e saúde. Em algumas dessas disciplinas, a verificação pode tomar a forma de protocolos--padrão de pesquisa, que seguem tipicamente o método científico: um pesquisador identifca um problema, postula uma hipótese ou um conjunto de questões, coleta dados relevantes e analisa e interpreta esses dados.

A maneira como um pesquisador coleta os dados é importante. Diferentes disciplinas têm diferentes métodos de pesquisa, tais como etnografias, experimentos, historiografias e estudos de caso. Nas ciências sociais, a pesquisa tende a cair em três categorias gerais – métodos quantitativos, qualitativos e híbridos ou combinados. Métodos quantitativos tentam capturar a quantidade de algo. Eles contam, coletam medidas e quase sempre incluem análises estatísticas. Métodos qualitativos tentam cercar as qualidades de um fenômeno (o como, o quê, o onde, o quando e o por quê). A pesquisa qualitativa coleta significado, contexto, descrições e cenários. Ambos os métodos têm objetividade e rigor e podem oferecer perspectivas válidas.

A pesquisa sobre valores tipicamente (mas não sempre) envolve métodos de pesquisa qualitativos. Sejam os dados coletados quantitativos (numericamente orientados, como o número de cliques em um dado item na tela) ou qualitativos (sutis e difíceis de comparar, como entrevistas sobre as crenças dos jogadores), o que realmente importa é que a pesquisa seja conduzida cuidadosamente e analisada rigorosamente. Esse modelo pode ser aplicado a questões de valores e ser usado tanto com abordagens quantitativas quanto qualitativas. Um modelo simplificado de um programa de pesquisa é mostrado na Figura 7.2.

**Figura 7.2**
Um típico modelo de pré-teste e pós-teste.

A pesquisa de verificação com jogadores é conduzida através de duas lentes: a da pesquisa quantitativa, que se baseia em métodos críticos e marcadores numéricos de preferência individual, e a da pesquisa qualitativa, que é mais descritiva e exploratória. Outra maneira de pensar sobre métodos é classificando-os em experimentais *versus* descritivos. Métodos descritivos tentam chegar à raiz das questões intervindo com os participantes e então observando o resultado.

Métodos experimentais estabelecem um conjunto de condições identificáveis às quais os participantes são aleatoriamente designados para testar a relação causal entre uma intervenção e um resultado (Figura 7.3). Por exemplo, ao usar uma abordagem de estudo de design experimental para um dado jogo de iPad, os pesquisadores poderiam estudar uma mecânica de coleta entre versões diferentes do jogo que apresentem um objetivo competitivo. Uma condição de controle (ou estado neutro/sem intervenção) fornece uma base para comparação. De preferência, o processo de verificação pode combinar ambas as abordagens: estudos descritivos podem lhe dizer o que parece estar acontecendo com um design em particular, e os experimentos permitem que os designers testem os efeitos aparentes sistematicamente.

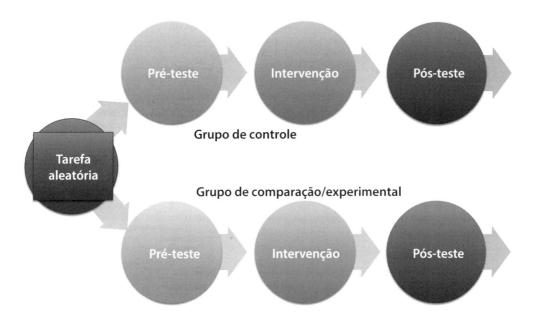

**Figura 7.3**
Um modelo experimental.

A pesquisa sobre valores em jogos tipicamente investiga como os jogadores são afetados pelas experiências de um jogo, então ambos os ângulos – descritivo e experimental – podem se mostrar úteis. Antes de começar um jogo, os jogadores podem receber um pré-teste que inclua um questionário ou uma entrevista. Após o jogo (a intervenção), eles recebem um pós-teste. Então, os dois são comparados para determinar se o jogo causou alguma mudanças nos jogadores.[4] Idealmente, um estudo de *follow-up* algumas semanas depois determinaria se quaisquer dos efeitos ainda duram.

Usando métodos qualitativos de pesquisa, os designers que procuram verificar a execução de seu design podem conduzir um trabalho profundamente descritivo na forma de entrevistas, observações, análise de vídeo e áudio e etnografia de longo prazo. Durante o jogar, protocolos de "pensar em voz alta" podem ser uma técnica de pesquisa efetiva. Os jogadores fazem um comentário enquanto jogam que descreve suas decisões e impressões sobre o jogo, o que ajuda os pesquisadores a entenderem o que eles pensam durante a experiência de jogo. Esses comentários poderiam ser o próprio resultado ou mediadores entre o jogo e a possível mudança de comportamento ou atitude. Avaliações após o jogar permitem coletar os efeitos da experiência de jogo com um todo, muitos dos quais não são óbvios ou previsíveis. Finalmente, os pesquisadores podem colher dados gerais observando o jogador e detectando dados técnicos (como tempo em tarefas ou telas, número de cliques e local onde eles ocorrem). Pesquisadores cuidadosos procuram números grandes: dados coletados de duzentos jogadores são um conjunto bem mais poderoso do que os coletados a partir de dezoito.

Outra abordagem seria usar um design experimental. Em um estudo de design experimental, os jogadores são aleatoriamente designados a um de diversos tratamentos para determinar relações causais entre elementos particulares de um design de jogo e mudanças na atitude ou no comportamento do jogador. Alguns jogam uma versão do jogo, e outros jogam versões ligeiramente diferentes numa tentativa de isolar os efeitos das sutis decisões de design no jogo. Esse tipo de verificação permite que os designers comparem diferentes condições ou designs. Um grupo joga uma versão de controle que é neutra ou livre de valores. Então, uma variante que inclui os valores é colocada como uma versão experimental. Num design experimental, os jogadores tem acesso a apenas uma versão do jogo; eles não veem as outras versões durante a verificação.

Usar uma abordagem experimental ajuda a equipe de design a se manter objetiva e examinar honestamente o que está acontecendo com os jogadores. Como os jogadores são tratados é importante. Eles não podem ser questionados com perguntas manipuladoras ou direcionados a certas respostas.[5] Em qualquer processo de verificação, a forma como os jogadores são questionados é essencial. Perguntar as questões certas na verificação é a chave para entender se os valores são apoiados ou se mudaram ao longo do jogo.

**Cases**

Como observado acima, verificar os valores em um dado jogo cobre uma variedade de resultados significantes, incluindo se e em que medida o jogo afeta os comportamentos dos jogadores de maneiras que são sistematicamente relevantes aos valores de interesse, se aumenta o entendimento e a apreciação dos jogadores sobre valores e questões associadas e se muda as atitudes dos jogadores e evoca respostas afetivas substanciais. Verificar esses resultados pode acontecer de várias formas. Questionários e testes podem revelar alguns tipos de conteúdos de valores, mas não dão compreensão profunda sobre estados afetivos, como empatia. Para medir mudança de comportamento como intervenções na saúde, grandes testes aleatórios controlados podem ser necessárias para assegurar que os resultados sejam levados a sério pelas comunidades médicas e psicológicas. Aqueles que estudam valores em jogos devem adaptar seus métodos para que sirvam tanto aos valores em questão quanto à natureza dos resultados hipotéticos como variáveis dependentes. Nesta seção, exploramos estudos de caso de avaliação e verificação.

**Verificação 1: O jogo promoveu os comportamentos desejados?**
Jogos podem mudar comportamentos? Se dizemos que a resposta é sim, que evidência temos para provar? Mudança de comportamento pode se referir a comportamentos tanto no jogo quanto fora dele. Dentro de um jogo, os designers podem descobrir que escolhas particulares de design encorajam os jogadores em ambientes *multiplayer* a colaborar ao invés de competir ou assumir riscos ao invés de jogar de maneira segura. Tais mudanças comportamentais internas são mais fáceis de verificar do que mudanças além do ambiente do jogo. Com jogos, assim como outras mídias, entender como eles afetam a mudança no comportamento das pessoas é um desafio de pesquisa urgente e em progresso. Como discutido abaixo, tem-se descoberto que jogos relacionados à saúde mudam alguns comportamentos dos pacientes.

*Jogos relacionados à saúde: valores de exercício, saúde, cuidado pessoal e autonomia*
Em um artigo de análise de 2007, Tom Baranowski e seus colegas inspecionaram 28 estudos de jogos que promoviam comportamentos relacionados à saúde por meio de uma

# Verificação

variedade de técnicas, como lembretes, mensagens personalizadas, estabelecimento de objetivos, aprendizado a partir de uma "lição de vida" do jogo, entre outras. A maioria dos artigos encontrou correlações entre os jogos e mudanças positivas de comportamento.[6] Jogos de exercício demonstraram os resultados mais diretos. Um estudo de 2006 observou o jogo *Dance Dance Revolution* (Konami, 1998) enquanto era jogado por crianças e adolescentes com e sem excesso de peso e descobriu que ele disparava os batimentos cardíacos além do nível mínimo para exercícios cardiovasculares.[7] Outros estudos tiveram resultados similares, mostrando que determinados jogos envolvendo movimento podem ser contados como exercício para os jovens.[8] Em 1997, Brown, Lieberman et al. estudaram os efeitos de um jogo para diabetes adolescente. *Packy & Marlon* (WaveQuest/Raya Systems, 1995) era um jogo estilo aventura para Super Nintendo Entertainment System projetado para envolver jovens diabéticos com cuidados pessoais (Figura 7.4). Os jogadores assumem a gestão do nível de glicose do sangue do personagem e cuidam da seleção de alimentos por quatro dias virtuais. O tempo médio de jogo foi de 34 horas em seis meses, e o grupo de tratamento (jogadores) teve uma queda de 75% em visitas médicas de emergência e urgência.

**Figura 7.4**
Uma cena de *Packy & Marlon* (WaveQuest/Raya Systems, 1995).

Diferentemente da maioria dos estudos sobre jogos de exercício, que foca em fatores *in-game* como taxa de batimentos cardíacos, um punhado deles tentou demonstrar mudanças de comportamento fora dos ambientes de jogo. Um exemplo disso é o esforço para verificar a efetividade do jogo *Re-Mission*, da Hopelab. Desenvolvido entre 2006 e 2008, *Re-Mission* foi projetado para ajudar adolescentes e jovens adultos com câncer (incluindo leucemia aguda, linfoma e sarcoma de tecidos moles) a entender e participar de seus próprios cuidados. Os resultados do estudo, publicados na revista médica Pediatrics, mostraram que jogar *Re-Mission* melhorou significativamente fatores-chave comportamentais e psicológicos associados com o tratamento bem-sucedido do câncer.[9] O estudo foi conduzido usando uma amostragem aleatória de 375 participantes que tinham entre treze e dezenove anos e passavam por tratamento em 34 diferentes centros médicos dos Estados Unidos, Canadá e Austrália. Os pesquisadores examinaram as categorias aderência, autoeficácia, conhecimento, controle, estresse e qualidade de vida. Pacientes que tomavam certas medicações eram monitorados por dispositivos de controle de comprimidos ou testes de sangue e urina. No estudo, os participantes que jogaram mantiveram níveis mais altos de quimioterapia no sangue e tomaram seus antibióticos de maneira mais consistente do que aqueles no grupo de controle. Os participantes que receberam o *Re-Mission* também mostraram uma absorção mais rápida de conhecimento relacionado ao câncer. Esses resultados indicam que um jogo com design cuidadoso afeta positivamente o comportamento relacionado à saúde em pessoas jovens com doenças crônicas. O Zamzee, dispositivo de monitoração portátil integrado ao jogo da Hopelab, também parece ser uma promessa clínica.

Greitemeyer e Osswald (2010) estudaram os efeitos de jogos pró-sociais (socialmente positivos) no comportamento. Eles usaram estudos experimentais e conduziram quatro experimentos que examinaram a hipótese de que jogar um videogame pró-social (em relação a um neutro) aumenta o comportamento de ajuda. A equipe descobriu que a exposição a videogames pró-sociais ativava pensamentos pró-sociais, o que, por sua vez, promovia comportamento pró-social. Esses resultados jogam luz sobre o conteúdo dos videogames e demonstram que esse conteúdo pode promover tanto efeitos antissociais quanto pró-sociais.

### *Estudo de Stanford: valores de sustentabilidade e ambientalismo*

Em um estudo não publicado de 2011 conduzido em Stanford, a pesquisadora Sun Joo Ahn envolveu cinquenta pessoas como participantes de um estudo sobre como usar papel não reciclado leva ao desmatamento.[10] O objetivo do estudo era verificar a possibilidade de mudar o comportamento no mundo físico. Após uma introdução inicial, metade dos participantes leu um texto, que descrevia com mais detalhes o que acontecia com a árvore e com animais, como pássaros, que dependiam da árvore. Os outros 25 participantes entraram em uma floresta virtual e lhes foi pedido que cortassem sequoias usando um controle que dava *feedback* háptico, para que pudessem sentir o corte. Antes da intervenção, independentemente do grupo, todos os participantes relataram uma crença de que suas ações pessoais podiam melhorar o meio ambiente e afetar a sustentabilidade. Após a intervenção, a pesquisadora encenou um acidente, derramando água sobre a mesa onde tinha colocado uma pilha de guardanapos de papel. Isso dava aos participantes a chance de colocar suas crenças afirmadas em prática. As pessoas pegaram guardanapos para limpar a mesa, e aqueles que tinham lido somente o texto sobre exploração madeireira usaram em média 20% mais guardanapos do que aqueles que tinham cortado árvores na floresta virtual. Os comportamentos que os pesquisadores estavam interessados em promover foram realmente encorajados pelo jogo? De acordo com o estudo, sim. Apesar de ter sido um experimento pequeno, quase 90% dos estudos psicológicos detectam impacto imediato, como aconteceu nesse pequeno estudo.

*Recompensas extrínsecas e intrínsecas em jogos ativistas*
Desenvolvedores de jogos devem ter cuidado com a estruturação das recompensas em um jogo pois a psicologia da recompensa é complexa. Em 1973, Lepper, Greene e Nisbett demonstraram que a experiência de jogo é frágil e pode facilmente se tornar seu oposto. Uma maneira de transformar o jogar em seu inverso ("não jogar" ou mesmo trabalhar) é oferecer recompensas. Neste estudo, os pesquisadores observaram crianças envolvidas na tarefa naturalmente prazerosa de desenhar. Quando as crianças eram recompensadas pelos seus desenhos com prêmios como fitas ou estrelas douradas, elas subsequentemente gastavam menos tempo brincando com os materiais de desenho.[11] Antes do sistema de recompensa, as crianças estavam por pura alegria: a atividade era sua própria recompensa. A premiação, entretanto, causou uma mudança psicológica. As razões das crianças para desenharem se tornaram associadas com o ganho de fitas e estrelas douradas, e seu prazer na tarefa diminuiu. A motivação intrínseca das crianças foi trocada por uma motivação extrínseca, um fenômeno que os psicólogocss chama de *efeito de superjustificação*. Isso levou a um declínio no interesse das crianças em desenhar porque as recompensas extrínsecas não estão nem perto de serem tão motivadoras quanto as recompensas intrínsicas. A pesquisa se confirmou. Em 1999, uma metanálise de 128 estudos sobre motivação e recompensa descobriu que incentivos tangíveis reduzem o prazer intrínseco de tarefas que os participantes achavam naturalmente atrativas.[12] Aparentemente, as pessoas sentem que recompensas externas comprometem sua autonomia e interferem com o prazer das recompensas internas na mesma atividade.

O entusiasmo recente pela *gamificação* – o enquandramento de atividades do dia a dia dentro de estruturas de recompensa como as de jogos – tenta adotar uma abordagem usada em programas como o de milhas aéreas e no sistema de insígnias das Bandeirantes. A gamificação tem levado muitas novas empresas a esperarem que a mudança de comportamento possa ser transformada em lucro. O processo não será simples. Apesar de os jogos serem motores para possíveis mudanças de comportamento e motivadores do prazer intrínseco derradeiro, há também maneiras de projetar um jogo para enfraquecer o prazer intrínseco pela externalização da recompensa. Para designers, a aplicação de um jogo a uma questão social demanda um claro alinhamento entre o valor e o design.

Um jogo educacional cujo sucesso foi provado por rigorosas avaliações é o *Quest Atlantis* (Sasha Barab, 2005), que teve valores conscientemente integrados em seu design. Mais de dez mil crianças jogaram e houve múltiplos estudos sobre seus efeitos. Os estudantes demonstraram ganhos de aprendizado em ciência, artes e estudos sociais. Mais importante, professores e alunos reportaram aumento nos níveis de envolvimento e interesse na busca de questões curriculares fora da escola. O jogo ajudou as crianças a encontrarem uma voz criativa para explorar questões globais, sentimentos e iniciativa pessoal. O jogo conseguiu ativar os sistemas de recompensa tanto internos quanto externos.[13]

Outros jogos foram menos bem-sucedidos. Um jogo ativista urbano para dispositivos móveis encorajava os jogadores a se envolverem com pessoas nas ruas de Nova York com o objetivo de promover uma maior sensibilidade política nos jogadores e transeuntes. O jogo cobria assuntos como greves, incêndios e tumultuos e uma das tarefas era descobrir coisas sobre certos lugares e documentar as descobertas por meio de fotos, vídeos e mensagens de texto. Uma jogadora (chamada aqui de Trixie) estava no Parque Tompkins Square no East Village. Ela encontrou um homem em um dos bancos e eles discutiram sobre o tumulto que se iniciou no parque em 1988 quando a polícia tentou remover pessoas sem-teto que estavam dormindo ali. O homem disse que ele ainda vivia no mesmo apartamento com vista para o parque onde vivia em 1988. Conforme os dois discutiam os tumultos e a maneira como os residentes do bairro responderam a eles, Trixie ficou tão interessada que quase se esqueceu de que o jogo estava acontecendo. Dado que o jogo era devotado a revigorar as conversas sobre a história e a política da cidade, isso não seria necessariamente um resultado indesejado. A recompensa extrínseca dos pontos foi deixada de lado, e a recompensa externa foi substituída pelo prazer intrínseco de se conectar com outra pessoa e sua história.[14]

Durante essa conversa, membros de outra equipe apareceram e anularam os pontos de Trixie por pegá-la no ato de ganhar pontos. O homem no banco tinha sido plantado pela outra equipe como uma isca que permitiria que pegassem outras equipes no processo de interagir com os residentes. Em um jogo típico, tal momento "te peguei" tão bem sincronizado teria sido uma estratégia brilhante. Mas, em um jogo que promove os valores da comunicação, comunidade, respeito e solidariedade, ele foi irrefletido porque as regras encorajavam os jogadores a enfraquecerem os supostos valores do jogo. Como jogadora, as motivações intrínsecas de Trixie se perderam através da estrutura de recompensas extrínsecas que não coincidiam com os valores defendidos pelo jogo.[15]

Para os designers do jogo, o evento seguiu mecanicamente sem problemas. Houve uma equipe vencedora, e as pessoas se divertiram explorando a cidade. Mas, como um jogo que estava tentando expressar e apoiar valores específicos, ele falhou. Aplicações indiscriminadas de sistemas de recompensas, mecânicas, premissas narrativas e outros elementos comumente aceitos em jogos podem não funcionar para apoiar um valor em particular. Pode ocorrer um fenômeno de mapeamento falso no qual as recompensas externas enfraquecem valores intrínsecos, prazer e motivação do jogador. Se os designers tivessem incluído os valores centrais do projeto no seu processo iterativo e verificado com *play-testers* se as regras apoiavam os valores, o jogo poderia ter sido bem-sucedido em sua missão.

**Verificação 2: Permitimos maiores entendimento e apreciação?**
Mudanças no comportamento estão entre os efeitos mais óbvios que um jogo pode ter. Menos óbvia, mas ainda mensurável, é uma mudança no entendimento e na apreciação dos jogadores de certas circunstâncias e valores relevantes. Nos casos seguintes, os jogos foram explicitamente projetados para promover tal entendimento.

*POX: Save the People – valores de colaboração, comunidade e saúde*
Em 2010, a Mascoma Valley Health Initiative, uma organização pública de saúde de New Hampshire, pediu que o laboratório de design Tiltfactor criasse um jogo para ensinar ao público o valor da vacinação. O grupo planejou usar o jogo em salas de aula e feiras de saúde para demonstrar o papel das vacinas na prevenção da disseminação de doenças.

O objetivo era promover um melhor entendimento sobre imunidade coletiva, que ocorre quando uma grande parte de uma população é vacinada contra uma doença contagiosa, o que ajuda a proteger aqueles que não podem ser vacinados, como aqueles com distúrbios do sistema imunológico. As apostas são altas. Por causa de mal-entendidos envolvendo vacinação, muitas comunidades em países desenvolvidos estão perdendo a imunidade coletiva a doenças perniciosas (como coqueluche) que, até recentemente, tinham sido quase erradicadas. A equipe escolheu uma abordagem de "estratégia colaborativa" para o design do jogo, na qual os mecanismos de cooperação do jogador refletiriam as maneiras como os membros de uma comunidade acometida por uma crise de saúde trabalhariam juntos. A equipe projetou o jogo em torno dos valores de colaboração, cooperação, comunidade e saúde.

O jogo, chamado *POX: Save the People*, foi terminado em 2011 após um ciclo de seis meses entre conceito e finalização. A primeira versão foi um jogo de tabuleiro, o qual, depois, foi portado para iPad. O jogo acontece em um tabuleiro retangular com 81 espaços (nove linhas por nove colunas), e cada espaço representa uma pessoa em uma comunidade onde uma doença contagiosa poderia se disseminar (Figura 7.5). No começo do jogo, duas pessoas são imediatamente infectadas com uma doença. A doença se espalha através da comunidade em cada turno por meio de ordens em cartões aleatórios, que indicam a direção da disseminação no tabuleiro. Surtos também acontecem em novas áreas do tabuleiro, assim como poderiam acontecer na vida real em novas áreas de uma cidade. À medida que o jogo progride, os jogadores decidem curar aqueles infectados ou vacinar para prevenir novas infecções e, finalmente, parar o avanço da doença. Muitas mortes na comunidade levam o jogador a perder.

No estudo-piloto do jogo, a equipe de design conduziu pré- e pós-testes em duas sessões de *gameplay* e pediu que os jogadores respondessem à seguinte pergunta sobre um tipo diferente de questão de saúde:[16]

> Você é o diretor de uma grande organização pública de saúde. A taxa de infecção por HIV entre adultos no seu país é maior do que 20%. Como seus sistemas imunológicos estão enfraquecidos, as pessoas com HIV não podem ser vacinadas contra outras doenças mortais, como tuberculose. Seu trabalho é reduzir a vulnerabilidade da população soropositiva deste país contra a tuberculose. Como você abordaria esse problema de saúde pública?

Essa questão tinha a intenção de testar se os jogadores conseguiam transferir seu entendimento das questões de saúde em *POX: Save the People* para outra questão, e os resultados foram surpreendentemente positivos. A maioria dos jogadores deu respostas pré-jogo que indicavam nenhum entendimento de imunidade coletiva, mas as respostas pós-jogo de metade dos participantes mostraram que eles claramente entenderam o conceito. Também descobrimos que os jogadores aprenderam sobre prevenção e velocidade com que a doença se espalha. Por último, os jogadores aprenderam que muitos departamentos de saúde pública têm somente recursos limitados, ainda que esta mensagem estivesse contida apenas na mecânica e não nas instruções do jogo. Embora nosso objetivo não fosse medir mudança de crenças, já que o jogo é uma intervenção relativamente curta, houve instâncias de mudança, conforme documentado nesta conversa entre dois jogadores no estudo-piloto:

> *Andy*: Eu não sei se você consideraria aquele episódio de *Law and Order*, mas alguém estava processando alguém por não vacinar seu filho.

*Rayanne*: Sim, eu vi... A criança não tinha sido vacinada, mas...
*Andy*: Nós vimos juntos.
*Rayanne*: ... até aí tudo bem, mas então a criança deixou outra criança doente e aquela criança morreu.
*Andy*: É. Eu fiquei tipo, "está errado"... Nós tivemos uma boa discussão sobre aquilo...
*Rayanne*: Se você deveria ser forçado a vacinar seus filhos. Eu acho que eu fiquei do lado do "Sim".
*Andy*: Eu fiquei do lado do "Não", mas faz sentido ser "Sim".

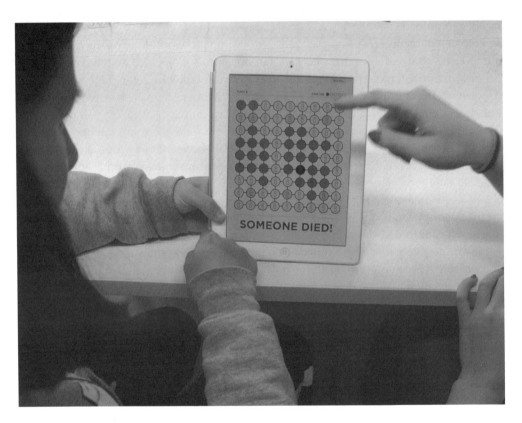

**Figura 7.5**
Uma tela mostrando os resultados da doença contagiosa, do jogo *POX: Save the People* (Tiltfactor, 2011).

Apesar de a informação sozinha não mudar o comportamento, interagir com a informação pode de fato mudar atitudes, crenças e comportamentos. Essas interações produtivas podem elevar a importância de jogar com valores. *POX* ajudou os jogadores a entenderem imunidade coletiva e apoiarem a saúde, a comunidade e a cooperação como valores centrais. Além da verificação formal descrita acima, os designers naturalmente também testaram seu jogo pelo *gameplay*; um designer sabe que seus jogos estão funcionando se vão bem nos testes. Testamos o jogo centenas de vezes em locais como a Gen Con, uma convenção de jogos de mesa que atrai perto de cinquenta mil jogadores anualmente (Figura 7.6).

**Figura 7.6**
Jogadores interagindo com o jogo de tabuleiro *POX: Save the People* (Tiltfactor, 2010).

Em um estudo de *follow-up*, nossa equipe comparou o jogo original com outras duas condições – ZOMBIEPOX (Tiltfactor, 2012), um jogo de tabuleiro idêntico com uma camada narrativa diferente, e a tradução direta para iPad de *POX: Save the People*. Por meio de estudos controlados aleatórios, medimos pensamento sistêmico, entendimento de disseminação de doenças e imunidade e valorização das vacinas. Ao longo de todas as questões da pesquisa, o jogo mais efetivo foi ZOMBIEPOX, e os resultados menos efetivos foram os da versão para iPad de *POX: Save the People*. (Todas as condições foram estatística e significativamente melhores do que o estado de controle ou a condição sem o jogo.)

Poucos estudos desvendam a eficácia das possibilidades dos jogos digitais em comparação a outras formas de jogo. Nesse conjunto de estudos, o jogo *POX* para iPad foi menos efetivo do que o ZOMBIEPOX de tabuleiro na transferência de princípios de aprendizado centrais.

**Verificação 3: Suscitamos uma resposta afetiva ou atitudinal particular?**
Por meio dos jogos, os designers têm o poder de alterar a perspectiva de mundo de um jogador e romper com atitudes habituais e respostas afetivas. Os jogos discutidos nesta seção foram projetados para promover empatia alterando a perspectiva do jogador sobre sua situação de sujeito.

### *Layoff: o valor da empatia*
A Tiltfactor criou o jogo *Layoff* (2009) para observar os valores relacionados à crise financeira dos EUA na época.[17] Nesse jogo tipo quebra-cabeças de combinar peças, os jogadores assumem o papel de gerentes corporativos que estão cortando empregos (Figura 7.7). A intenção era estimular a empatia pelos trabalhadores desempregados para alterar a compreensão dos jogadores sobre um importante fenômeno social e talvez até incitar a indignação contra a distribuição injusta de sofrimento entre as classes sociais e econômicas.

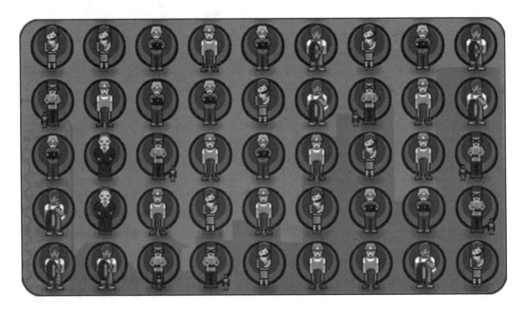

**Figura 7.7**
Trabalhadores do jogo *Layoff* (Tiltfactor, 2009).

Na versão original de *Layoff*, que apresentava imagens de trabalhadores como personagens anônimos e sem nome, os jogadores pareciam apreciar demitir as pessoas. Eles exibiam pouca empatia pelos trabalhadores ou introspecção em relação à crise financeira. Como esses resultados não alcançavam os objetivos determinados pela equipe, os designers decidiram humanizar ainda mais os trabalhadores, escrevendo pequenas biografias dos personagens. Ajustando os elementos de personagem e escolhas do jogador, os designers implementaram com sucesso seus objetivos de valores. Os jogadores discutiam que personagens poderiam sobreviver à demissão mais facilmente do que os outros e refletiam sobre seus próprios empregos e histórias pessoais. Os jogadores contemplaram as práticas de contratação e demissão, experimentaram-nas como sendo arbitrárias e cruéis e consideraram como essas práticas afetam profundamente os destinos dos indivíduos.

Após o lançamento do jogo, a imprensa nacional tratou *Layoff* como controverso, e um repórter da NBC News entrevistou pessoas na rua, fazendo perguntas como "o que você acha de um jogo no qual você demite pessoas?". Essa questão principal, perguntada a pessoas que não tinham familiaridade com o jogo, suscitava os esperados comentários negativos, e muitas pessoas respondiam que um jogo não deveria "fazer piada" com as demissões. A continuação da reportagem adotou uma abordagem mais sutil e comparou o jogo ao trabalho de Charlie Chaplin, observando que, durante os "tempos difíceis", muitas discussões valiosas e solidariedade podem surgir de experiências de mídia.

Os jogadores confirmaram que o jogo tinha um impacto emocional real, e a equipe o utilizou como uma ferramenta de pesquisa para estudar a empatia em jogos. Como os jogadores se sentem sobre as demissões no jogo e em sua comunidade? Eles conectam as duas cognitivamente? Em nossa pesquisa, descobrimos que os jogadores se conectavam empaticamente com os trabalhadores do jogo nos níveis cognitivo e emocional. Um jogador de 28 anos de Michigan disse que ler a informação pessoal dos trabalhadores o deixou "um pouco triste":

> Eles se tornam pessoas reais e fica difícil demiti-los. Talvez eu sinta isso porque é um assunto que me afeta pessoalmente. Esta é minha última semana no meu relativamente decente e moderadamente bem pago emprego antes de ser colocado em um desemprego "indefinido". A taxa de desemprego está em 11,6% aqui, o que significa que eu provavelmente não conseguirei outro emprego em breve.[18]

Nós conduzimos pesquisas-piloto formais sobre o jogo *Layoff* em 2010 e descobrimos que os jogadores faziam o seguinte:

1. Liam as biografias dos personagens e faziam decisões sobre quem "demitir" com base nelas. Isso é uma verificação de que os jogadores entenderam o ponto do jogo e se envolveram com seus valores na maneira que pretendíamos.
2. Em discussões pós-jogo, eles debateram a crise econômica em termos de histórias das pessoas que sofreram com a crise em vez de conceitos econômicos abstratos. Isso também é uma verificação de que eles se envolveram com os valores do jogo (especificamente a empatia) da maneira que pretendíamos e uma verificação de que o jogo encorajou uma maneira particular de pensar na crise com foco na empatia.
3. Eles doaram mais dinheiro de sua remuneração a uma organização que ajuda pessoas que vivem na pobreza. Isso é uma verificação de que o jogo, quando jogado "empaticamente", afeta os comportamentos do jogador.[19]

Evidências indicam que, quando recebem tópicos controversos e valores intensamente carregados como empatia, os designers conscienciosos podem comunicar as nuances dos valores em um jogo digital. O processo de verificação indica que o valor da empatia foi implementado com sucesso.

*Darfur is Dying: valores de liderança e empatia*
A conexão de *Darfur is Dying* (Susana Ruiz, 2005) com a empatia é ativa em vários elementos do jogo: premissa narrativa, personagens, escolhas do jogador, contexto de jogo e regras para interação com personagens não jogáveis e com o ambiente. Os pesquisadores investigaram a influência do jogo sobre a disposição em oferecer ajuda humanitária. Em dois diferentes experimentos *online*, jogar *Darfur is Dying* fez a diferença. No primeiro experimento, aqueles que o jogaram reportaram uma maior disposição para ajudar as pessoas de Darfur do que aqueles que simplesmente tinham lido um texto comunicando a mesma informação. No segundo experimento, alguns participantes assistiram ao jogo, e outros o jogaram. Os resultados indicaram que jogá-lo, em vez de observá-lo como um tipo de animação, resultou em maior disposição para ajudar em comparação a assisti-lo e ler o texto.[20]

A cobertura da mídia sobre *Darfur is Dying* levou a uma campanha chamada Darfur Digital Activist, na qual os jogadores podiam "agir para parar a crise em Darfur" assinando petições e tomando outras atitudes. Estudantes, tipicamente dos Estados Unidos, tiveram financiamento para viajar ao Sudão para entender o genocídio mais profundamente. A equipe de criação do jogo e o *publisher* mtvU promoveram campanhas de conscientização social por muitos anos após o lançamento do jogo.[21]

**Verificação para designers**
Este capítulo descreve algumas das maneiras como os designers podem verificar que há valores incorporados nos jogos, e o que significa dizer que há valores incorporados no jogo. Assim como fizemos com os componentes de descoberta e implementação, usamos elementos de jogo (incluindo premissa narrativa, escolhas do jogador, ambientes, ações e personagens jogáveis) como a estrutura para os exercícios de verificação. Vários estudos e métodos estão disponíveis, baseados nos resultados específicos que sejam de interesse.

A verificação continua mais elusiva e desafiadora do que os outros dois componentes principais da heurística do Values at Play – a descoberta e a implementação. Mesmo assim, temos observado sucesso quando a verificação é estruturada em torno de três questões: "o jogo está extraindo os tipos certos de sentimentos?", "que atitude ou comportamento mudou entre os jogadores, e essas mudanças coincidem com os valores do jogo?" e "o jogo está deixando os jogadores mais criativos, colaborativos e autônomos?".

Quando as pessoas perguntarem o que os jogos podem fazer, podemos olhar o jogo *Re-Mission* e outros relacionados à saúde que têm afirmado os valores de cuidados com a saúde e autonomia. O estudo de Stanford, usando o derramamento de água encenado e os papéis toalhas, verificou os valores de sustentabilidade e ambientalismo. *Re-Mission* apoiou melhor saúde entre os jogadores. A partir de exemplos menos bem-sucedidos, como o jogo ativista no qual as recompensas extrínsecas e intrínsecas não coincidiam, aprendemos o que evitar. *POX* espalhou os valores da colaboração, comunidade e saúde. *Layoff* trouxe respostas afetivas particulares sobre justiça e empatia.

Um trabalho mais rigoroso é necessário, em particular estudos que testem as amplamente variadas afirmações sobre o que os jogos fazem bem e como eles fazem. Por exemplo, são necessários mais estudos experimentais que foquem nos efeitos de cada elemento em um dado jogo. Precisamos entender melhor como o meio digital contribui para os significados e os valores de um jogo e que valores são inerentes a jogos e simulações que se pretendem ser modelos objetivos de sistemas naturais. Um primeiro passo para assumir a responsabilidade pelos valores no design de jogos é abandonar a ideia de que eles podem ser objetivos, neutros ou livres de valores e reconhecer que os valores podem entrar a partir de diversas direções e decisões de design.

Designers podem estar individualmente comprometidos, mas um impacto significativo será possível *somente* se os atores-chave na indústria de jogos também adotarem um papel em desenvolver jogos não somente cada vez mais viciantes e financeiramente mais recompensadores, mas que também promovam uma cadeia mais rica de benefícios com um olho na melhora de qualidade de vida dos jogadores e outros. Esperamos um futuro no qual equipes bravamente definem valores como aspirações do design e os verificam ao longo de todo o processo, priorizando os valores como locais para inovação e solidariedade. Após quase uma década de investigação de valores nos processos de design, nossa aspiração para a heurística do Values at Play é uma abordagem pragmática para fazer jogos novos, únicos e envolventes que também enriqueçam o mundo.

**III** Values at Play na prática

# 8 Inspirando designers

A heurística do Values at Play – descoberta, implementação e verificação – oferece orientação prática para o designer consciencioso. Pode parecer assustadora no abstrato, mas muitas equipes de design e estudantes têm-na posto para funcionar em grande estilo.

Além da teoria e da heurística do Values at Play, nossa equipe desenvolveu um currículo que introduz o design de jogos consciente de valores para estudantes de design de graduação e pós-graduação.[1] O currículo inclui entrevistas em vídeo com designers de jogos, exercícios, uma lista de leitura recomendada e guias de discussão. Os jogos discutidos são aqueles que infundem valores, como aqueles debatidos neste livro e, em particular, aqueles encontrados como parte de nossa prática, como *Layoff* (Tiltfactor, 2009) e *POX: Save the People* (Titlfactor, 2011). Por último, os cartões *Grow-a-Game* (Tiltfactor, 2007; 2008) foram desenvolvidos para ajudar os designers a fazerem *brainstorms* para novos jogos. *Grow-a-Game* para iPhones e iPads são capazes de atender a equipes de design em diferentes tecnologias.

Este capítulo mostra como esses materiais, individualmente e combinados, podem inspirar designers a criarem jogos melhores. Nós olhamos em detalhe aspectos do currículo e, então, ilustramos como os cartões *Grow-a-Game* podem disparar criatividade entre os estudantes de design.

**Materiais e recursos**

Nossa equipe criou recursos *online* que instrutores e estudantes podem usar em salas de aula de design.[2] Esses recursos incluem provocativas entrevistas em vídeo com designers de jogos, pesquisadores e professores e leituras recomendadas por filósofos de tecnologia e ciência, estudiosos de tecnologia, arquitetos e designers (de jogos, produtos e *software*).

No núcleo dos recursos *online* está o currículo, um guia de 55 páginas para ensinar sobre os valores no design de jogos. Ele foi desenvolvido inicialmente para um curso de quatro semanas para estudantes de ensino médio e graduação, mas é usado hoje por uma variedade de designers e pensadores curiosos sobre as reais implicações mundiais dos valores no design de jogos. Esses materiais têm sido usados de uma forma ou outra por anos em prestigiadas salas de aula de design de jogos pelos Estados Unidos. O currículo pode ser usado fora da sala de aula por qualquer um que deseje pensar sobre valores em trabalhos de design em andamento. Nós também estudamos a eficácia desse material em promover novos designs, e nossas descobertas são discutidas mais tarde neste capítulo.

## Grow-a-Game

*Grow-a-game* é uma ferramenta de *brainstorm* que ajuda designers a incorporarem valores humanos em seus projetos (Figura 8.1). Os cartões *Grow-a-Game* podem dar início a conversas, ideações e protótipos e ajudar tanto novatos quanto *experts* a mudarem hábitos familiares de pensamento. Como qualquer bom jogo, *Grow-a-Game* evoluiu por meio de numerosas iterações de descoberta, implementação e verificação em *workshops*, conferências e cursos de design de jogos e em consultas com nossos conselheiros, parceiros designers e aqueles que usam regularmente os *decks*.[3]

**Figura 8.1**
As categorias de cartões *Grow-a-Game* (Tiltfactor, 2007; 2008).

Um *deck Grow-a-Game* possui 86 cartões de quatro categorias ou tipos:
- *Valores*: cada cartão apresenta um valor, como confiança, privacidade, liberdade ou sustentabilidade.
- *Verbos*: cada cartão apresenta uma mecânica relacionada a jogos na forma de um verbo, como liderar, construir, combinar, evitar ou cultivar.
- *Jogos*: cada carta traz um jogo familiar que pode ser modificado. Esses podem ser esportes como futebol, jogos de rua ou analógicos como amarelinha ou *Banco Imobiliário*, *arcades* antigos como Pac-Man (Namco, 1980) ou jogos de computador como *Civilization* (MicroProse, 1991) ou *World of Goo* (2D Boy, 2008) (na versão *expert* do *deck* de *Grow-a-Game*, os cartões de jogos são trocados por cartões de ambiente, que especificam uma locação como sob a água ou mundo silencioso).
- *Desafios*: cada cartão traz uma questão social problemática, como falta de moradia, pobreza, aquecimento global, racismo ou expansão urbana.

## Maneiras de usar os cartões *Grow-a-Game*

Os cartões *Grow-a-Game* incluem instruções, mas se adaptam facilmente a vários contextos e objetivos, como desencadear novas maneiras de entender jogos existentes, gerar modificações criativas e construir novos jogos a partir do zero. Tipicamente, os cartões são usados em pares ou grupos. Para começar uma discussão sobre valores em jogos existentes, um pequeno grupo de participantes puxa um cartão de valor e discute sua manifestação em jogos existentes. Inevitavelmente, o grupo tem de definir o valor por si próprio (como tradição, confiança ou liberdade) e discutir várias interpretações para a palavra. Discutir um valor em relação a jogos existentes pode ser esclarecedor; muitas vezes, os jogadores descobrem que jogos que eles supunham ser neutros em valores são carregados de dimensões sociais, morais e políticas.

Em uma rodada prática, os grupos fazem um *brainstorm* sobre modificações (*mods*) em jogos. Equipes escolhem um cartão de jogo e discutem como um dado valor (como colaboração) poderia ser usado para modificar um jogo existente, como *Pac-Man* (Namco, 1980) (Figura 8.2). Conforme consideram o que poderia tornar *Pac-Man* colaborativo, os participantes examinam narrativa, mecânicas de jogo, objetivos e outros elementos. Conflitos de valor acontecem se, por exemplo, eles escolhem o valor da paz e decidem criar um *shooter* em primeira pessoa no qual os jogadores atiram em qualquer um que pareça ameaçar a paz mundial.

**Figura 8.2**
Os cartões *Grow-a-Game* usados em um *workshop* com Jesper Juul, Kellee Santiago, Tracy Fullerton, Staffan Bjork, Doug Thomas e outros entusiastas dos jogos.

Adicionando mais restrições de design, os jogadores também poderiam escolher um cartão de verbo e um cartão de questão social, somando essas restrições às já existentes de forma que a equipe possa experimentar iteração e invenção de novos jogos. Designers experientes tendem a usar verbos e valores para inventar mecânicas totalmente novas; assim, o *deck* avançado de cartões tira os exemplos de jogos para modificação e, em vez disso, oferece atmosferas para fornecer ambientes inventivos aleatórios para essas novas mecânicas.

---

**Desenvolvendo um processo reflexivo de design**

Por Tracy Fullerton, professora associada e catedrática de Artes Eletrônicas em Entretenimento Interativo, University of Southern California

Nos últimos quinze anos, trabalhei com centenas de estudantes de design de jogos para ajudá-los a desenvolverem sua habilidade de conceber e desenvolver jogos originais. A maioria desses estudantes chega à minha disciplina com ideias concebidas do que faz um bom jogo e de que tipos de *gameplay* eles querem criar. Parte do meu trabalho é romper com essas suposições e encorajar os estudantes a pensarem de maneiras mais pessoais e generativas sobre seu próprio processo de design e os possíveis resultados desse processo. Ensinar design envolve criar tanto hábitos mentais quanto artefatos estéticos. Se um estudante não pode refletir significativamente sobre seu póprio processo ao final de um exercício de design, eu considero isso um fracasso, não importando a qualidade de seus projetos.

Ao longo dos últimos anos, os cartões *Grow-a-Game* do Values at Play têm se tornado uma das ferramentas centrais em meu repertório de ensino, mas eu serei honesta: nunca usei os cartões exatamente como foram projetados. Talvez seja porque adoro inventar novas variações de regras, mas, no momento em que imprimi a versão original dos cartões, eu sabia como queria usá-los como instruções de design em minha aula. Eu li as regras sugeridas que vieram com eles, mas, baseada no conhecimento que tenho de meus alunos e as maneiras como eles responderiam aos cartões, usei-os de maneira personalizada.

Em 2005, meu coinstrutor, Peter Brinson, e eu desenvolvemos uma turma intermediária de design de jogos. Durante o semestre de quinze semanas, dez equipes de dois estudantes cada criaram um jogo bidimensional pequeno, mas inovador e elegante e, então, o lançaram *online*.

No início, achávamos que tutorar essas equipes era um grande desafio, mas, em 2007, nós tínhamos identificado e entendido profundamente marcos de projeto úteis. Sabíamos como fazer as equipes deslancharem e como identificar as problemáticas logo cedo. Sabíamos quando intervir com aconselhamento, exercícios de escopo ou suporte na implementação. Invariavelmente, os alunos conseguiam jogos completos com interessantes reviravoltas formais.

Mas nós também sentimos que eles estavam em uma rotina. Peter e eu queríamos mais deles em termos de design. Na verdade, desejávamos que eles quisessem mais *deles mesmos* como designers. Queríamos que nossos alunos desenvolvessem uma capacidade de autocrítica reflexiva que é crucial a qualquer processo de design excepcional.

Quando recebi um convite para participar do teste alfa do currículo do Values at Play, nosso cronograma de projeto estava tão apertado que não pudemos usar todo o currículo, mas abordamos muitas leituras importantes nas primeiras duas semanas e adicionamos os cartões *Grow-a-Game* em nossos exercícios de ideação. Isso criou uma diferença notável e imediata naquela primeira turma. De repente, em vez de jogos que continham variações inteligentes em mecânicas de *puzzle* e plataforma, tínhamos estudantes sugerindo jogos que questionavam o processo democrático, exploravam pequenos momentos humanos e atacavam grandes conflitos globais. Mais uma vez, tornou-se um desafio tutorar esses jogos – não por causa do cronograma ou das ferramentas, mas porque os processos de design de nossos alunos foram energizados com questões de significado, intenção, consequência e paixão.

Os estudantes intermediários na University of Southern California conhecem história e mecânicas dos jogos. Criar variações em mecânicas existentes é um método bem conhecido e bastante praticado para iniciar um processo de design. Entretanto, o objetivo dessa vez era envolver os alunos em uma discussão que fazia uma ponte entre design de jogos e humanidades, filosofia, história, crítica cultural e outros assuntos. Nós queríamos desafiá-los a procurar fontes de interação lúdica em conflitos, trocas e desequilíbrio do mundo real. Essas são questões nas quais é difícil mergulhar, e é aqui que a randomização e a instigação criativa oferecidas pelos cartões *Grow-a-Game* funcionaram bem. Desde aquela primeira sessão, eu usei os cartões muitas vezes em uma variedade de situações de design envolvendo participantes que vão de estudantes de ensino médio a professores de universidade, de estudantes de design iniciantes a profissionais com anos de experiência.

Desde a primeira vez que usei o *Grow-a-Game*, eu gostei de começar com os cartões de valores. Cada um puxa uma carta, e eu começo dando um exemplo do tipo de discussão que espero do grupo sobre os valores que eles tiraram. Digamos que tirei integridade como um valor, eu poderia começar dizendo que, para mim, integridade envolve aderir a um código de ética, especialmente quando as pessoas são tentadas ou testadas, e esse código se torna uma parte importante da identidade da pessoa. Integridade demanda trabalho e esforço consciente. Então, eu abro a discussão convidando os estudantes a entrarem em uma conversa sobre integridade e seu potencial como a raiz do design interativo. Alguém no grupo pode argumentar que a integridade não emerge como um valor consciente antes de ser testada. A ideia de que a integridade deve ser testada eleva a possibilidade de conflito – algo em torno do qual um jogo pode ser criado. Outro aluno pode compartilhar uma história pessoal sobre alguém que exibe integridade. Muitas vezes, os estudantes farão referência a personagens de filmes ou jogos que exibam o valor. Nós podemos falar sobre como uma situação em particular traz a integridade à tona na forma de uma opção difícil ou como personagens que não são obedientes à lei ainda têm sua própria marca de integridade.

Uma vez que o grupo entende o tipo de mergulho profundo que desejo que deem, eu chamo voluntários para liderarem discussões sobre os cartões de valores que eles escolheram. Pode ser que nem todos na sala participem, mas um número suficiente já fará todos pensarem sobre como cada conceito tem tensões potenciais, referências, mecânicas e interação lúdica associada a ele. Essa parte do processo não pode ser encurtada: é a essência do que faz o exercício ser único. Conseguir uma discussão em grupo que aborde as complexidades dos valores humanos e como eles são expressos em nossas próprias experiências, na mídia, na cultura e nos jogos é o que torna esse processo de *brainstorming* diferente de um exercício simples com palavras aleatórias.

Após termos boas discussões em torno de muitos valores escolhidos aleatoriamente, cada um de nós tira um cartão de verbo. O *deck* do *Grow-a-Game* inclui cartões de referências de jogos que encorajam os estudantes a pensarem sobre como modificar sistemas conhecidos usando os cartões de valores. Porém, eu não quero que meus estudantes pensem dessa maneira sobre seus projetos, então vou direto aos verbos e os faço pensarem no *gameplay* eles mesmos. Como geralmente faço esse exercício com estudantes graduados ou graduandos intermediários, eu presumo que eles não precisam de uma explicação sobre como os verbos podem instigar o design de mecânicas originais de jogo.

Chegar a um bom *gameplay* a partir de verbos não é um processo direto. As primeiras ideias que chegam à mente quando verbos aleatórios são apresentados são muitas vezes literais demais. Elas podem ser uma sugestão divertida, mas não chegam realmente ao potencial completo do incentivo. Além disso, verbos em sistemas de jogos são muitas vezes usados metaforicamente: nós clicamos para "pular" assim como para "construir". O significado é criado pelo contexto e pelo resultado de cada clique dentro de um sistema particular. Para criar *gameplay* a partir de verbos, precisamos primeiro construir um contexto significativo para eles e uma manifestação metafórica ou física deles com as quais o jogador se envolverá.

Durante a primeira aula intermediária na qual usamos os cartões *Grow-a-Game*, um conceito de jogo atraiu minha atenção. Os alunos tinham tirado o valor direitos humanos e o verbo *cantar*. No começo, eles ficaram perdidos e pediram para mudar o verbo, mas eu os encorajei a não se preocuparem com chegar a uma ideia perfeita. À medida que foram mais fundo na sua discussão sobre direitos humanos, eles chegaram a algumas referências culturais e de mídias que os permitiram integrar o verbo *cantar* de uma maneira que transformava sua mecânica simples de combinação de batidas em uma situação de *gameplay* carregada emocionalmente.

A ideia era para um jogo chamado *Hush* (Jamie Antonisse e Devon Johnson, 2007) no qual o jogador assumia o papel de uma mãe cantando uma canção de ninar para acalmar seu bebê durante uma incursão no genocídio em Ruanda. Os jogadores cantavam digitando a letra da canção conforme aparecia na tela. Se os jogadores perdiam o sincronismo, a criança chorava, e isso alertava os soldados fora da casa do personagem. Quanto mais a criança chorasse, mais perto os soldados chegavam. Somente cantando no tempo certo o jogador podia acalmar a criança e fazer com que os soldados fossem embora. Os estudantes escreveram que seu objetivo ao desenvolver essa ideia era fazer um jogo no qual "o jogador não estivesse vendo esse evento horrível de longe e tentando 'resolver o problema'. Eles estão no meio dele, experimentando o terror de um ataque Hutu. É importante também que, mesmo que o jogador não esteja em posição de ser heroico, ele ainda tem um objetivo nobre: salvar a criança".

No começo, o conceito gerado aqueceu a discussão das aulas, e os alunos consideraram mudar para uma outra ideia para seu projeto do semestre. Mas Peter e eu os encorajamos a trabalhar as questões que foram apontadas e focar no objetivo de iluminar esse momento de heroísmo pessoal ou tragédia pelo *gameplay*. Durante o ciclo de desenvolvimento de quinze semanas, tivemos vários conjuntos de testes formais em nosso laboratório de usabilidade. Nos primeiros testes de *Hush*, os jogadores tiveram uma ampla gama de reações. Apesar de as questões de usabilidade serem as de costume, alguns jogadores foram desanimados pela premissa. Ficou claro que os estudantes precisavam deixar mais claros o tom e a intenção de seu jogo – trabalhar tanto em sua expressão de valores quanto no próprio jogo.

A equipe usou os comentários recebidos para polir esses elementos integrados de design, focando no arco da experiência do jogador. Eles introduziram um tutorial que esclarecia tanto a situação dramática quanto a interface do jogo. Eles afinaram o ciclo de *feedback* para estabelecer um senso de consequência mais apertado e adicionaram uma conclusão que deu ao jogador uma ideia do contexto mais amplo para esse incidente específico. No final do processo de desenvolvimento, eles refletiram sobre o jogo que tinham feito: "Os jogos tipicamente colocam seus jogadores em fantasias de 'empoderamento', mas nós pensamos que, neste caso, seria importante para o jogador experimentar a vida de uma pessoa 'desempode-

> rada'... Em *Hush*, você tem pouquíssimo controle sobre os eventos em torno de você. Como a mãe, você deve tomar cuidado com a janela à medida que a violência aumenta: não somente você não pode pará-la; você não tem nem tempo para reagir. Você tem de continuar cantando se quiser manter seu bebê sem chorar. É uma experiência tensa, que gera ansiedade, mas esperamos que os jogadores desenvolvam uma nova empatia por vítimas e sobreviventes do genocídio em Ruanda".
>
> Fazer com que os estudantes reflitam de forma significativa sobre seu próprio trabalho é uma parte importante do ensino de design. Com *Hush* e muitos outros casos que vi, os cartões *Grow-a-Game* deram aos estudantes o ímpeto para envolver valores em seu processo de design e também um contexto para avaliar o que haviam conseguido. Não são os cartões em si que são importantes. Os cartões simplesmente criam pontos focais para o processo de design e promovem discussão em torno deles. Isso gera não só ideias originais, mas reflexão sobre essas ideias – reflexão que vai além de suas possibilidades de *gameplay* na direção de seu posicionamento cultural e potencial expressivo.
>
> Projetar novas mecânicas é uma coisa difícil. Projetar novas mecânicas que incorporem experiências e conceitos difíceis é ainda mais difícil. Mas, em minha experiência, os estudantes de design de jogos de todas as idades e níveis de experiências estão mais do que à altura do desafio. Eles são, de fato, fortalecidos por ele. É encorajador e estimulante ver esses designers lutando para se expressarem na criação de mecânicas de jogo únicas e desenvolvendo hábitos mentais que levam a um processo reflexivo de design.

Os *decks* de papel e as versões digitais do *Grow-a-Game* incluem mais de sessenta cartões de valores. Apesar de os cartões incluírem valores humanos comumente aceitos (como justiça, igualdade perante a lei, liberdade individual e direitos humanos), reconhecemos que o conjunto reflete as perspectivas culturais de seus autores. Valores como sustentabilidade e ambientalismo também aparecem em função das claras expressões de interesse da comunidade de design e do público. Antecipamos que os valores nos cartões continuarão a ser desenvolvidos para refletir contextos culturais e interesses de designers e usuários.

O sistema é adaptativo. Por exemplo, os cartões de valores existentes podem ser trocados em favor de outros mais adequados a costumes sociais, culturais, religiosos, geográficos e linguísticos locais. Adaptações envolvendo conjuntos divergentes de valores salientes ou significados divergentes desses valores podem até mesmo envolver práticas do dia a dia de uma cultura local, como vemos, por exemplo, na modificação de valores de um mapa do metrô de Londres (Figura 8.3). Cartões em branco incluídos em cada *Grow-a--Game* permitem que os usuários modifiquem seus *decks* adicionando valores e jogos que reflitam seus próprios grupos e visões de mundo.

Após o currículo do Values at Play ter sido usado por cerca de um ano, nós entrevistamos professores participantes sobre suas experiências.[4] Docentes notaram que o processo influenciou muito as habilidades de design dos alunos. Eles estavam mais ansiosos para debater sobre design, mais interessados no desenvolvimento de novas mecânicas e menos compelidos a replicar os jogos que conheciam.

Um professor nos Estados Unidos relatou uma aula em particular. Alguém em sua sala tirou o cartão de valor da humildade, que era particularmente significativo para seus estudantes. Humildade é um valor difícil no contexto dos jogos porque muitos posicionam o jogador para ser cada vez mais poderoso, não humilde. É divertido fazer o papel de um detetive inteligente, um guerreiro poderoso ou outro herói, lutando sozinho contra os caras malvados. Essa é uma abordagem geral da indústria de jogos assumida por grandes empresas como a Blizzard, que procura fazer os jogadores se sentirem cada vez mais poderosos. O designer Rob Pardo notou essa ênfase em escala e tamanho nos jogos: "Se algo aconteceu no passado, aconteceu há 10.000 anos. Qual o sentido de se ter 2,5 m de altura? Apenas bote para quebrar".[5] Levar as coisas a um nível exagerado em termos de distância, poder, altura e força tem sido um valor aceito no design de muitos jogos. Um valor como humildade parece inverter essa premissa.

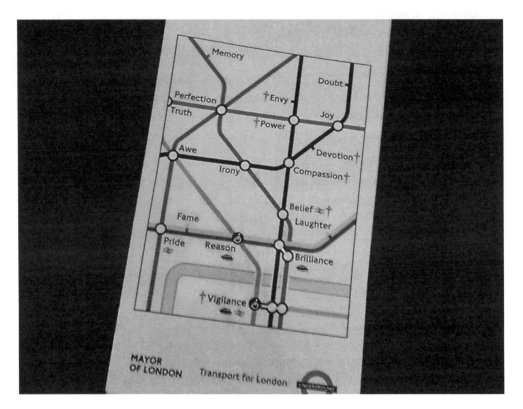

**Figura 8.3**
Versões publicadas do mapa do metrô de Londres brincaram com valores.

### Jogando (e projetando) com valores por meio da modificação de jogos de tabuleiro

Por Celia Pearce, professora associada na Escola de Literatura, Mídia e Comunicação, Georgia Institute of Technology

O jogo de tabuleiro tem sido uma forma cultural ubíqua por séculos. Muitos deles são simulações analógas simplificadas de sistemas do mundo real com regras que transmitem relações causais entre ações e resultados. Como por séculos os jogos de tabuleiros foram essencialmente folclóricos, a maneira como evoluíram no tempo fornece compreensão das mudanças na cultura. Na sua brilhante história feminista do xadrez, *The Birth of the Chess Queen* (2005), Marilyn Yalom descreve a evolução da peça da rainha na mais poderosa do tabuleiro, capaz de andar qualquer distância em qualquer direção. Não foi coincidência que essa nova regra para a rainha tenha surgido durante o reinado da Rainha Isabella de Espanha, uma mulher que exerceu papel instrumental na era da descoberta e da exploração.[a]

Uma vez que a era industrial se instaurou, os jogos de tabuleiro se tornaram mercadorias produzidas em massa que expressavam os valores de certos momentos históricos. O primeiro jogo de tabuleiro a ser lançado nos Estados Unidos, *Manston of Happiness* (1843), modelava valores cristãos como o caminho para uma vida feliz. No começo do século XX, houve uma mudança deliberada de lições de moral para jogos que apregoavam o capitalismo, como *Pit* (Parker Brothers, 1904).[b]

A narrativa canônica nesta história é a criação do jogo *Monopoly*, que começou como *The Landlord's Game* (O jogo do senhorio), o primeiro jogo de tabuleiro a receber uma patente. Criado por Lizzie Magie, ele foi baseado nas teorias do economista radical Henry George e projetado para demonstrar como o sistema de aluguéis enriquecia os senhorios e empobrecia os inquilinos. Após não conseguir um contrato, Magie repatenteou o jogo e o autolançou em várias formas no início dos anos 1930. Ao mesmo tempo, uma porção de variantes populares emergiu, uma das quais era ambientada em Atlantic City. Um homem chamado Charles Darrow modificou ainda mais essa variante, vendendo uma variação numa loja de departamentos da Filadélfia, e por fim vendeu os direitos para a Parker Brothers, que subsequentemente comprou as patentes de Magie e de todas aquelas derivativas para esmagar a competição.[c] *Monopoly* é hoje o jogo de tabuleiro produzido em massa de maior sucesso, com vendas de mais de 275 milhões de unidades por todo o mundo.[d]

A história do *Monopoly* destaca dois aspectos do design de jogos. Primeiro, mecânicas de jogo podem ser usadas para expressar ideias. Magie tinha uma agenda específica – de fato, uma ideologia específica – em mente quando projetou o *Landlord's Game*, e o mesmo foi verdade para muitos de seus predecessores e contemporâneos na indústria dos jogos de tabuleiro. A história do *Monopoly* também demonstra o quanto os jogos são maleáveis e como é fácil alterar seus valores. Eu ensino uma disciplina chamada "Design de Jogos como Prática Cultural" na Georgia Tech e, todos os anos, faço meus estudantes jogarem o *Landlord´s Game* original (eu uso uma impressão em tamanho real da patente original) e a versão-padrão de *Monopoly*. Os alunos invariavelmente concluem que, enquanto o *Landlord´s Game* deixa bem claro a que veio por meio de suas mecânicas de jogo, *Monopoly* é muito mais divertido de jogar. Como alguns apontaram, "é mais divertido ser o bandido". Jogar essas duas variantes do jogo ajuda meus estudantes a entenderem como a modificação pode alterar os valores em jogo.

Esse exercício envolve duas variantes históricas do mesmo jogo, mas a mesma lição pode ser ensinada pela modificação de um jogo de tabuleiro – ajustando as regras existentes seja antes ou mesmo durante a partida. Minha incursão inicial nesse método aconteceu em 2005 na conferência da Digital Games Research Association em Vancouver, onde o coletivo feminino de jogos Ludica ofereceu um *workshop* no qual os participantes recebiam uma variedade de diferentes tabuleiros e peças e lhes era pedido que projetassem novos jogos a partir das peças existentes, apesar de descontextualizadas.[e]

O exercício foi muito bem-sucedido, apesar de ainda não estarmos envolvidos com o aspecto de valores do método.[f] Logo em seguida, entretanto, Tracy Fullerton e eu – nós estávamos entre as cofundadoras do Ludica – fomos convidadas a estar no painel do conselho do Values at Play, e eu comecei a incorporar as questões de valores nos exercícios de modificação.

Nessa época, eu estava trabalhando com um grupo de estudantes no Laboratório de Jogos Experimentais da Georgia Tech, que tinha formado um grupo de interesse especial chamado Playology. Eles se encontravam regularmente para jogar e criticar vários jogos, incluindo tanto jogos de tabuleiro quanto videogames. Nossa primeira tentativa com a modificação de jogos de tabuleiro baseada em valores foi "Have/Have-Not Monopoly".[g]

O jogo surgiu de uma ideia que eu tive de explorar a base fundamental do capitalismo – a posse de capital. Após vários falsos começos com mudanças de regras bastante complexas, finalmente chegamos a uma mudança simples: cada jogador tinha duas peças, uma "ter" e uma "não ter". A peça "ter" jogava com as regras tradicionais do *Monopoly*. A peça "não ter" jogava com as mesmas regras, com duas exceções: ela começava o jogo com $ 100 em vez dos tradicionais $ 1.500 e recebia um salário menor ao passar pelo *Go*. O destino dos "não ter" demonstrou o quanto o capital inicial era importante para o eventual sucesso.

Uma vez, conforme jogávamos, uma das peças "não ter" parou na Baltic Avenue. Como o jogador não tinha ainda gastado seus $ 100 de capital inicial, ele foi capaz de comprar a propriedade e ocupá-la com um prédio. Depois de algumas rodadas, o jogador tinha acumulado mais algum dinheiro por meio dos aluguéis do seu investimento. Mais tarde no jogo, entretanto, ele tirou uma carta que exigia que ele pagasse taxas hospitalares. Como não tinha dinheiro suficiente para pagar a conta, ele foi forçado a hipotecar sua única propriedade. (Esse exercício de jogo aconteceu na primavera de 2007, alguns meses antes do colapso do mercado de imóves e do início da desaceleração econômica. Eventos subsequentes, nos quais centenas de milhares de pessoas perderam seus empregos e casas sob o fardo da dívida, fizeram esse cenário de jogo um tanto profético).

No outono de 2007, a Ludica se juntou a Mary Flanagan para desenvolver uma variante de seu *workshop* de modificação de jogos de tabuleiro de 2005, integrando o Values at Play no processo. O *workshop* aconteceu na conferência da Digital Games Research de 2007, em Tóquio. O objetivo desse exercício era ajustar as regras de jogos de tabuleiro existentes e analisar os seus valores. Os dois jogos usados no experimento foram *Pit*, o clássico jogo de cartas da Parker Brothers sobre comércio de ações, e *The Settlers of Catan* (1995), projetado pelo designer de jogos de tabuleiro alemão Klaus Teuber e lançado no Brasil pela Grow com o nome *Colonizadores de Catan*, que se tornou uma sensação mundial e também foi produzido como jogo *online*. O jogo apresenta um tabuleiro reconfigurável composto de ladrilhos hexagonais que representam uma ilha. O tema principal do jogo é expansão. Os jogadores tentam assumir o controle do tabuleiro coletando recursos e construindo estradas e estruturas. A única peça no tabuleiro quando os jogadores chegam é o "ladrão", um tipo de curinga que é jogado somente quando o número 7 é tirado por qualquer jogador. A pessoa que tira o 7 usa a peça do ladrão para tomar recursos de outros jogadores.

*Settlers of Catan* pareceu paradigmático de uma tendência popular a jogos que promovam o colonialismo. Muitos videogames, incluindo os antigos clássicos *Civilization* (MicroProse, 1991) e os posteriores *Age of Empires* (Ensemble Studios, 1997), têm sido baseados nos temas do imperialismo e do colonialismo. Nós achamos que um jogo de tabuleiro com esse tema era um exemplo interessante para examinar valores nos jogos.

Os participantes do *workshop* discutiram a ironia de a peça "ladrão" ser da cor preta, o que poderia ser visto como uma metáfora para os povos indígenas de Catan. Um dos participantes decidiu ativar o "ladrão" como um personagem controlado por um jogador, mas que usava um conjunto de regras diferente dos outros. O papel principal do ladrão era interferir nas tentativas dos outros jogadores de colonizar as ilhas.

Essas novas versões de *Monopoly* e *Settlers of Catan*, apesar de todas as suas diferenças, compartilhavam uma qualidade importante: ambas traziam à tona a questão da simetria, um dos princípios mais fundamentais do design de jogos. Quase todos os jogos oferecem condições de início idênticas para todos os jogadores, uma maneira de garantir a justiça (uma rara exceção é o jogo *Risk* [Parker Brothers, 1957], no qual os jogadores começam com exércitos de diferentes tamanhos controlando quantidades variáveis de território). O "Have/Have-Not Monopoly" subverteu sutilmente o conceito de condições simétricas de início, e a modificação de *Settlers of Catan* demoliu completamente esse conceito ao criar regras não somente assimétricas, mas também diferentes para um dos jogadores. Ambos os exercícios destacaram como certos sistemas podem favorecer alguns atores sobre outros e como diferentes conjuntos de atores podem também estar jogando com um conjunto diferente de regras – seja sutilmente, como no capital reduzido das peças "não ter", ou mais obviamente, como o ladrão na modificação de *Settlers of Catan*.

Essas modificações também servem para criticar um valor fundamental em quase todos os jogos: a noção de justiça. Jogos, afinal, muitas vezes simulam sistemas – capitalismo, colonialismo – do mundo real. Regras fundamentadas na justiça sugerem que os sistemas que os jogos representam também são inerentemente justos. Como esses dois exemplos ilustram, contudo, muitos sistemas do mundo real de fato não são justos para todos os participantes. Mudando as mecânicas de jogo, o design guiado pelos valores pode fornecer meios poderosos de ilustrar essa injustiça.

**Notas**

a. Marilyn Yalom (2005).
b. Philip E. Orbanes (2003).
c. Orbanes (2003; 2006); Ralph Anspach (2000).
d. Retirado em 3 de julho de 2011 do website da Parker Brothers: http://www.hasbro.com/monopoly/en_US/discover/75-Years-Young.cfm.
e. A Ludica foi fundada em 2005 por Janine Fron, Tracy Fullerton, Jacquelyn Ford More e Celia Pearce. Para mais informações, visite: http://www.ludica.org.uk.
f. Mais tarde, Fullerton e eu serviríamos como usuárias-piloto para o que se tornariam os cartões *Grow-a-Game*. Os exemplos mostrados nesse ensaio, entretanto, foram conduzidos antes do desenvolvimento dos cartões, que, a partir de então, foram integrados ao processo, permitindo que os participantes tirem cartas aleatórias do *deck* para guiar o processo de modificação.
g. O grupo Playology era liderado por dois dos meus estudantes: Clara Fernandez, na época uma candidata ao PhD em Mídias Digitais na NYU; e John Swisshelm, um aluno de graduação em Mídia Computacional que se tornou um designer de jogos profissional, primeiro na Electronic Arts e depois na Naughty Dog. Também participou Matthew Weiss, um graduado do MIT que também foi trabalhar no Gambit Lab.

Usando o cartão humildade do *Grow-a-Game* como inspiração, os estudantes de design discutiram *Shadow of the Colossus* (Sony Computer Entertainment, 2005), um belo jogo para Sony PlayStation reconhecido pela crítica e incomum, com um design inspirado (Figura 8.4). O personagem jogável, um guerreiro de nome Wander, implora a uma figura espiritual que reviva uma garota morta. O espírito o fará somente se Wander puder matar dezesseis Colossos. Esses belos monstros grandes e lentos são híbridos de características arquitetônicas e biológicas. Alguns estudantes disseram que, quando descobriram um Colosso pela primeira vez, eles simplesmente queriam admirar a criatura, e essa fascinação era maior do que a imperativa-padrão de atacar. Essa é uma reação inusitada a um "inimigo" em qualquer jogo digital. Entretanto, a única maneira de prosseguir é Wander atacar. Mas, quando um Colosso é morto, a cena é trágica, não vitoriosa, pois os Colossos não são criaturas más. Após a morte, o "herói" do jogo literalmente se torna uma sombra de si mesmo, ficando cada vez mais magro e com aparência malévola. A morte dos Colossos também liberta um espírito perverso e poderoso de sua prisão. Apesar de parecer se encaixar a princípio no gênero simplista de salve-a-princesa, ele é na verdade um jogo mais perturbador, no qual vencer se mistura com perder em uma escala muito maior.

**Figura 8.4**
Uma cena de *Shadow of the Colossus* (Sony Entertainment, 2005).

Para esses alunos, *Shadow of the Colossus* expressava o valor da humildade porque o objetivo do protagonista (salvar a mulher) acaba sendo prejudicial à segurança do mundo.

Os jogadores, que são deixados com o sentimento vazio de que sua matança não serviu a uma causa justa, percebem que lutar por amor nem sempre significa lutar pelo bem. Essa percepção precisa de humildade.

Os cartões *Grow-a-Game* como um disparador de discussões tiveram um efeito profundo nos estudantes, já que sua percepção da ideia de valores, não somente como restrição, mas como fonte de inovação, se fortaleceu. Foi diferente dos típicos designers novatos, que tendem a encaixar seus projetos dentro de gêneros rígidos (alguns professores poderiam dizer "cansados") e convenções de jogo emprestadas de seus jogos favoritos. Após se envolverem em conversas geradas pelos cartões *Grow-a-Game*, e com o cuidado de um bom professor, muitos desses alunos escolheram trabalhar com valores difíceis como abertura a novas ideias e dignidade. A busca dos estudantes pelos valores com os quais se importavam permitiu que deixassem para trás convenções estabelecidas e criassem designs originais, inventivos e significativos.[6]

## Revisitando o designer conscencioso

Um crescente número de designers gostaria de fazer uma mudança em suas práticas. Alguns perguntaram sobre as características de um designer conscencioso, e como o projeto Values at Play pode contribuir para a prática profissional no estúdio de design e no mundo. Apesar de o *Grow-a-Game* poder facilitar o início de conversas sobre desafios particulares de design, no fim se trata de cada designer parar para refletir sobre seus valores principais e aqueles que estão por trás de seus projetos. Isso, também, é apenas um começo se os designers conscenciosos tiverem esperança de afetar o resultado de um grande projeto de design com *inputs* vindos de muitas e diversas fontes.[7]

Através do curso de nosso projeto, observamos que os melhores designers são tanto apaixonados por design como profundamente preocupados com valores, ainda que muitas vezes não consigam encontrar um lugar para esses valores no estúdio de design. Em nossa visão, a separação entre valores e prática começa cedo: instrutores e empregadores geralmente não pedem que os designers sejam tomadores de decisão responsáveis. Os currículos de ciência da computação ou design a partir dos quais designers e criadores de jogos surgem muitas vezes não preparam adequadamente os alunos para pensarem de forma crítica sobre o processo de design, particularmente em termos de sociedade ou cultura. A menos que eles sejam inspirados por circunstâncias pessoais, designers praticantes geralmente sentem que não é sua responsabilidade intrometer-se em ideias elevadas como valores humanos. Valores são como "coisas filosóficas", não relacionadas aos padrões pragmáticos e testados pelo tempo nos quais os designers de jogos confiam. Mesmo assim, usar o *Grow-a--Game* para trabalhar com estudantes que estão começando a explorar valores em design pode mostrar como os designers podem apoiar valores enquanto também inovam.

Por meio de nosso trabalho, descobrimos, para nosso deleite, que pensar sobre valores realmente leva a ideias mais inovadoras. Trazer os aspectos fundamentais da condição humana para o estúdio de design simplesmente ajuda os designers a fazerem jogos dinâmicos, interessantes e com os quais eles se sintam bem.

**Uma rápida intervenção participativa para entender o Values at Play**

Por Karen Schrier, professora assistente, Departamento de Arte e Mídia, Marist College

Jogos, como todos os sistemas, dispositivos, artefatos, mídias ou outros produtos projetados da sociedade, incorporam valores.[a] Analisar o design de jogos, como outros artefatos, nos dá compreensão sobre nossa própria humanidade – nos ajuda a refletir sobre o que significa ser humano e participar de uma sociedade.[b] Examinar o processo de design de jogos pode potencialmente nos ajudar a dar um passo atrás e entender melhor sobre nossa própria experiência humana construída.

Minha abordagem para essas questões é inspirada em parte pelo currículo do Values at Play, assim como pela minhas próprias pesquisas e práticas de design na interseção entre ética e jogos.[c] Ela tem sido então mais afiada pelas minhas interações com os estudantes da faculdade, que têm compartilhado comigo seus desafios em lidar com o conceito de que os jogos são sistemas *projetados*, nos quais valores sociais, culturais e políticos são incorporados e "transmitidos por meio de características de design".[d]

Um desafio primário é a falta de transparência no processo de design. Os componentes de um jogo, assim como a mecânica de um motor de carro, estão escondidos. Esse fenômeno não é único dos jogos, mas é característico de muitos tipos de experiências mediadas. Na verdade, a de falta de transparência pode até ser necessária já que está entrelaçada com o desejo de um participante em suspender sua descrença. Em outras palavras, para imergirmos integralmente em uma experiência mediada, podemos ter de ignorar o fato de que ela foi projetada.[e] Quando os alunos desconsideram que designers criam jogos, o que acontece é que eles podem ser menos suscetíveis a considerar como aqueles designers e seus valores, tendências, contextos, "crenças e compromissos e treinamento e educação étnica, econômica e disciplinar podem estruturar suas perspectivas, preferências e tendências de design, resultando, no final, em características que afetam os valores incorporados em sistemas particulares".[f]

Outro desafio é a diversa experiência dos estudantes com jogos e as amplamente variadas definições de um jogo. Alguns alunos expressam familiaridade com jogos populares de tabuleiro como *Monopoly* (Parker Brothers, 1934) ou xadrez. Outros definem *Grand Theft Auto* (Rockstar, 1997) ou *Call of Duty* (Activision, 2003) como jogos, mas de alguma maneira excluem Amarelinha e Paciência dessa categoria. Ainda outros vão dizer voluntariamente que jogam *Plants vs. Zombies* (PopCap Games, 2009) ou *Words with Friends* (Zynga, 2009b) em seus dispositivos móveis, mas não os consideram jogos. Além disso, quando perguntados o que pensam quando ouvem "valores e jogos" ou "ética e jogos", a maioria deles cita o vício em jogos, a violência ou o sexismo e menciona jogos específicos como *Fallout* (Interplay, 1997), *Mass Effect* (Microsoft Games Studios, 2007) ou a série *Bioshock* (Irrational Games, 2007), não considerando que "valores são sempre transmitidos nos jogos, por meio de suas características retóricas convencionais (como a história) e de suas mecânicas ou regras".[g] Em outras palavras, valores são também expressos "proceduralmente".[h]

Para abordar esses desafios, projetei o *Trade Off*, um jogo participativo não digital e exercício de reflexão. Eu conduzi sessões do jogo em oito salas de aula diferentes em cinco faculdades diferentes na região do médio-Atlântico, com um público de 20 a 200 estudantes. O jogo é simples, livre, flexível e transparente. Ele pode ser explicado em um minuto e jogado em cerca de dez.

Aqui vai como *Trade Off* é jogado. Primeiro, eu pego três pilhas de objetos distintos da minha casa – cerca de 10 a 75 unidades de cada objeto, dependendo do número de alunos. Eu usei clipes de papel, adesivos de animais, borrachas, peças de Lego, contas grandes e moedas. Uma vez em que estava na estrada, eu peguei três pilhas distintas de folhetos que encontrei no *lobby* de um hotel.

Em seguida, preparo a sala de aula para o jogo. Eu me certifico de que todos os estudantes estejam em uma série de filas. Se existirem cadeiras extras ou espaços livres, eu os preencho movendo os alunos das filas menos povoadas. Eu tento fazer as filas tão compactas quanto possível. Então, distribuo aleatoriamente os objetos para o público – cada pessoa pega apenas um dos três objetos.

Aí eu explico as regras básicas: é permitido trocar seus objetos com os vizinhos imediatos da direita, esquerda, frente ou de trás. Na primeira rodada, os participantes podem também decidir manter seu objeto e não o trocar. Há apenas um objetivo: ser um membro da primeira fila horizontal a ter todos os objetos do mesmo tipo.

Após apenas alguns minutos de caos organizado, uma fila emerge como a vencedora. Eles tipicamente comemoram e levantam seu objeto em harmonia, seja um adesivo de animal, uma conta azul ou uma borracha de boneco de neve.

Na segunda rodada de *Trade Off*, eu mudo uma regra e o objetivo. Desta vez, os participantes podem trocar com seus vizinhos imediatos, mas não podem decidir manter seu objeto. Ao invés disso, eles precisam continuar trocando os objetos, de maneira similar ao "batata quente", mas não podem ficar trocando com o mesmo vizinho. Por exemplo, uma vez que o estudante troca com um vizinho à sua direita, ele tem de trocar agora com um vizinho de trás, esquerda ou frente. Há também um novo objetivo. A fila de adesivos de animais ganhou na primeira rodada? Bem, agora o objetivo é *não* terminar com o adesivo de animal quando eu aleatoriamente gritar "parem". Após alguns minutos de trocas, paro a rodada e peço que aqueles participantes com o adesivo de animal lenvatem as mãos. Ao invés de comemoração, desta vez os participantes com os adesivos estão consternados.

Após a segunda rodada de *Trade Off*, eu peço que os estudantes reflitam sobre as diferenças e as similaridades entre as duas rodadas. Esse processo reflexivo é um passo integral não somente a partir de uma perspectiva pedagógica[j], mas também como parte da fase "Descoberta" da metodologia do Values at Play, na qual designers e jogadores "descobrem que certos valores são relevantes" para um jogo.[j] Durante esse processo, eu guio os alunos conforme eles olham sob o capô do *Trade Off* e exploram meu processo de design e a experiência de jogo resultante – as trocas que fiz no desenvolvimento do jogo, assim como comportamentos, interações e "valores que emergem por meio da especificação das características de design"[k] ou do jogar.

Por exemplo, durante o período inicial de reflexão, os estudantes muitas vezes observaram que, na primeira rodada, os alunos em cada fila colaboraram como uma equipe. Eles formularam, deliberaram e testaram estratégias de troca diferentes; negociaram com outras filas ou "equipes"; e planejaram os movimentos. Na segunda rodada, entretanto, os alunos notaram um estilo muito diferente de jogo, que era muito mais individualisticamente competitivo.

Na segunda rodada, os estudantes notaram que outros comportamentos também emergiram, incluindo a trapaça e o segredo. Apesar da regra de que os participantes precisavam se manter trocando, alguns participantes seguraram seu não adesivo de animal ou se recusaram a trocar com participantes que tinham o adesivo de animal. Aqueles com o adesivo de animal algumas vezes lançaram mão de esconder seu objeto na palma da mão até a troca se completar, deixando uma surpresa desagradável na mão de seu vizinho. Muitos dos que terminaram com o adesivo de animal na segunda rodada explicaram que se sentiram desamparados e envergonhados, mesmo tendo vencido a rodada anterior com o mesmo adesivo.

A experiência de jogo da primeira rodada era semelhante ao que os sociólogos de redes sociais poderiam chamar de comunidade *Gemeinschaft*, caracterizada por cooperação e cuidado. Na segunda rodada, ela mudou para uma comunidade *Gesellschaft*, caracterizada por individualismo e corrupção. Assim, comportamentos e valores particulares emergiram ou foram recompensados com base no uso de uma regra ou objetivo *versus* a outra.

Os estudantes também observaram uma diferença em como eles viram os objetos que trocaram. Na primeira rodada, cada objeto tinha valor igual até a equipe decidir qual iriam coletar. Na segunda rodada, um dos objetos era arbitrariamente desvalorizado pela mudança de regra. O propósito desse contraste é afastar a conversa de questões sobre adesivos de animais, contas azuis ou qualquer outro objeto serem inerentemente melhores ou piores e mostrar como um sistema de jogo, por meio de seu design, atribui valor a um objeto, e que isso afeta o que nós valorizamos quando jogamos.

Finalmente, eu coloco esta questão para os estudantes: o que aconteceria se alterássemos outros espectos do design? Por exemplo, como os valores seriam incorporados e transmitidos diferentemente se os objetos que trocássemos fossem fotos das pessoas que conhecemos? E se, em vez de contas e adesivos de animais, trocássemos fotos de colegas de classe ou funcionários? E se, na primeira rodada, os participantes precisassem coletar todos os colegas de classe com mesma inicial, a mesma cor de cabelo ou a mesma etnia? O que aconteceria na segunda rodada, quando uma inicial, uma cor de cabelo ou uma etnia fosse subitamente proibida? Enquanto a mudança de regra afetaria diretamente o valor daquela categoria em particular dentro dos limites do "círculo mágico" do jogo, também afetaria seu valor fora do jogo?

Apesar de duvidar que qualquer participante do *Trade Off* seja hoje tendencioso contra adesivos de animais, a questão ajuda a ilustrar como os jogos, assim como quaisquer outros sistemas – políticos, culturais, sociais –, podem designar valores arbitrariamente a diferentes construções (seja um item de moda, comportamento social ou prática tecnológica), o que, por sua vez, afeta como aqueles vivendo no sistema percebem e interagem com essas construções. Assim, por meio desse processo de reflexão, os alunos iniciam um discurso sobre valores em jogos, assim como em sistemas sociais maiores.

Finalmente, e de maneira importante, os estudantes percebem que eu não tinha de projetar o *Trade Off* dessa maneira e que haveria quase uma infinidade de outras maneiras de projetar esse sistema. Para enfatizar ainda mais esse conceito, após as reflexões iniciais sobre o *Trade Off*, eu peço que os alunos cocriem novas versões do jogo. Isso se relaciona à segunda etapa da metodologia Values at Play: aquela inicial de "traduzir aqueles valores em características de design"[1] e usar isso para moldar a experiência do jogo. Por exemplo, os estudantes ofereceram sugestões para as rodadas seguintes: eles designaram pontuações diferentes para os objetos; exigiram que as filas coletassem conjuntos de objetos em vez de um objeto; decidiram que alguém que fosse pego escondendo um objeto por mais de alguns segundos seria tirado do jogo; ou deram bônus extras para aqueles participantes no final de uma fila, já que observaram que eles tinham (injustamente) menos parceiros de troca em potencial.

Para cada nova regra, meta ou mecânica, os alunos não só discutiam as possíveis trocas nos valores, mas também *experimentavam-nas* ao jogar *Trade Off* com as novas regras. Isso se relaciona ao passo três da metodologia Values at Play: testar o processo de tradução em design para iterativamente "verificar se o conteúdo dos valores no jogo está conforme o pretendido".[m] Da mesma forma, após cada rodada de codesign iterativo,[n] os participantes refletiam novamente sobre como eles interagiam de modo diferente baseados na regra, como o balanço dos valores era alterado ou quais valores as novas regras, e subsequentes experiências de jogo, incorporavam. Como o jogo é rápido, era crucial ter um tempo de reflexão entre as rodadas, o que dava aos estudantes a chance de considerar, algumas vezes em retrospectiva, o que eles não tinham tempo de processar durante o *gameplay*. Por exemplo, após jogarem uma rodada de *Trade Off* com a nova regra de que esconder um objeto por muito tempo resultava em expulsão, os alunos notaram que o ato de trocar rapidamente se tornava mais valioso do que pensar sobre estratégias de troca. Eles também observaram que se sentiam mais ansiosos porque nem sempre conseguiam encontrar alguém para trocar imediatamente. Alguns estudantes também perceberam que podiam fazer com que alguém fosse removido – especialmente aqueles nos finais das filas – impedindo-os de trocar com outros e intencionalmente evitando trocar com eles. Assim, novas interações e valores emergiram com mais uma ligeira mudança de regra.

O processo inteiro, incluindo introdução ao conceito, *gameplay* do *Trade Off*, designs iterativos e práticas reflexivas, durava tipicamente entre 60 e 90 minutos no total.

Meu objetivo é que os estudantes que participam do *Trade Off* comecem a abordar jogo e design de maneira diferente. Concomitantemente, a esperança é que, primeiro, os participantes levantem o capô dos jogos subsequentes e explorem como os valores estão incorporados em seu design; segundo, que os alunos se sintam mais empoderados a projetar seus próprios jogos e reflitam iterativamente sobre como suas próprias perspectivas, tendências e valores são incorporados no seu design; e terceiro, que eles comecem a explorar como todos os sistemas projetados incorporam valores. Jogos, e outras experiências projetadas, podem oferecer uma janela necessária para enxergar como outros sistemas, como culturais ou políticos, também podem afetar como interagimos com outras pessoas e instituições ou valorar certos objetos, papéis ou comportamentos diferentemente.

**Notas**

a. Mary Flanagan et al. (2005b; 2007).
b. Karen Schrier (2011b).
c. Values at Play Team (2007); Karen Schrier e David Gibson (2010, 2011); Schrier (2011a).
d. Values at Play Team (2007).
e. Henry Jenkins et al. (2006); Schrier (2005).
f. Values at Play Team (2007).
g. Values at Play Team (2007).
h. Ian Bogost (2007).
i. Por exemplo, Tony Ghaye (2011).
j. Values at Play Team (2007).
k. Values at Play Team (2007).
l. Values at Play Team (2007).
m. Values at Play Team (2007).
n. Eric Zimmerman (2003).

**Conclusão**

À medida que desenvolvíamos a abordagem Values at Play, conduzimos estudos, participamos de *workshops* e colaboramos com professores que têm aplicado essas técnicas em salas de aula por todo o mundo. Esses professores modificaram o currículo de várias maneiras para adaptá-lo a seus estilos particulares de ensino, o contexto da sala e as necessidades de seus estudantes. É como deveria ser. O Values at Play pretende ser um arsenal flexível de ferramentas para qualquer um que esteja interessado em assumir e ensinar valores seriamente.

Observar o Values at Play liberar energia criativa em designers talentosos, desde os recém-formados aos veteranos experientes, nos convence de que é um recurso para induzir o bom design em todos os sentidos da palavra. Confira o website do Values at Play para exemplos do que acontece quando designers talentosos incorporam valores em seus trabalhos. A melhor evidência de que o Values at Play funciona está nos jogos inovadores que nossos métodos ajudaram a produzir. Diga-nos o que você acha. O ciclo de iteração continua.

## 9  Reflexões sobre o Values at Play

Nós moldamos nossas ferramentas
e depois disso nossas ferramentas nos moldam.

Marshall McLuhan, *Understanding Media* (2003)

Conversamos há não muito tempo com Jan,[1] um ex-estudante que agora trabalha como designer de níveis em jogos AAA – jogos *blockbuster* com grandes equipes e orçamentos gigantescos. Ele começou sua carreira de design na faculdade trabalhando em um jogo para ajudar garotas do ensino fundamental a se envolverem mais com ciências e seguiu trabalhando em várias empresas, fazendo jogos de esporte populares e, mais recentemente, *shooters* em primeira pessoa.

Jan nos contou que, atualmente, está na equipe de design de um moderno *shooter* em primeira pessoa militar. Em uma sessão de *brainstorm*, todos os criativos – designers de níveis e de jogo, diretores de arte, entre outros – estavam animadamente propondo mudanças inusitadas à narrativa da batalha, que ainda lhes parecia chata e desinteressante. Kyle, um colega de Jan, propôs que o personagem jogável fosse caracterizado como um homem negro, ainda uma novidade para o gênero. Ideias voavam por todos os lados enquanto a equipe tentava criar uma história pregressa para o personagem. Bart sugeriu que, para colocar o jogador em um território desconfortável, o personagem jogável deveria ter de tomar parte em um estupro. O personagem poderia estar sob pressão dos seus colegas para se encaixar estuprando uma mulher na frente deles.

Algumas pessoas na equipe acharam a ideia brilhantemente tensa ou mesmo engraçada. Jan, por outro lado, sentiu repulsa. Apesar de ele não ser um dos membros sênior da equipe, ele argumentou que os jogadores não deveriam ter de experimentar o jogo como estupradores. O fato de o personagem ser caracterizado como afrodescendente trouxe outra camada perturbadora. Jan colocou várias questões a seus colegas. O que esse jogo diz sobre estupro? Que é um ritual de passagem para a masculinidade? Que os inimigos merecem ser estuprados? Esse jogo está criando um cenário para a covardia ou para o heroísmo? Um jogo com tal mecânica poderia encorajar o estupro no mundo real? Aquela questão final trouxe silêncio ao grupo. "É apenas um jogo" um colega resmungou.

"Eu me livrei do estupro totalmente, graças a Deus" Jan nos disse, "mas não pude fazer nada sobre o enforcamento". O design do jogo, que estava ainda em andamento na época de nossa conversa, mostrava o personagem afrodescendente sendo enforcado no terceiro quarto do jogo. "A ideia é chocar o jogador e fazê-lo se recuperar, como se estivesse realmente lá" disse Jan. "Eles precisam assumir outro papel." Ele ficou profundamente incomodado por estar trabalhando nos componentes – níveis que ele amava criar – em um jogo que, mais tarde, mostrava o linchamento de um homem negro.

Cerca de seis meses depois de nossa conversa inicial, vimos Jan na festa de lançamento do jogo, e ele nos falou mais sobre o trabalho. A equipe de design decidiu mudar a etnia do personagem principal e tornar o líder da milícia local – um grupo aliado do personagem jogável – em um homem afrodescendente. "As pessoas do marketing ficaram incomodadas com um herói negro" Jan observou. Mas o personagem negro foi linchado por invadir as forças do inimigo de qualquer maneira: "O *mo-cap* já havia sido feito". Jan nos puxou de lado e disse em voz baixa: "Eu queria não ser tão 'vendido'. Eu gosto do jogo, mas ele podia ser tão melhor. E me sinto culpado ao fazer coisas que acredito estarem erradas".

A exposição de Jan ao design consciencioso permitiu que ele fizesse à equipe de design algumas questões centrais, e ele trouxe temas abrangentes sobre valores ao espaço de design. Entretanto, ele era apenas uma voz entre muitas e, apesar de ter tido sucesso em persuadir a equipe a se livrar do estupro, a cena de linchamento se manteve.

A história de Jan resume a promessa e as limitações do Values at Play. E se mais pessoas na empresa de Jan tivessem experiência em analisar o conteúdo de valores dos jogos? E se todos soubessem que "é somente um jogo" deprecia o ato de criar jogos e nega o poder que eles têm de refletir e moldar nossa cultura? Ver esse potencial para provocar mais conversas informadas sobre o mundo dos jogos digitais, seu signifcado e design de tecnologia nos levou a escrever este livro.

O Values at Play pode melhorar os padrões éticos de uma indústria? Destacar os valores em jogos existentes é um começo, mas nossa esperança é que a conversa continue nos espaços que Jan habitou – salas de aula, laboratórios e empresas onde os jogos estão sendo desenvolvidos. Como mostramos, jogos incorporam muitos valores diferentes. E sim, alguns desses valores são problemáticos. Mas expandir o quadro emergente de designers conscienciosos é algo que pode ser feito pessoa a pessoa e forja um passo importante na direção do design consciente de valores. O vocabulário e a heurística do Values at Play são para designers, que podem ser poderosos agentes de mudança.

O Values at Play é uma estrutura social, filosófica e técnica que tenta situar e integrar valores no processo de design de jogos. Jogos são artefatos tecnológicos criados por pessoas cujos julgamentos são tirados de suas próprias experiências sociais e local de mundo. As decisões centrais de design estruturam como os jogadores experimentam o mundo do jogo e refletem as considerações de valores, conscientes e inconscientes, dos designers e seu entendimento de "como o mundo funciona". Como Marshall McLuhan escreveu, "Novos ambientes tecnológicos são comumente fundidos nos moldes da tecnologia precedente a partir da pura inconsciência de seus designers".[2] Chegou a hora de ser mais consciente.

Ter consciência de que os valores estão em jogo é um primeiro passo necessário, mas não é o bastante. O artista ambiental Robert Smithson disse: "Quando uma obra finalizada de escultura do século XX é colocada em um jardim do século XVIII, ela é absorvida pelo ideal de representação do passado, reforçando dessa maneira valores sociais e políticos que não estão mais conosco",[3] pelo qual ele queria dizer que nossas obras de arte são específicas de seu contexto e herdam valores do passado de seu gênero e seu contexto atual. O significado social de um objeto pode ser perdido, tirado de contexto ou colocado em um novo contexto. Jogos digitais também se referem a sua própria história, mesmo com as mudanças radicais que os desenvolvedores *indie* trazem para a comunidade *gamer* e com os jogos de impacto emergentes que mostram a variedade de coisas que os jogos podem ser e fazer. Representação desigual ou injusta, violência e histórico de discurso de ódio em jogos *online* são agora parte dessa história, e romper com esse passado ou construir a partir dele requer esforço consciente.[4] Ser um designer consciencioso significa entender essa história e mudar o objeto à sua frente (seu próprio jogo) e a cultura na qual ele vai prosperar.

Levar valores em consideração significa aceitá-los como uma dentre muitas restrições de design. Com base em nossas experiências, a maior necessidade dos designers conscienciosos tem sido identificar uma maneira sistemática de abordar os valores. O design de jogos é uma atividade iterativa que requer que equipes de design tomem muitas decisões no caminho do conceito até a finalização. Essas decisões frequentemente envolvem muitas partes com interesses próprios, e priorizar valores é uma maneira de unir esses grupos. Aqueles que investem tempo em pensar sobre valores devem trabalhar no processo de descoberta desses valores, implementá-los em elementos de jogo e verificá-los junto a outros padrões. Essas três atividades – descoberta, implementação e verificação – são empregadas nas etapas de ideação, design, programação e controle de qualidade. O *software* deve ser efetivo, eficiente, atraente, fácil de usar e livre de *bugs*, mas também deve trabalhar na promoção dos valores das sociedades e culturas que o circundam, incluindo liberdade, comunidade, inclusão, igualdade, privacidade, segurança, criatividade, confiança e autonomia pessoal.

Em nossas experiências, tanto com público profissional como estudantil, aprendemos que pensar sobre valores ajuda designers a fazerem jogos mais introspectivos, envolventes e inovadores. O Values at Play encoraja os designers a fazerem questões como as seguintes: "Enquanto comunidade de criadores – designers, programadores, escritores, artistas, alunos, professores, profissionais de marketing, gestores –, podemos fazer jogos melhores?", "As pessoas ficarão melhores com os jogos que são feitos?", "Os jogos podem nos ajudar a resolver grandes problemas?", "Os jogos podem nos ajudar a sermos pessoas melhores?".

A inovação chega não simplesmente examinando, mas priorizando o humano. Pensar profundamente sobre valores ajuda a nos tornarmos conscientes do que está em cena em nossos jogos e jogar. Como disse o poeta romano Ovídio: "Em nosso jogar revelamos que tipo de pessoa somos".

# Notas

Nota das autoras: quaisquer entrevistas sem atribuição são entrevistas recentes com aqueles que trabalham ativamente na indústria de jogos dos Estados Unidos. Nomes foram trocados para proteger suas identidades, visto que essas discussões no trabalho podem não ser bem-vindas e mesmo hostis. Nossa esperança é que, com a ajuda deste livro, tais conversas possam ser iniciadas de uma maneira mais aberta e pública com membros de equipe, lideranças da empresa e outras partes interessadas.

**Introdução ao Values at Play**

1. Kevin McCullogh (2008).

2. Kevin McCullogh (2008).

3. A literatura sobre os efeitos das mídias revela a natureza limitada desses argumentos, mas é provável que muitos telespectadores de noticiários de televisão não estejam familiarizados com as pesquisas sobre os efeitos estabelecidos das mídias (veja Baran e Davis, 1995; Cantril, 1971; Croteau e Hoynes, 2003; Gitlin, 1978; Katz e Lazarsfeld, 1955; Lazarsfeld e Merton, 1948). Metanálises recentes revelam conexões entre violência nos videogames e agressão e empatia reduzida (veja Anderson et al., 2010).

**1  Base para os valores nos jogos**

1. A gama de escolhas nos jogos e as várias profundidades de interação disponíveis têm sido tema de pesquisa de muitos estudiosos. Espen Aarseth (1997) fala sobre essas complicações em *Cybertext: Perspectives on Ergodic Literature*, e estudiosos de cinema como Dana Polan (2009) afirmam que o cinema moderno e a televisão têm se tornado essencialmente quebra-cabeças assim como narrativas. O conhecido trabalho de Janet Murray (1998) sobre a atividade do jogador nos oferece importantes *insights*. Jesper Juul (2005) e Ian Bogost (2007) exploram as sutilezas dos jogos e seus significados.

2. Lev Manovich (2002).

3. A imediação intensificada dos jogos é tida como algo certo no discurso dominante e por muitos jogadores, mas os efeitos da ação do jogador ainda não são profundamente apoiados nos estudos de psicologia. Existe um paradigma clássico de pesquisa no qual a pessoa escreve um ensaio, faz um discurso ou defende um argumento escolhido aleatoriamente (como o financiamento do transporte público deve ser cortado, ou o alcóol deve ser taxado). O ato de construir o argumento começa um processo inconsciente que resulta no desenvolvimento de uma atitude mais favorável sobre o argumento (embora a pessoa tenha escolhido arbitrariamente o argumento, e o escritor possa não ter concordado com o argumento no início do experimento). Essa é uma das razões pelas quais os

operadores comunistas nos campos de prisioneiros norte-vietnamitas forçaram prisioneiros de guerra americanos a escreverem ensaios denunciando o capitalismo: além de usar os ensaios como propaganda vitoriosa, eles esperavam que escrever o texto pudesse levar os prisioneiros a endossarem a posição. E é por isso que líderes religiosos podem pedir que as pessoas rezem mesmo que não acreditem em Deus: se as pessoas repetirem as palavras das orações, seu cérebro inconsciente pode levá-las a acreditar nessas palavras. Se tentamos aplicar essas descobertas aos jogos, entretanto, a situação se torna mais complicada. Se os jogadores assassinam civis inocentes em *Grand Theft Auto* (Rockstar Games, 1997), seus inconscientes concluirão que assassinato é aceitável? Essa conclusão presume que, em algum nível, o jogador confunde videogame com realidade.

4. Janet Murray (1998, p. 143).

5. Isaiah Berlin (1991, p. 12).

6. Robert E. Goodin (1982).

7. Langdon Winner (1986, p. 22).

8. Charles Taylor (2003).

9. Ruth Benedict (1993).

10. Milton Rokeach (1973).

11. Richard L. Gorsuch (1970). Veja uma crítica dos valores de Rokeach em Russel A. Jones, John Sensenig e Richard D. Ashmore (1978). Veja o desenvolvimento dos valores de Rokeach em Gorsuch (1970) e Valerie Braithwaite e Henry G. Law (1985).

12. Dessas três classes, Shalom Schwartz e Wolfgang Bilsky (1987; 1990) derivaram oito domínios motivacionais de valores – apreciação, segurança, poder social, conquista, autodireção, conformidade pró-social e restritiva e maturidade. Eles também identificaram dois fatores adicionais (vetores) – interesses (coletivos ou individuais) e objetivos (terminais ou instrumentais) – aos quais esses valores servem. Estudos comparativos de israelenses e alemães revelaram relações similares entre os fatores identificados por eles. Nos anos 1990, Schwartz e Bilsky aplicaram sua teoria a dados de Austrália, Finlândia, Hong Kong, Espanha e Estados Unidos, revelando um conjunto similar de valores motivacionais que eles depois organizaram nessas categorias – autoconfiança (autodireção e maturidade), autoaprimoramento (conquista e apreciação) e relações eu-outro (segurança, conformidade restritiva e pró-socialidade). Uma nova revisão feita por Schwartz (1994) rendeu uma lista que inclui poder, conquista, hedonismo, estímulo, autodireção, benevolência, tradição, conformidade, universalismo, segurança e espiritualidade.

13. A incorporação de valores sociais na tecnologia tem sido discutida em uma influente linha de trabalhos que inclui os escritos de Lewis Mumford na década de 1960 sobre "técnicas" democráticas e autoritárias e "Do Artifacts Have Politics?" (1986) de Langdon Winner. Os trabalhos que abordam a política na e da tecnologia se estendem por várias disciplinas, incluindo leis de informação, filosofia da tecnologia, estudos da ciência e tecnologia, história da ciência e tecnologia, estudos de inovação, estudos de mídia e estudos de interação homem-computador (IHC) e de usabilidade. Cada um desses campos absorveu a ideia à sua própria maneira, expressando-a em seu próprio vernáculo e integrando-a em suas controvérsias fundamentais. Em estudos de ciência e tecnologia, a literatura de pesquisa reflete um debate corrente sobre o grau no qual os resultados sociais são uma função da tecnologia, são temperados por fatores contextuais ou são totalmente "socialmente construídos". Na filosofia da tecnologia, a questão da presença de valores ou política *na* tecnologia anima um debate sobre a possibilidade de sistemas técnicos ou dispositivos serem considerados agentes autônomos. Um conjunto análogo de preocupações que divide os estudiosos das leis de informação (de múltiplas

maneiras) é se a tecnologia é capaz de operar de maneira autônoma em desafio à política ou se é o instrumento de e está sob controle total da política. Para debates em estudos de ciência e tecnologia, veja Steve Woolgar (1991), Langdon Winner (1986), Bryan Pfaffenberger (1992), Donald Mackenzie e Judy Wajcman (1985), Bruno Latour (1992) e Philip Brey (2010). Para filosofia da tecnologia, veja Don Ihde (1998), Peter-Paul Verbeek (2005), Albert Borgmann (1984) e Lucas Introna (2003).

14. Proponentes de valores no design frequentemente usam a noção de *affordance* de James Gibson (1986), popularizada por Donald Norman (1989) em sua obra sobre usabilidade. Eles afirmam ou demonstram em variados graus de rigor que uma característica técnica particular proporciona um certo valor – anonimato, por exemplo, proporciona maior liberdade de expressão do que, digamos, total identificabilidade. Embora muitos trabalhos interessantes tenham emergido a partir dessa abordagem, há mais a se fazer no desenvolvimento de análises de casos específicos e na teorização da relação de *affordance* nesse contexto. Para mais sobre esse tópico, veja James Gibson (1986), Donald Norman (1989), Madeline Akrich (1992), Pippen Barr, James Noble, Robert Biddle e Rilla Khaled (2006), Philip Brey (1997), Mary Flanagan, Daniel Howe e Helen Nissenbaum (2005a, 2005b), Bruno Latour (1992), Donald MacKenzie e Judy Wajcman (1985), Langdon Winner (1986) e Leslie Kanes Weisman (1992).

15. Cory Knobel e Geoffrey C. Bowker (2011), Jean Camp (2002) e Batya Friedman, Peter Kahn e Alan Borning (2006, 348-72).

16. Carl Disalvo (2010), Paul Dourish (2001), Kirsten Boehner, Rogério DePaula, Paul Dourish e Phoebe Sengers (2007), Philip Brey (2012) e Tyler Pace, Shaowen Bardzell e Geoffrey Fox (2010).

17. Qualquer análise desse tipo em camadas ou elementos componentes (como fizemos no Capítulo 3) é sempre um movimento analítico, e, para qualquer jogo (ou artefato) dado, as interdependências são completas e essenciais. Veja, por exemplo, os trabalhos de Marshall McLuhan (2003) e Neil Postman (1980; 1986; 1990; 1998).

18. Veja Matteo Bittanti e Mary Flanagan (2003) e Mary Flanagan (2009).

19. Jim Reilly (2011).

20. Outras pesquisas notáveis relacionando ética a jogos incluem *The Ethics of Computer Games* (2009) de Miguel Sicart, os ensaios de José Zagal sobre ética nos jogos (Murphy e Zagal, 2011) e as coleções editadas de Karen Schrier e David Gibson (Schrier e Gibson, 2010; 2011).

21. Karen Schrier e Miguel Sicart (2010).

22. Um dos *insights* de Donald Schön (1984) é que resolver problemas envolve profundamente a criatividade. Outro *insight* é que existem semelhanças em uma série de profissões aparentemente díspares, incluindo arquitetura, engenharia, planejamento urbano, gestão e psicoterapia (e, por extensão, programação e design de jogos). Observar os hábitos do pensamento de design pode nos ajudar a entender as semelhanças compartilhadas por vários desafios profissionais.

## 2  Revelando o Values at Play

1. Marshall McLuhan (2003, 176).

2. A conexão entre valores e esporte foi depois conceitualizada como um sistema de bens internos (valores como cooperação e trabalho em equipe) e externos (altos salários, patrocínios e fama). Contudo, esses bens podem mudar de acordo com a experiência interpretativa de *gameplay* do jogador ou espectador. Para uma discussão completa sobre bens internos e externos no esporte, veja Maartje Schermer (2008) e Alasdair MacIntyre (1985).

3. Em 1996, as mais antigas versões neolíticas da mancala foram desenterradas na Jordânia durante a descoberta Beidha. Elas foram datadas de aproximadamente 6900 a.C. Em 1989, a escavação de 'Ain Ghazal (Jordânia) datou um jogo de tabuleiro de aproximadamente 5800 a.C. (Rollefson, 1992). Outro jogo antigo de mancala, encontrado no Irã ocidental, data de aproximadamente 6300 a 5900 a.C. O arqueólogo Gary Rollefson (1992) argumenta que esses achados provam que as pessoas do neolítico tinham tempo de lazer e um interesse em jogos de azar. Outras variações da mancala por todo o mundo são conhecidas como awari, oware, warri, sungka, gebeta, qarqis, bao, pallanguli e matara.

4. James Mielke (2005a, 2005b).

5. Veja, por exemplo, a discussão sobre *Ico* que aconteceu no Sony PlayStation Forum (community.eu.playstation.com) e Bernard Perron e Mark J. P. Wolf (2009, 98).

6. Edge Staff (2011).

7. A passagem completa de Johan Huizinga (1955, 10) é a seguinte: "Todo jogo se processa e acontece em um terreno de jogo demarcado antecipadamente, seja material ou idealmente, de modo deliberado ou como algo natural. Assim como não há diferença formal entre jogo e ritual, do mesmo modo o 'local consagrado' não pode ser formalmente distinguido do terreno de jogo. A arena, a mesa de carteado, o círculo mágico, o templo, o palco, a tela, a quadra de tênis, a corte de justiça etc., são todos terrenos de jogo em forma e função, ou seja, locais proibidos, isolados, fechados, sagrados, em cujo interior se respeitam determinadas regras. Todos eles são mundos temporários dentro do mundo normal, dedicados à performance de uma ação excepcional".

8. Dave Cook (2010).

9. Ibid.

10. Friedrich Nietzsche (1886).

11. Chris Kohler (2007).

12. IGN (2002).

13. Mikel Reparaz (2011).

14. Tom Cheshire (2011), "In Depth: How Rovio Made *Angry Birds* a Winner (and What's Next)", *Wired*, 7 de março, http://www.wired.co.uk/magazine/archive/2011/04/features/how-rovio-made-angry-birds-a-winner.

15. O site do Facebook para o *FarmVille*, acessado em setembro de 2010. Dados sobre o pico foram incluídos em Oliver Chiang (2010). O antecessor do jogo, *Farm Town*, foi desenvolvido em 2009 por Slashkey, também para redes sociais (Facebook e MySpace). As diferenças entre os jogos são pequenas em termos de interação na fazenda e metáforas sobre a natureza.

16. O jogador Amitesh Mondal alcançou 43.035 em 2011, mas o jogo somente consegue mostrar 21.560 níveis. Seu mundo é altamente detalhado, e sua pontuação se tornou um meme da internet. Seu sucesso, entretanto, envolve a exploração do sistema de jogo. Veja em http://www.youtube.com/watch?v=fS3_5khtPNs.

17. Nick Wingfield (2011).

18. Simon Parkin (2010).

19. Ian Kerr (2010).

20. Joel Penney (2010).

## 3 Elementos dos jogos: a linguagem dos valores

1. Mary Flanagan, Daniel Howe e Helen Nissenbaum (2008).

2. Staffan Bjork e Jussi Holopainem (2005); Tracy Fullerton, Christopher Swain e Steven Hoffman (2008).

3. Para a pesquisa do Values at Play, veja Jonathan Belman e Mary Flanagan (2010) e Jonathan Belman, Mary Flanagan, Helen Nissenbaum e Jim Diamond (2011). Outras abordagens formais para detalhar os elementos do design de jogos que informam esta obra incluem aqueles por Staffan Bjork e Jussi Holopainen (2005), Robin Hunicke, Marc LeBlanc e Robert Zubek (2004), Fullerton et al. (2008) e Katie Salen e Eric Zimmerman (2003). Tanto tem sido escrito sobre os elementos da narrativa em particular que é difícil resumir essas abordagens aqui. Mais recentemente, David Herman (2009) discute os elementos *cross-media* básicos da narrativa como "situacionalidade", "sequência de eventos", "construção/ruptura de mundos" e "como é" (ou estética/ambiente). Na definição de nossos elementos de jogo, combinamos esses e usamos as possibilidades adicionais de nossas próprias pesquisas e das de outros pesquisadores, como seguem: situacionalidade (premissa narrativa, ponto de vista, personagens), sequenciamento de eventos (ações em um jogo, escolhas do jogador, estratégias, pontuação), construção/ruptura de mundo (mapa de jogo, regras de interação com personagens não jogáveis e com o ambiente), e "como é" (*hardware* e *engine*, contexto de jogo, interface e estética).

4. Para mais sobre tipos de empatia em jogos, veja Jonathan Belman e Mary Flanagan (2009, 5-15).

5. Miguel Sicart (2009).

6. Ian Bogost (2007, 31).

7. Para mais sobre o New Games Movement, veja Andrew Fluegelman (1976).

8. Celia Pearce, Tracy Fullerton, Janine Fron e Jacquelyn Ford Morie (2007, 266).

9. Veja Muzafer (1961).

10. Pearce et al. (2007).

11. Winterfuchs, "Poll: Have You Ever Cried/Teared Up during *Journey*?", thatgamecompany Forum, 2 de abril de 2013, http://www.thatgamecompany.com/forum/viewtopic.php?f=11&t=3105.

12. Para mais sobre a repaginação como um ato criativo e político nos jogos, veja Mary Flanagan (2009).

13. Mike Ward (2000).

14. Muitos acadêmicos assumiram "estudos de plataforma" para observar as possibilidades dos consoles. Para exemplo, veja Nick Montfort e Ian Bogost (2009).

15. Os primeiros jogos *multiplayer* (com mais de dois jogadores) inluem o pouco conhecido jogo da Atari *MIDI Maze*, que se tornou *Faceball* (Bulletproof Software, 1991) para Game Boy e Super NES. *Quake* se assemelha mais ao *single-player Wolfenstein 3D* (id Software, 1992) e a *DOOM* (id Software, 1993), que permitia quatro jogadores simultâneos via rede local. *DOOM* estabeleceu um alto padrão para a criação de visões em primeira pessoa e a violência em jogos.

16. Veja http://fatuglyorslutty.com e http://www.NotintheKitchenAnyMore.com.

17. NBC (2011).

18. Veja postagens como esta em <http://www.gosugamers.net/dota/news/14990-tipson-girl-gamin>. Para um exemplo mais extenso, leia a postagem de Aga Aquino sobre mulheres jogando *DoTA*, onde

ele observa que, enquanto estava documentando fotografias "adultas" em seu trabalho em um *cyber café*, "sete garotas chegaram e não para abrir o Facebook e jogar outra monstruosidade da *Zynga*, mas..., de todas as coisas, *Defense of the Ancients (DOTA)*. ... Eu já estava falando para mim mesmo: 'OK... isso é esquisito'. Eu tenho algumas amigas e conhecidas que são ávidas jogadoras de *DOTA*, mas por que isso pareceu tão estranho para mim? Sim, bem, eu tenho pensamentos intolerantes, eu admito, e é por isso que eu tenho esse ódio irracional por coreanos". Depois, ele celebra seu preconceito, observando que "preconceitos estão lá porque eles compõem a história de nossa individualidade e tentar alterar isso é simplesmente malvado". Do blogue Lighterdarkerside, http://thelighterdarkerside.blogspot.com/2011/03/35-girls-who-play-dota-about-strength.html. Para uma consideração em primeira pessoa desse material, veja a postagem feita por "Clementine" e os comentários associados em http://www.tiltfactor.org/dota-2-while-female. Note que a palavra "assédio" é parte da tática de *gameplay* usada no jogo, muitas vezes por meio dos feitiços lançados em inimigos.

19. Owen Good (2011).

20. Ibid.

21. G4 (2009).

22. Jason Ocampo (2009).

23. Gamespot (2009).

24. Willie Jefferson (2009).

25. Jim Sterling (2009).

26. Richard K. James e Burl E. Gilliland (2008, p. 590) notam que "lendas rurbanas e boatos, a desgraça de qualquer desastre, corriam desenfreados em Nova Orelans" e que "a geografia da pobreza" põe em perigo as pessoas desprivilegiadas que não podem física ou financeiramente se realocarem.

## 4 Visão geral da heurística

1. Nós agradecemos a pensadores do design como Donald Schön, cujo livro de 1984, *The Reflective Practitioner: How Practitioners Think in Action*, oferece um método para refletir sobre decisões profissionais em ação. Nossa equipe faz avançar tal pensamento inserindo valores diretamente no processo de intenção (objetivos de design).

2. Robert O. Lewis (1992, 3).

3. Design iterativo é uma prática comum em design de jogos. Qualquer tipo de jogo – de computador, analógico, de tabuleiro, esporte, de rua – deve ser testado constantemente para observar quando, como e por que ele funciona com os jogadores. Na literatura de desenvolvimento de *software*, veja Suzanne Bødker e Kaj Grønbaek (1991), Gunter Eysenbch e Christian Köhler (2002) e Ben Shneiderman (2000). Na literautra de design de jogos, veja Tracy Fullerton, Christopher Swain e Steven Hoffman (2008).

4. Eric Zimmerman (2003).

## 5 Descoberta

1. Essas fontes de valores não são necessariamente independentes. Elas podem se sobrepor e, às vezes, são parcialmente constitutivas umas das outras.

2. O conceito de agente-chave compartilha características com o conceito de grupos sociais relevantes nas teorias de construção social da tecnologia avançadas por vários escritores, incluindo Wiebe E. Bijker e Trevor J. Pinch (1984) e Bijker, Thomas P. Hughes e Pinch (1987).

3. Fred Turner (2006).

4. Escolhemos não revelar a identidade do designer ou o título do jogo.

5. Veja *The Adventures of Josie True* (Mary Flanagan, 2000) em http://www.josietrue.com.

6. Isso ocorre também em contextos de não jogo, como no gerenciamento de *cookies* nos *browsers* de Web. Quando usuários reclamaram que os *cookies* violavam a privacidade, os designers aumentaram o seu controle, promovendo dessa maneira a autonomia do usuário.

7. A descoberta de valores em descrições funcionais não é única dos jogos. Privacidade e segurança são características importantes da maioria dos sistemas de computador, informação e mídia. Uma pesquisa por "privacidade" no website *Firefox Add-on* da Mozilla traz 348 resultados, incluindo Click&Clean ("apague dados privados quando o Firefox fecha"), PrivacySuite ("um lugar para proteger sua privacidade quando você está *online*") e TrackMeNot ("protegendo a privacidade da busca na web") (acesso em 12 de julho de 2011). Uma busca por "segurança" no mesmo site traz 246 resultados, incluindo NoScript ("A melhor segurança que você pode ter em um *browser*") e Webutation ("Reputação & Segurança e Banco de Dados de Exploração de Segurança Ofensiva") (acesso em 12 de julho de 2011). Além disso, desenvolvedores de *software* trabalham em tecnologias de melhoria de privacidade (PET) e "privacidade pelo design" (Privacy by Design, 2012). Apesar de privacidade e segurança serem proeminentes em discussões públicas, outros valores também guiam o design em sistemas de informação. Na página "About Google" do Google, a missão da empresa é dada como "Organizar a informação do mundo e fazê-la universalmente acessível e útil" (Google, 2011). Similarmente, One Laptop per Child (OLPC) (Um *Laptop* por Criança) afirma que sua missão é "empoderar as crianças mais pobres do mundo pela educação" e "dar a cada criança um *laptop* rudimentar, barato, econômico e conectado. Para isso, nós projetamos *hardware*, conteúdo e *software* para um aprendizado colaborativo, alegre e autoempoderado. Com acesso a esse tipo de ferramenta, as crianças são envolvidas em sua própria educação e aprendem, compartilham e criam juntas. Elas se tornam conectadas umas às outras, ao mundo e a um futuro mais brilhante". A OLPC é comprometida com a promoção de igualdade, autoempoderamento (uma dimensão da autonomia), esclarecimento, educação, cooperação, compartilhamento e aprendizado (http://one.laptop.org/about/mission, acesso em 17 de julho de 2011). Finalmente, as definições funcionais de *softwares* e sistemas que promovem trabalho cooperativo apoiado pelo computador (ou *groupware*) muitas vezes incluem conceitos como colaboração, envolvimento civil, amizade e sociabilidade. Veja, por exemplo, Vicgtoria Sosik, Xuan Zhao e Dan C. Cosley (2012). Selly Farnham, David Keyes, Vicky Yuki e Chris Tugwell (2012) e Travis Kriplean, Jonathan T. Morgan, Dean Freelon, Alan Borning e W. Lance Bennett (2012).

8. *Quest Atlantis* pode ser jogado em http://atlantisremixed.org.

9. Os valores estão listados no website do projeto e mais detalhadamente descritos em Sacha A. Barab, Tyler Dodge, Michael K. Thomas, Craig Jackson e Hakan Tuzun (2007).

10. Exemplos em Batya Friedman e Helen Nissenbaum (1996), Lucas Introna (2007), Introna e Nissenbaum (2000), Yochai Benkler e Nissenbaum (2006) e Lawrence Lessig (1999).

11. Exemplos incluem *Midnight Club: Street Racing*, *Midnight Club II* e *Midnight Club 3: DUB Edition*, da Rockstar San Diego, e a série *Gran Turismo*.

12. Helen Nissenbaum (2010).

13. Para discussões sobre os significados culturais dos presentes como atos de generosidade e formas sutis de imposição, veja, por exemplo, Marcel Mauss (1954) e Renee C. Fox e Judith P. Swazey (1992).

14. Os colaboradores em RAPUNSEL foram Jan Plass e Ken Perlin da New York University. Eles fundaram o Games for Learning Institute em Nova York.

15. Seymour Papert (2005, 38; 1993).

16. A conexão entre justiça social e acesso a bens sociais tem sido baseada em pesquisas de ciências sociais, incluindo, por exemplo, os trabalhos dos filósofos políticos John Rawls (1971) e Michael Walzer (1984).

## 6 Implementação

1. Esses temas são revisitados no Capítulo 7.

2. Robert Cram (2011).

3. 360Zine (2011)

4. Patrick McGuire (2013).

5. A guilda Angry foi fundada em 2005. Veja http://www.guild-angry.org.

6. James Mielke (2005a, 2005b) e Nick Suttner (2009).

7. Geoff Kaufman e Mary Flanagan (no prelo).

8. Isaiah Berlin (1991, 12-3).

9. Para uma discussão contemporânea profunda, veja Henry Richardson (1990).

10. Para uma excelente fonte sobre esse modelo de tomada de decisões, veja Richardson (1990), em que ele propõe que dilemas éticos podem ser resolvidos pela especificação das normas envolvidas e a recalibragem de acordo.

11. Veja Mary Flanagan e Helen Nissenbaum (2008) e Flanagan, Daniel Howe e Nissenbaum (2008).

12. Richardson (1990).

13. Administração de Segurança em Transportes (2011).

14. Ibid.

15. Veja uma descrição detalhada disso em Flanagan, Howe e Nissenbaum (2008).

16. Ibid. Um jogador como citado em nosso estudo RAPUNSEL.

17. Jonathan Belman e Mary Flanagan (2009).

## 7 Verificação

1. Veja Robert L. Glass (2000), Bruno Laurel (2001) e Marc Rettig (1994).

2. Tracy Fullerton, Christopher Swain e Steven Hoffman (2008), Glass (2000), Laurel (2001) e Rettig (1994).

3. Bjorn Freeman-Benson e Alan Borning (2003).

4. Design experimental verdadeiro segue esse padrão, mas eles usam um grupo de controle e designam os participantes a cada grupo aleatoriamente. Esses testes de controle são usados com frequência no campo da medicina. Comparar dois grupos derivados do mesmo grupo inicial permite que os pesquisadores vejam os efeitos da intervenção mais claramente.

5. Questões e medidas de exemplo estão disponíveis em http://valuesatplay.org.

6. Tom Baranowski, Richard Buday, Debbie I. Thompson e Janice Baranowski (2008).

7. Vish B. Unnithan, W. Houser, Bo Fernhall (2006).

8. Shannon R. Siegel, Bryan L. Haddock, Andrea M. Dubois e Linda D. Wilkin (2009).

9. Pamela M. Kato, Steve W. Cole, Andrew S. Bradlyn e Brad H. Pollock (2008).

10. Adam Gorelick (2011).

11. Mark Lepper, D. Greene e Richard Nisbett (1973).

12. O tamanho do efeito entre os estudos foi moderado (veja Edward L. Deci, Richard Koestner e Richard M. Ryan, 1999).

13. Para articulação de valores, veja Sacha A. Barab, Tyler Dodge, Michael K. Thomas, Craig Jackson e Hakan Tuzun (2007). Para currículos bem-sucedidos em ciência da educação, veja Barab, Brianna Scott, Sinem Siyahhan, Robert Goldstone, Adam Ingram-Goble, Steven J. Zuiker e Scott Warren (2009).

14. Esse jogo foi recentemente usado em um festival de jogos urbanos em Nova York.

15. Embora dados não tenham sido coletados nesse projeto, essa atraente evidência descritiva aponta para questões maiores sobre a necessidade da verificação dos valores nos jogos.

16. Publicado em Mary Flanagan et al. (2011), a partir do qual esses dados foram reimpressos.

17. Mary Flanagan e Anna Lotko (2009).

18. Como citado em ibid.

19. Futura dissertação de Jonathan Belman, "Desigining Games to Foster Empathy", New York University.

20. Wei Peng, Mira Lee e Carrie Heeter (2010).

21. Veja a campanha da mtvU em http://www.mtvu.com/activism/politics-activism/darfur-is-dying.

## 8 Inspirando designers

1. O currículo tem sido usado em muitos programas de importantes cursos de design de jogos nos Estados Unidos, incluindo Carnegie Mellon, Dartmouth College, Georgia Tech, Hunter College, New York University, Parsons The New School for Design, Rochester Institute of Technology, University of California San Diego e University of Southern California.

2. Veja http://valuesatplay.org.

3. Mary Flanagan, Daniel Howe e Helen Nissenbaum (2007).

4. Esta seção se refere a resultados publicados em Jonathan Belman, Mary Flanagan, Helen Nissenbaum e James Patrick Diamond (2011).

5. Tom Magrino (2010).

6. Jonathan Belman e Mary Flanagan (2010).

7. Donald Schön (1984).

## 9 Reflexões sobre o Values at Play

1. Não é seu nome real. Ele pediu anonimato para poder falar francamente sobre situações do trabalho.

2. Marshall McLuhan e Barrington Nevitt (1972).

3. Robert Smithson (1996, p. 281).

4. Amy O'Leary (2012).

# Referências

Aarseth, Espen J. 1997. *Cybertext: Perspectives on Ergodic Literature*. Baltimore, MD: Johns Hopkins University Press.

Akrich, Madeline. 1992. "The De-Scription of Technical Objects." In *Shaping Technology/Building Society*, ed. Wieber E. Bijker e John Law, 205-224. Cambridge, MA: MIT Press.

Anderson, Craig A., Akiko Shibuya, Nobuko Ihori, Edward L. Swing, Brad J. Bushman, Akira Sakamoto, Hannah R. Rothstein, Muniba Saleem. 2010. "Violent Video Game Effects on Aggression, Empathy and Prosocial Behavior in Eastern and Western Countries: A Meta-Analytic Review." *Psychological Bulletin* 136 (2):151-173.

Anspach, Ralph. 2000. *The Billion Dollar Monopoly Swindle*. 2. ed. Bloomington, IN: Xlibris Corporation.

Aquino, Aga. 2011. "Girls Who Play DOTA: About the Strength of a Woman." Thelighter/darkerside. Acesso em 19 de novembro de 2013. http://thelighterdarkerside.blogspot.com/2011/03/35-girls--who-play-dota-about-strength.html.

Barab, Sasha A., Tyler Dodge, Michael K. Thomas, Craig Jackson e Hakan Tuzun. 2007. "Our Designs and the Social Agendas They Carry." *Journal of the Learning Sciences* 16 (2):263-305.

Barab, Sasha A., Brianna Scott, Sinem Siyahhan, Robert Goldstone, Adam Ingram-Goble, Steven J. Zuiker e Scott Warren. 2009. "Transformational Play as a Curricular Scaffold: Using Videogames to Support Science Education." *Journal of Science Education and Technology* 18:305-320.

Baran, Stanley J. e Dennis K. Davis. 1995. "Limited Effects Theory." In *Mass Communication Theory: Foundations, Ferment, and Future*. Boston: Wadsworth.

Baranowski, Tom, Richard Buday, Debbe I. Thompson e Janice Baranowski. 2008. "Playing for Real: Video Games and Stories for Health-Related Behavior Change." *American Journal of Preventive Medicine* 34 (1):74-82.

Barr, Pippen, James Noble, Robert Biddle e Rilla Khaled. 2006. "From Pushing Buttons to Play and Progress: Value and Interaction in Fable." *Proceedings of the Seventh Australasian User Interface Conference 50*, 61-68. Darlinghurst, Austrália: Australian Computer Society.

Belman, Jonathan e Mary Flanagan. 2009. "Designing Games to Foster Empathy." *Cognitive Technology* 14 (2):5-15.

Belman, Jonathan e Mary Flanagan. 2010. "Exploring the Creative Potential of Values-Conscious Design: Students' Experiences with the VAP Curriculum." *Eludamos* 4 (1):57-67.

Belman, Jonathan, Mary Flanagan, Helen Nissenbaum e James Patrick Diamond. 2011. "Grow-a--Game: A Tool for Values Conscious Design and Analysis of Digital Games." *Proceedings of the Digital Games Research Association (DIGRA 2011): Think Design Play*, 14-17. Hilversum, Países Baixos: DIGRA.

Benedict, Ruth. 1993. "Defense of Moral Relativism." In *Moral Philosophy: A Reader*, ed. Louis P. Pojman, 21-25. Indianapolis: Hackett.

Benkler, Yochai e Helen Nissenbaum. 2006. "Commons-Based Peer Production and Virtue." Journal of Practical Philosophy 14 (4):394-419.

Berlin, Isaiah. 1991. *The Crooked Timber of Humanity: Chapters in the History of Ideas*. Nova York: Knopf.

Bijker, Wiebe E., Thomas P. Hughes e Trevor J. Pinch, eds. 1987. *The Social Construction of Technological Systems: New Directions in the Sociology and History of Technology*. Cambridge, MA: MIT Press.

Bijker, Wiebe E. e Trevor J. Pinch. 1984. "The Social Construction of Facts and Artefacts: Or How the Sociology of Science and the Sociology of Technology Might Benefit Each Other." *Social Studies of Science* 14:399-441.

Bittanti, Matteo e Mary Flanagan. 2003. *The Sims: Simultudini, Simboli & Simulacri*. Milão: UNICOPLI.

Bjork, Staffan e Jussi Holopainen. 2005. *Patterns in Game Design*. Hingham, MA: Charles River Media.

Bødker, Suzanne e Kaj Grønbæk. 1991. "Cooperative Prototyping Studies: Users and Designers Envision a Dental Case Record System." In *Studies in Computer Supported Cooperative Work: Theory, Practice and Design*, ed. John M. Bowers e Steven D. Benford, 343-357. Amsterdam: North-Holland.

Boehner, Kirsten, Rogério DePaula, Paul Dourish e Phoebe Sengers. 2007. "How Emotion Is Made and Measured." *International Journal of Human-Computer Studies* 65 (4):275-291.

Bogost, Ian. 2007. *Persuasive Games: The Expressive Power of Videogames*. Cambridge, MA: MIT Press.

Borgmann, Albert. 1984. *Technology and the Character of Contemporary Life: A Philosophical Inquiry*. Chicago: University of Chicago Press.

Braithwaite, Valerie e Henry G. Law. 1985. "Structure of Human Values: Testing the Adequacy of the Rokeach Value Survey." *Journal of Personality and Social Psychology* 49:250-263.

Brey, Philip. 1997. "Philosophy of Technology Meets Social Constructivism." *Techne: Journal for the Society for Philosophy and Technology* 2 (3-4):56-80.

Brey, Philip. 2010. "Values in Technology and Disclosive Computer Ethics." In *The Cambridge Handbook of Information and Computer Ethics*, ed. Luciano Floridi, 41-58. Cambridge: Cambridge University Press.

Brey, Philip A. E. 2012. "Anticipatory Ethics for Emerging Technologies." *NanoEthics* 6 (1):1-13.

Brown, S. J., D. A. Lieberman, B. A. Gemeny, Y. C. Fan, D. M. Wilson e D. J. Pasta. 1997. "Educational Video Game for Juvenile Diabetes: Results of a Controlled Trial." *Medical Informatics* 22 (1):77-89.

Camp, Jean. 2002. *Design for Values in DRM*. Bedford, NH: MITRE.

Cantril, Hadley. 1971. "The Invasion from Mars." In *Process and Effects of Mass Communication*, ed. Wilbur Schramm and Donald Roberts, 411-423. Champaign: University of Illinois Press.

Cheshire, Tom. 2011. "In Depth: How Rovio Made Angry Birds a Winner (and What's Next)." *Wired*, 7 de março. http://www.wired.co.uk/magazine/archive/2011/04/features/how-rovio-made-angry--birds-a-winner. Acesso em 20 de outubro de 2013.

Chiang, Oliver. 2010. "FarmVille Players Down 25% since Peak, Now below 60 Million." *Forbes*, 15 de outubro. http://www.forbes.com/sites/oliverchiang/2010/10/15/farmville-players-down-25-since--peak-now-below-60-million. Acesso em 7 de janeiro de 2012.

Clark, David D., David P. Reed e Jerome H. Saltzer. 1984. "End-to-End Arguments in Systems Design." *ACM Transactions on Computer Systems (TOCS)* 2 (4):277-288.

# Referências

Cook, Dave. 2010. "Interview: Flower's Jenova Chen." *NowGamer.com*, 11 de agosto. http://www.nowgamer.com/features/895327/interview_flowers_jenova_chen.html. Acesso em 7 de julho de 2012.

Cram, Robert. 2011. "Homefront Interview with Kaos Studios." *MSXboxWorld*, 28 de março. http://www.msxbox-world.com/interviews/539/homefront-interviewwith-kaos-studios.html. Acesso em 13 de julho de 2012.

Croteau, David e William Hoynes. 2003. *Media/Society: Industries, Images and Audiences*. 3. ed. Thousand Oaks, CA: Pine Forge Press.

Deci, Edward L., Richard Koestner e Richard M. Ryan. 1999. "A Meta-Analytic Review of Experiments Examining the Effects of Extrinsic Rewards on Intrinsic Motivation." *Psychological Bulletin* 125:627-666.

DiSalvo, Carl, Phoebe Sengers e Hrönn Brynjarsdóttir. 2010. "Mapping the Landscape of Sustainable HCI." *Proceedings of the SIGCHI Conference on Human Factors in Computing Systems*. Nova York: ACM.

Dourish, Paul. 2001. "Seeking a Foundation for Context-aware Computing." *Human–Computer Interaction* 16 (2-4): 229-241.

Edge Staff. 2011. "Places: Ico's Castle." *Edge*, 20 de outubro. http://www.edge-online.com/features/places-icos-castle. Acesso em 7 de fevereiro de 2012.

Eysenbach, Gunter e Christian Köhler. 2002. "How Do Consumers Search for and Appraise Health Information on the World Wide Web? Qualitative Study Using Focus Groups, Usability Tests, and In-Depth Interviews." *British Medical Journal* 324(7337):573-577. http://bmj.bmjjournals.com/cgi/content/full/324/7337/573. Acesso em 12 de fevereiro de 2005.

FarmVille Art. 2009. *FarmVille Art*. http://www.farmvilleart.com. Acesso em 6 de junho de 2012.

Farnham, Shelly, David Keyes, Vicky Yuki e Chris Tugwell. 2012. "Puget Sound Off: Fostering Youth Civic Engagement through Citizen Journalism." *Proceedings of the Fifteenth ACM Conference on Computer-Supported Cooperative Work (CSCW '12)*, Seattle.

Flanagan, Mary. 2009. *Critical Play: Radical Game Design*. Cambridge, MA: MIT Press.

Flanagan, Mary, Daniel Howe e Helen Nissenbaum. 2005a. "New Design Methods for Activist Gaming." *Proceedings of the Digital Games Research Association (DIGRA 2005)*, Vancouver, Canadá, 16-20 de junho.

Flanagan, Mary, Daniel Howe e Helen Nissenbaum. 2005b. "Values at Play: Design Tradeoffs in Socially Oriented Game Design." *Proceedings of CHI 2005*, 751-760. Nova York: ACM Press.

Flanagan, Mary, Daniel Howe e Helen Nissenbaum. 2007. "New Design Methods for Activist Gaming." In *Worlds in Play: International Perspectives on Digital Games Research*, ed. Suzanne de Castell e Jennifer Jensen, 241-248. Nova York: Peter Lang.

Flanagan, Mary, Daniel Howe e Helen Nissenbaum. 2008. "Embodying Values in Technology: Theory and Practice." In *Information Technology and Moral Philosophy*, ed. Jeroen van den Hoven e John Weckert, 322-353. Cambridge: Cambridge University Press.

Flanagan, Mary e Anna Lotko. 2009. "Anxiety, Openness and Activist Games: A Case Study for Critical Play." *Proceedings of the Digital Games Research Association (DIGRA 2009)*, Uxbridge, Reino Unido, 31/agosto-4/setembro.

Flanagan, Mary e Helen Nissenbaum. 2008. "Design Heuristics for Activist Games." In *Beyond Barbie to Mortal Kombat: New Perspectives on Gender and Computer Games*, ed. Yasmin B. Kafai, Jill Denner, Carrie Heeter e Jennifer Y. Sun, 265-279. Cambridge, MA: MIT Press.

Flanagan, Mary, Max Seidman, Jonathan Belman, Sukdith Punjasthitkul, Zara Downs, Mike Ayoob, Alicia Driscoll e Martin Downs. 2011. "Preventing a POX among the People? Community-based Game Design for 'Herd Immunity.'" In *Proceedings of the Digital Games Research Association (DIGRA 2011): Think Design Play*, 14-17. Hilversum, Países Baixos: DIGRA.

Fluegelman, Andrew. 1976. *The New Games Book*. Garden City, NY: Dolphin.

Fox, Renee Claire e Judith P. Swazey. 1992. *The Courage to Fail: A Social View of Organ Transplants and Dialysis*. Piscataway, NJ: Transaction.

Fox News Channel. 2008. "Fox News Mass Effect Sex Debate." *The Live News with Martha MacCullum*. 21 de janeiro. http://www.youtube.com/watch?v=PKzF173GqTU. Acesso em 16 de maio de 2012.

Freeman-Benson, Bjorn e Alan Borning. 2003. "YP and Urban Simulation: Applying an Agile Programming Methodology in a Politically Tempestuous Domain." In *Proceedings of the 2003 Agile Development Conference*. http://dl.acm.org/citation.cfm?id=942829.

Friedman, Batya, Peter Kahn e Alan Borning. 2006. "Value Sensitive Design and Information Systems." In *Human-Computer Interaction in Management Information Systems: Foundations*, ed. Ben Shneiderman, P. Zhang e D. Galletta, 348-372. Nova York: Sharpe.

Friedman, Batya e Helen Nissenbaum. 1996. "Bias in Computer Systems." *ACM Transactions on Information Systems* 14 (3):330-347.

Fullerton, Tracy, Christopher Swain e Steven Hoffman. 2008. *Game Design Workshop: A Playcentric Approach to Creating Innovative Games*. Amsterdam: Elsevier Morgan Kaufmann.

Gamespot. 2009. "Left 4 Dead 2 Interview: Chet Faliszek." *Gamespot*, 3 de junho. http://www.gamespot.com/left-4-dead-2/videos/left-4-dead-2-interview-chet-faliszek-6211469. Acesso em 14 de maio de 2012.

G4. 2009. "Left 4 Dead 2 Level Designer Interview." *G4*, 28 de outubro. http://www.g4tv.com/videos/42304/left-4-dead-2-level-designer-interview. Acesso em 20 de julho de 2012.

Ghaye, Tony. 2011. *Teaching and Learning through Critical Reflective Practice*. Nova York: Routledge.

Gibson, James. 1986. "The Theory of Affordances." In *The Ecological Approach to Visual Perception*, 127-143. Hillsdale, NJ: Erlbaum.

Gitlin, Todd. 1978. "Media Sociology: The Dominant Paradigm." *Theory and Society* 6 (2):205-253.

Glass, Robert L. 2000. *Facts and Fallacies of Software Engineering*. Lebanon, IN: Addison-Wesley Professional.

Goodin, Robert E. 1982. *Political Theory and Public Policy*. Chicago: University of Chicago.

Good, Owen. 2011. "Well, That's One Way to Combat Misogyny in Gaming." *Kotaku*. 23 de julho de 2011. http://kotaku.com/5824084/well-thats-one-way-to-combat-misogyny-in-gaming. Acesso em 2 de novembro de 2013.

Google. 2011. "About Google." *Google*. http://www.google.com/about. Acesso em 17 de julho de 2011.

Gorelick, Adam. 2011. "New Virtual Reality Research – and a New Lab – at Stanford." *Stanford Report*, 8 de abril. http://news.stanford.edu/news/2011/april/virtual-reality-trees-040811.html. Acesso em 18 de julho de 2012.

Gorsuch, Richard L. 1970. "Rokeach's Approach to Value Systems and Social Compassion." *Review of Religious Research* 11:139-143.

Greitemeyer, Tobias e Silvia Osswald. 2010. "Effects of Prosocial Video Games on Prosocial Behavior." *Journal of Personality and Social Psychology* 98 (2):211-221. doi:10.1037/a0016997.

# Referências

Herman, David. 2009. *Basic Elements of Narrative*. Chichester, Reino Unido: Wiley-Blackwell.

Huizinga, Johan. 1955. *Homo Ludens: A Study of the Play-Element in Culture*. Boston: Beacon Books.

Hunicke, Robin, Marc LeBlanc e Robert Zubek. 2004. "MDA: A Formal Approach to Game Design and Game Research." In *Proceedings of the Nineteenth National Conference on Artificial Intelligence*, 1-5. Palo Alto, CA: AAAI Press.

IGN. 2002. "Beyond Good and Evil." *IGN*, 24 de maio. http://pc.ign.com/articles/360/360766p1.html. Acesso em 19 de fevereiro de 2012.

Ihde, Don. 1998. "Bodies, Virtual Bodies and Technology." In *Body and Flesh: A Philosophical Reader*, ed. Donn Welton, 349-357. Oxford: Blackwell Publishers.

Introna, Lucas. 2003. *On the Ethics of (Object) Things*. Lancaster University: The Department of Organisation, Work, and Technology.

Introna, Lucas. 2007. "Towards a Post-human Account of Socio-technical Agency (and Morality)." In *Proceedings of the Moral Agency and Technical Artefacts Scientific Workshop*, NIAS Hague.

Introna, Lucas e Helen Nissenbaum. 2000. "Shaping the Web: Why the Politics of Search Engines Matter." *Information Society* 16 (3):1-17.

James, Richard K. e Burl E. Gilliland. 2008. *Crisis Intervention Strategies*. Belmont, CA: Brooks/Cole Thomson Learning.

Jefferson, Willie. 2009. "Racism in Video Games: The New Norm?" *Houston Chronicle Blogs*, 14 de julho. http://blog.chron.com/gamehacks/2009/07/racism-in-video-games-the-new-norm. Acesso em 15 de julho de 2012.

Jenkins, Henry, Katie Clinton, Ravi Purushotma, Alice Robison e Margaret Weigel. 2006. *Confronting the Challenges of Participatory Culture: Media Education for the 21st Century*. Chicago: MacArthur Foundation.

Jones, Russell A., John Sensenig e Richard D. Ashmore. 1978. "Systems of Values and Their Multidimensional Representations." *Multivariate Behavioral Research* 13:255-270.

Juul, Jesper. 2005. *Half-Real: Video Games between Real Rules and Fictional Worlds*. Cambridge, MA: MIT Press.

Kato, Pamela M., Steve W. Cole, Andrew S. Bradlyn e Brad H. Pollock. 2008. "A Video Game Improves Behavioral Outcomes in Adolescents and Young Adults with Cancer: A Randomized Trial." *Pediatrics* 122 (2):e305-e317.

Katz, Elihu e Paul Lazarsfeld. 1955. "Between Media and Mass." In *Personal Influence: The Part Played by People in the Flow of Mass Communication*, 15-25. Piscataway, NJ: Transaction.

Kaufman, Geoff e Mary Flanagan. 2013. "Translation: Comparing the Impact of an Analog and Digital Version of a Public Health Game on Players' Perceptions, Attitudes, and Cognitions." *International Journal of Games and Computer Mediated Simulations* 5 (3):1-9.

Kerr, Ian. 2010. "Digital Locks and the Automation of Virtue." In *"Radical Extremism" to "Balanced Copyright": Canadian Copyright and the Digital Agenda*, ed. Michael Geist, 247-303. Toronto, ON: Irwin Law.

Knobel, Cory e Geoffrey C. Bowker. 2011. "Values in Design." *Communications of the ACM* 54 (7):26-28.

Kohler, Chris. 2007. "'Jade Is Black?!': Racial Ambiguity in Games." *Wired*, 10 de fevereiro. http://www.wired.com/gamelife/2007/02/jades_black_rac. Acesso em 16 de fevereiro de 2012.

Kriplean, Travis, Jonathan T. Morgan, Dean Freelon, Alan Borning e W. Lance Bennett. 2012. "Supporting Reflective Public Thought with ConsiderIt." In *Proceedings of the ACM 2012 Conference on Computer Supported Cooperative Work (CSCW '12)*, 265-274. Nova York: ACM.

Latour, Bruno. 1992. "Where Are the Missing Masses? The Sociology of a Few Mundane Artifacts." In *Shaping Technology/Building Society*, ed. Weibe E. Bijker e John Law, 225-258. Cambridge, MA: MIT Press.

Laurel, Bruno. 2001. *The Utopian Entrepreneur*. Cambridge, MA: MIT Press.

Lazarsfeld, Paul e Robert Merton. 1948. "Mass Communication, Popular Taste, and Social Action." In *The Communication of Ideas*, ed. Lyman Bryson, 95-118. Nova York: Harper & Row.

Lepper, Mark R., David Green e Richard E. Nisbett. 1973. "Undermining Children's Intrinsic Interest with Extrinsic Rewards: A Test of the Overjustification Hypothesis." *Journal of Personality and Social Psychology* 28 (1):129-137.

Lessig, Lawrence. 1999. "The Law of the Horse: What Cyberlaw Might Teach." *Harvard Law Review* 113:501-546.

Lewis, Robert O. 1992. *Independent Verification and Validation: A Life Cycle Engineering Process for Quality Software*. Nova York: Wiley-Interscience.

MacIntyre, Alasdair. 1985. *Whose Justice? Which Rationality?* Londres: Duckworth.

MacKenzie, Donald e Judy Wajcman. 1985. *The Social Shaping of Technology*. Milton Keynes: Open University Press.

Magrino, Tom. 2010. "Blizzard's Pardo Serves Up Game Design Secret Sauce." *Gamespot*, 11 de março. http://www.gamespot.com/news/blizzards-pardo-serves-up-game-design-secret-sauce-6253464. Acesso em 13 de julho de 2012.

Manovich, Lev. 2002. *The Language of New Media*. Cambridge, MA: MIT Press.

Mauss, Marcel. 1954. *The Gift*. Tradução de Ian Cunnison. Londres: Cohen and West.

McCullough, Kevin. 2008. "The 'Sex-Box' Race for President." *Townhall.com*. 13 de janeiro. http://www.townhall.com/Columnists/KevinMcCullough/2008/01/13/the_sexbox_race_for_president?page=full&comments=true. Acesso em 1 de janeiro de 2013.

McGuire, Patrick. 2013. "What's the Trouble with Pipe Trouble, the Satirical Game That's Inflamed Canada's Energy Battle?" *Vice*. http://motherboard.vice.com/blog/the-trouble-with-pipe-trouble Acesso em 15 de outubro de 2013.

McLuhan, Marshall. 2003. *Understanding Media: The Extensions of Man*. Madison, WI: Gingko Press. Publicado originalmente em 1964.

McLuhan, Marshall, David Carson, Eric McLuhan e Williams Kuhns. 2003. *The Book of Probes*. Corte Madera, CA: Gingko Press.

McLuhan, Marshall e Barrington Nevitt. 1972. *Take Today: The Executive as Dropout*. Nova York: Harcourt Brace Jovanovich.

Mielke, James. 2005a. "Design by Subtraction." *1UP*, 13 de outubro. http://www.1up.com/features/design-by-subtraction. Acesso em 15 de maio de 2012.

Mielke, James. 2005b. "Shadow Talk." *1UP*, 13 de outubro. http://www.1up.com/features/shadow-talk. Acesso em 15 de maio de 2012.

# Referências

Montfort, Nick e Ian Bogost. 2009. *Racing the Beam: The Atari Video Computer System*. Cambridge, MA: MIT Press.

Murphy, John e José Zagal. 2011. "Videogames and the Ethics of Care." *International Journal of Gaming and Computer-Mediated Simulations (IJGCMS)* 3 (3):69-81.

Murray, Janet Horowitz. 1998. *Hamlet on the Holodeck: The Future of Narrative in Cyberspace*. Cambridge, MA: MIT Press.

NBC. 2011. "Study Says Half of Girls in Middle School and High School Experience Sexual Harassment." *NBC News*, 7 de novembro. http://www.nbcwashington.com/news/health/Sexual-Harassment-Study-133351958.html. Acesso em 18 de julho de 2012.

Nietzsche, Friedrich. 1966 [1886]. "Beyond Good and Evil." In *Basic Writings of Nietzsche*, ed. e trad. Walter Kaufmann. Nova York: Modern Library.

Nissenbaum, Helen Fay. 2010. *Privacy in Context: Technology, Policy, and the Integrity of Social Life*. Stanford, CA: Stanford Law.

Norman, Donald. 1989. *The Design of Everyday Things*. Nova York: Doubleday.

O'Leary, Amy. 2012. "In Virtual Play, Sex Harassment Is All Too Real." *New York Times*, 1 de agosto. http://www.nytimes.com/2012/08/02/us/sexual-harassment-inonline-gaming-stirs-anger.html. Acesso em 7 de agosto de 2012.

Ocampo, Jason. 2009. "E3 2009: Left 4 Dead 2 Hands-On." *IGN*, 1 de junho. http://xbox360.ign.com/articles/988/988416p1.html. Acesso em 13 de maio de 2012.

Orbanes, Philip E. 2003. *The Game Makers: The Story of Parker Brothers from Tiddledy Winks to Trivial Pursuit*. Boston: Harvard Business Publishing.

Orbanes, Philip E. 2006. *Monopoly: The World's Most Famous Game & How it Got That Way*. Cambridge, MA: De Capo Press.

Pace, Tyler, Shaowen Bardzell e Geoffrey Fox. 2010. "Practice-Centered e-Science: A Practice Turn Perspective on Cyberinfrastructure Design." *Proceedings of the 16th ACM International Conference on Supporting Group Work*. Nova York: ACM.

Papert, Seymour. 1993. *The Children's Machine: Rethinking School in the Age of the Computer*. Nova York: Basic Books.

Papert, Seymour. 2005. "The Challenges of IDC: What Have We Learned from Our Past? A Conversation with Seymour Papert, Marvin Minsky, and Alan Kay." *Communications of the ACM* 48 (1):35-38.

Parkin, Simon. 2010. "Catching Up with Jonathan Blow." *Gamasutra.com*. 6 de dezembro. http://www.gamasutra.com/view/feature/6224/catching_up_with_jonathan_blow.php?page=3. Acesso em 16 de junho de 2012.

Pearce, Celia, Tracy Fullerton, Janine Fron e Jacquelyn Ford Morie. 2007. "Sustainable Play: Toward a New Games Movement for the Digital Age." *Games and Culture* 2 (3):261-278.

Peng, Wei, Mira Lee e Carrie Heeter. 2010. "The Effects of a Serious Game on Role-Taking and Willingness to Help." *Journal of Communication* 60 (4):723-742.

Penney, Joel. 2010. "No Better Way to 'Experience' World War II: Authenticity and Ideology in the Call of Duty and Medal of Honor Player Communities." In *Joystick Soldiers: The Politics of Play in Military Video Games*, ed. Nina B. Huntemann e Matthew Thomas Payne, 191-205. Nova York: Routledge.

Perron, Bernard e Mark J. P. Wolf. 2009. *The Video Game Theory Reader 2*. Nova York: Routledge.

Pfaffenberger, Bryan. 1992. "Technological Dramas." *Science, Technology & Human Values* 17 (3):282-312.

Pinder, Julian T. 2012. *Trouble in the Peace*. Toronto: Six Island Productions.

Polan, Dana B. 2009. *The Sopranos*. Durham, NC: Duke UP.

Postman, Neil. 1980. "The Reformed English Curriculum." In *High School 1980: The Shape of the Future in American Secondary Education*, ed. Alvin Christian Eurich, 160-168. Nova York: Pitman.

Postman, Neil. 1986. *Amusing Ourselves to Death: Public Discourse in the Age of Show Business*. Nova York: Penguin.

Postman, Neil. 1990. "Informing Ourselves to Death." Trabalho apresentado em reunião da German Society for Computer Science (Gesellschaft für Informatik), patrocinado pela IBM-Germany, Stuttgart, 11 de outubro. http://w2.eff.org/Net_culture/Criticisms/informing_ourselves_to_death.paper. Acesso em 7 de janeiro de 2014.

Postman, Neil. 1998. "Five Things We Need to Know about Technological Change." Trabalho apresentado na conferência The New Technologies and the Human Person: Communicating the Faith in the New Millennium, Denver, Colorado, 27 de março. http://www.technodystopia.org. Acesso em 3 de outubro de 2012.

Privacy by Design. 2012. "About PbD." *Privacy by Design*. http://www.privacyby design.ca. Acesso em 2 de agosto de 2012.

Rawls, John. 1971. *A Theory of Justice*. Cambridge, MA: Belknap of Harvard University Press.

Reilly, Jim. 2011. "Saints Row Penetrator Altered in Japan." *GameInformer*, 10 de novembro. http://www.gameinformer.com/b/news/archive/2011/11/10/saints-rowpenetrator-altered-in-japan.aspx. Acesso em 28 de maio de 2012.

Reparaz, Mikel. 2011. "Rayman Origins, Beyond Good & Evil and the State of the Games Industry: An Interview with Michel Ancel." *Gamesradar*, 29 de setembro. http://www.gamesradar.com/rayman-origins-beyond-good-evil-and-state-games-industry-interview-michel-ancel/?page=2. Acesso em 24 de fevereiro de 2012.

Rettig, Marc. 1994. "Prototyping for Tiny Fingers." *Communications of the ACM* 37(4):21-27.

Richardson, Henry. 1990. "Specifying Norms as a Way to Solve Concrete Ethical Problems." *Philosophy and Public Affairs* 19(4):279-310.

Rokeach, Milton. 1973. *The Nature of Human Values*. Glencoe, IL: Free Press.

Rollefson, Gary O. 1992. "A Neolithic Game Board from 'Ain Ghazal, Jordan." *Bulletin of the American Schools of Oriental Research* 286 (maio):1-3.

Salen, Katie e Eric Zimmerman. 2003. *Rules of Play: Game Design Fundamentals*. Cambridge, MA: MIT Press.

Schell, Jesse. 2008. *The Art of Game Design: A Book of Lenses*. Burlington, MA: Elsevier.

Schermer, Maartje. 2008. "On the argument that enhancement is 'cheating.'" *Journal of Medical Ethics* 34 (2):85-88.

Schön, Donald. 1984. *The Reflective Practitioner: How Professionals Think in Action*. Nova York: Basic Books.

Schrier, Karen 2005. "Revolutionizing History Education: Using Reliving the Revolution (RtR) to Teach Multiple Histories." Tese de mestrado, Massachusetts Institute of Technology, Cambridge, MA.

Schrier, Karen 2011a. "An Investigation of Ethical Thinking in Role-Playing Video Games: A Case Study of Fable III." Dissertação de mestrado, Columbia University, Nova York.

Schrier, Karen 2011b. "Preface." In *Designing Games for Ethics: Models, Techniques, and Frameworks*, ed. Karen Schrier e David Gibson. Hershey, PA: IGI.

Schrier, Karen e David Gibson, eds. 2010. *Ethics and Game Design: Teaching Values through Play*. Hershey, PA: IGI.

Schrier, Karen e David Gibson, eds. 2011. *Designing Games for Ethics: Models, Techniques and Frameworks*. Hershey, PA: IGI.

Schrier, Karen e Miguel Sicart. 2010. "Ethics and Game Design." Palestrantes convidados do NYU's Game Center, Nova York.

Schwartz, Shalom H. 1994. "Cultural Dimensions of Values: Toward an Understanding of National Differences." In *Individualism and Collectivism*, ed. Kim Uichol, Harry C. Triandis e Gene Yoon, 85-119. Londres: Sage.

Schwartz, Shalom e Wolfgang Bilsky. 1987. "Toward a Psychological Structure of Human Values." *Journal of Personality and Social Psychology* 53:550-562.

Schwartz, Shalom H. e Wolfgang Bilsky. 1990. "Toward a Theory of the Universal Content and Structure of Values: Extensions and Cross-Cultural Replications." *Journal of Personality and Social Psychology* 58:878-891.

Sherif, Muzafer, O. J. Harvey, B. Jack White, William R. Hood e Carolyn W. Sherif. 1961. *Experimental Study of Positive and Negative Intergroup Attitudes between Experimentally Produced Groups: Robbers Cave Study*. Norman: University of Oklahoma. Publicado originalmente em 1954.

Shneiderman, Ben. 2000. "Universal Usability." *Communications of the ACM* 43 (maio):84-91.

Sicart, Miguel. 2009. *The Ethics of Computer Games*. Cambridge, MA: MIT Press.

Siegel, Shannon R., Bryan L. Haddock, Andrea M. Dubois e Linda D. Wilkin. 2009. "Active Video/Arcade Games (Exergaming) and Energy Expenditure in College Students." *International Journal of Exercise Science* 2 (3):165-174.

Sosik, Victoria, Xuan Zhao e Dan C. Cosley. 2012. "See Friendship, Sort Of: How Conversation and Digital Traces Might Support Reflection on Friendships." In *Proceedings of the ACM Conference on Computer Supported Cooperative Work (CSCW '12)*. Seattle, Washington, 11-15 de fevereiro.

Smithson, Robert. 1996. *Robert Smithson: The Collected Writings*. 2. ed. Ed. Jack Flam. Berkeley: University of California Press.

Sterling, Jim. 2009. "Valve Responds to Left 4 Dead 2 Racism Accusations." *Destructoid*, 30 de julho. http://www.destructoid.com/valve-responds-to-left-4-dead-2-racism-accusations-141921.phtml. Acesso em 28 de maio de 2012.

Suttner, Nick. 2009. "Shadow of the Colossus Postmortem Interview." *1UP*, 29 de janeiro. http://www.1up.com/features/shadow-colossus-postmortem-interview. Acesso em 15 de maio de 2012.

Taylor, Charles. 2003. *Modern Social Imaginaries*. Durham, NC: Duke University Press.

Thaler, Richard H. e Cass R. Sunstein. 2008. *Nudge: Improving Decisions about Health, Wealth, and Happiness*. New Haven, CT: Yale University Press.

360Zine. 2011. "Homefront Interview." *Gamerzines*, 17 de março, http://www.gamerzines.com/xbox/news-xbox/homefront-interview.html. Acesso em 19 de fevereiro de 2012.

Transportation Security Administration. 2011a. "Advanced Imaging Technology (AIT)." *TAS: Advanced Imaging Technology (AIT)*. http://www.tsa.gov/approach/tech/ait/index.shtm. Acesso em 30 de agosto de 2012.

Transportation Security Administration. 2011b. "TSA Takes Next Steps to Further Enhance Passenger Privacy." *Transportation Security Administration*. 20 de julho. http://www.tsa.gov/press/releases/2011/0720.shtm. Acesso em 18 de setembro de 2012.

Turner, Fred. 2006. *From Counterculture to Cyberculture: Stewart Brand, the Whole Earth Network, and the Rise of Digital Utopianism*. Chicago: University of Chicago.

Unnithan, Vish B., W. Houser e Bo Fernhall. 2006. "Evaluation of the Energy Cost of Playing a Dance Simulation Video Game in Overweight and Non-Overweight Children and Adolescents." *International Journal of Sports Medicine* 27(10):804-809.

Values at Play Team. 2007. Values at Play: Curriculum and Teaching Guide (4-week version).

Verbeek, Peter-Paul. 2005. *What Things Do: Philosophical Reflections on Technology, Agency, and Design*. University Park: Penn State Press.

Walzer, Michael. 1984. *Spheres of Justice: A Defense of Pluralism and Equality*. Nova York: Basic Books.

Ward, Mike. 2000. "Being Lara Croft, or, We Are All Sci Fi." *Pop Matters*, 14 de janeiro. http://popmatters.com/features/000114-ward.html. Acesso em 4 de abril de 2012.

Weisman, Leslie Kanes. 1992. *Discrimination by Design: A Feminist Critique of the Man-Made Environment*. Urbana: University of Illinois Press.

Wingfield, Nick. 2011. "Virtual Products, Real Profits: Players Spend on Zynga's Games, but Quality Turns Some Off." *Wall Street Journal*, 9 de setembro. http://online.wsj.com/article/SB10001424053111904823804576502442835413446.html. Acesso em 24 de maio de 2012.

Winner, Langdon. 1986. "Do Artifacts have Politics?" In *The Whale and the Reactor*, 19-39. Chicago: University of Chicago Press.

Winterfuchs. 2013. "Poll: Have You Ever Cried/Teared Up during Journey?" *Thatgamecompany Forum*, 2 de abril. http://www.thatgamecompany.com/forum/viewtopic.php?f=11&t=3105. Acesso em 2 de abril de 2013.

Woolgar, Steve. 1991. "The Turn to Technology in Social Studies of Science." *Science, Technology & Human Values* 16 (1):20-50.

Yalom, Marilyn. 2005. *Birth of the Chess Queen*. Nova York: Harper Collins.

Zimmerman, Eric. 2003. "Play as Research: The Iterative Design Process." *Ericzimmerman.com*, 8 de julho. http://ericzimmerman.com/texts/Iterative_Design.html. Acesso em 2 de fevereiro de 2012.

# Referências de jogos

Activision. 2003. *Call of Duty*. Microsoft Windows, Mac OS X, N-Gage, Xbox Live Arcade PlayStation Network. Desenvolvido pela Infinity Ward.

Activision. 2007. *Call of Duty 4: Modern Warfare*. Microsoft Windows, PlayStation 3, Xbox 360, Mac OS X, Wii. Desenvolvido pela Infinity Ward.

Amtex and Seta. 1998. *Tetris 64*. Nintendo 64.

Anne W. Abbott e S. B. Ives. 1843. *The Mansion of Happiness: An Instructive Moral and Entertaining Amusement*. Jogo de tabuleiro.

Area/Code. 2010. *Power Planets*. Adobe Flash.

Atari. 1973. *Gotcha*. Arcade.

Atari Inc. 1976. *Breakout*. Arcade.

Atari Inc. 1979. *Asteroids*. Arcade.

BioWare. 2003. *Star Wars: Knights of the Old Republic*. Xbox, Microsoft Windows, Mac OS X. LucasArts.

BioWare. 2007. *Mass Effect*. Xbox 360, Microsoft Windows. Microsoft Game Studios.

Black Isle Studios. 1999. *Planescape: Torment*. Microsoft Windows. Interplay Entertainment.

Blizzard Entertainment. 1994. *Warcraft: Orcs & Humans*. MS-DOS, Mac OS.

Blizzard Entertainment. 1998. *StarCraft*. Windows, Mac OS, Nintendo 64.

Blizzard Entertainment. 2004. *World of Warcraft*. Mac OS X, Microsoft Windows.

Bulletproof Software/Blue Planet Software. 1991. *Faceball 2000*. Game Boy.

Capcom. 1984. *1942*. Arcade.

Capcom Production Studio 4. 2005. *Resident Evil 4*. GameCube, PlayStation 2, Microsoft Windows, Wii, Mobile Phone, iPhone, Zeebo, iPad, PlayStation 3, Xbox 360. Capcom.

Clover Studio. Capcom. 2006. *Okami*. PlayStation 2, Wii.

Conor O'Kane. 2008. *Harpooned*. Microsoft Windows, Mac OS X.

EA Digital Illusions CE. 2008. *Mirror's Edge*. PlayStation 3, Xbox 360, Microsoft Windows, iOS.

EA Digital Illusions CE. 2011. *Battlefield 3*. Microsoft Windows, PlayStation 3, Xbox 360, iOS.

Edgar Cayce. 1904. *Pit*. Jogo de cartas.

Eidos. 1996. *Tomb Raider*. MS-DOS, PlayStation, Sega Saturn.

Elizabeth Magie. 1904. *The Landlord's Game*. Jogo de tabuleiro.

Elizabeth Magie, Senaria Karim, Charles Darrow. 1935. *Monopoly*. Jogo de tabuleiro. Parker Brothers.

Ensemble. 1997. *Age of Empires*. Microsoft Windows, Windows Mobile. Microsoft Game Studios.

Epic Games. 2006. *Gears of War*. Xbox 360, Microsoft Windows. Microsoft Game Studios.

Financial Entertainment. 2010. *Farm Blitz*. Adobe Flash.

Futebol americano. 1869. Esporte americano.

*Go*. Data desconhecida. Jogo de tabuleiro asiático.

Guerillapps. 2011. *Trash Tycoon*. Adobe Flash.

Harmonix Music Systems. 2011. *Dance Central 2*. Xbox 360.

Higinbotham, William. 1958. *Tennis for Two*. Osciloscópio e computador analógico.

HopeLab/Realtime Associates. 2006. *Re-Mission*. Microsoft Windows.

*Hopscotch*. Estimamtiva do meio do século XVII. Jogo físico.

Hybrid Arts, Inc. 1987. *MIDI Maze*. Atari ST.

id Software. 1992. *Wolfenstein 3D*. DOS, Mac, Amiga 1200, Apple II, Acorn Archimedes, NEC PC-9801, SNES, Jaguar, GBA, 3DO, Windows Mobile, iOS, PlayStation Network, Xbox Live Arcade. Apogee Software.

id Software. 1993. *Doom*. MS-DOS, NEXTSTEP, IRIX, Solaris, Mac OS, Linux, Microsoft Windows, Acorn RISC OS, Jaguar, Sega 32X, PlayStation, SNES, 3DO, Sega Saturn, Nintendo 64, Game Boy Advance, Xbox, Xbox 360, Tapwave Zodiac, iPhone.

id Software. 1996. *Quake*. DOS, Macintosh, Sega Saturn, Nintendo 64. GT Interactive.

ImpactGames. 2007. *PeaceMaker*. Mac OS X, Windows.

Infinity Ward, Treyarch, SledgehammerGames, Raven Software, Gray Matter Interactive, Pi Studios, Spark Unlimited, Amaze Entertainment, Rebellion Developments, Ideaworks Game Studio, Activision, Aspyr Media. 2003-presente. *Call of Duty* (série). Microsoft Windows, Mac OS X, Nintendo DS, GameCube, Nokia N-Gage, PlayStation 2, PlayStation 3, PlayStatiaon Portable, Wii, Xbox, Xbox 360, iOS, BlackBerry.

Interplay Entertainment, Black Isle Studios, Micro Forte, Bethesda Game Studios, Obsidian Entertainment, Masthead Studios. Interplay Entertainment, 14 Degrees East, Bethesda Softworks. 1997-presente. *Fallout* (série). DOS, Microsoft Windows, Mac OS X, PlayStation 2, PlayStation 3, Xbox, Xbox 360.

Irrational Games e Looking Glass Studios. 1999. *System Shock 2*. Microsoft Windows. Electronic Arts.

Irrational Games, 2K Games. 2007-presente. *Bioshock* (série). Xbox 360, PlayStation 3, Microsoft Windows.

Jamie Antonisse e Devon Johnson. 2007. *Hush*. Microsoft Windows, Mac OS X.

Kaos Studios. *Homefront*. 2011.

Klaus Teuber. 1995. *The Settlers of Catan*. Jogo de tabuleiro. Kosmos, Mayfair Games.

# Referências de jogos

Konami Computer Entertainment Tokyo. 1998. *Dance Dance Revolution*. Arcade, PlayStation. Konami of America, Konami of Europe GmbH.

Lionhead Studios, Big Blue Box. 2004. *Fable*. Xbox, Xbox 360, Microsoft Windows, Mac OS X. Microsoft Game Studios.

Lionhead Studios. Activision. 2005. *The Movies*. Microsoft Windows, Mac OS X.

London Studios. 2004. *SingStar*. PlayStation 2, PlayStation 3.

Long Shot Games. 2011. *Remote Shepherd*. Microsoft Windows.

Lucasfilm. 1989. *Pipe Mania*. Amiga, Atari ST, DOS.

*Mancala*. Cerca de 6900 a.C. Jogo de tabuleiro norte-africano.

Mary Flanagan. 2000. *The Adventures of Josie True*. Adobe Flash.

Mary Flanagan. 2006. *[giantJoystick]*. Atari, escultura interativa.

Mary Flanagan. 2012a. *Awkward Moment*. Papel, HTML5.

Mary Flanagan. 2012b. *Buffalo*. Papel, HTML5.

Maxis. 2000. *The Sims*. Microsoft Windows, Mac OS, PlayStation 2, Xbox, Game-Cube. Electronic Arts.

McKinney. 2011. *Spent*. Web.

Microsoft. 2004. *Fable*. Xbox, Xbox 360, Microsoft Windows, Mac OS X.

MicroProse. 1990. *Sid Meier's Railroad Tycoon*. DOS, Amiga, Macintosh, Atari ST.

MicroProse. 1991. *Sid Meier's Civilization*. DOS, Windows, Macintosh, Amiga, Sega Saturn, Atari ST, Super Nintendo Entertainment System, PlayStation.

Microsoft Game Studios, Electronic Arts, BioWare. 2007-presente. *Mass Effect* (série). Xbox 360, Microsoft Windows, PlayStation 3, iOS.

Mojang. 2011. *Minecraft*. Java platform, Java applet, Android, iOS, Xbox 360.

Molleindustria. 2006. *The McDonald's Videogame*. Web, Adobe Flash download. http://www.mcvideogame.com.

Namco, Midway. 1980. *Pac-Man*. Arcade.

Namco, Midway. 1981. *Galaga*. Arcade.

Namco. 2004. *Katamari Damacy*. PlayStation 2.

NanaOn-Sha. 1996. *PaRappa the Rapper*. PlayStation, PlayStation Portable.

Naughty Dog. 1996. *Crash Bandicoot*. PlayStation, PlayStation Network.

Naughty Dog, SCE Bend Studio, Sony Computer Entertainment. 2007-presente. *Uncharted* (série). PlayStation 3, PlayStation Vita.

Naughty Dog, Sony Computer Entertainment. 2009. *Uncharted 2: Among Thieves*. PlayStation 3.

NCsoft. 2004. *City of Heroes*. Microsoft Windows, Mac OS X. Desenvolvido por Cryptic Studios, Paragon Studios.

Nintendo Creative Department. 1985. *Super Mario Bros*. Nintendo Entertainment System.

Nintendo, Capcom/Flagship, Vanpool, Grezzo, Monolith Soft, Nintendo. 1986-presente. *The Legend of Zelda* (série). Nintendo Entertainment System, Game Boy, Super Nintendo, Nintendo 64, Game Boy Color, Game Boy Advance, GameCube, Nintendo DS, Wii, DSi, 3DS.

Playdead. 2010. *Limbo*. Xbox Live Arcade, PlayStation Network, Microsoft Windows, Mac OS X. Microsoft Game Studios.

PopCap Games. 2001. *Bejeweled*. Microsoft Windows, Mac OS X, Browser, PDA, Mobile, iPod, Windows Phone, Java ME, Xbox, Facebook.

PopCap Games. 2009. *Plants vs. Zombies*. Google Chrome, Microsoft Windows, Mac OS X, iOS, Xbox Live Arcade, PlayStation Network, Nintendo DS, DSiWare, Bada, Android, Windows Phone 7, PlayStation Vita, BlackBerry Tablet OS.

Pop Sandbox. 2012. *Pipe Trouble*. Mac OS X, Android.

Powerful Robot Games. 2003. *September 12th: A Toy World*. Browser.

RAPUNSEL com NSF Support. 2006. *Peeps*. Jogo de tabuleiro.

RedOctane/Activision. 2005. *Guitar Hero*. PlayStation 2. Desenvolvido por Harmonix.

Rockstar Games. 1997-presente. *Grand Theft Auto* (série). Microsoft Windows, Play-Station, Xbox, PlayStation 2, PlayStation 3, Xbox 360, Nintendo DS, iPhone.

Rovio Entertainment. 2009. *Angry Birds*. iOS, Maemo, MeeGo, HP webOS, Android, Symbian3, Series 40, PSP, PlayStation 3, Mac OS X, Windows, WebGL, Windows Phone 7, Google Plus, Google Chrome, BlackBerry Tablet OS, Bada, Facebook.

Ruth Catlow. 2001. *Rethinking Wargames: 3 Player Chess*. Adobe Flash.

Sasha Barab. 2005. *Quest Atlantis*. Microsoft Windows, Mac OS X.

Sega. 2001. *Rez*. Dreamcast, PlayStation 2.

Slashkey. 2009. *Farm Town*. Facebook, Myspace.

Sony Computer Entertainment. 1996. *Crash Bandicoot*. PlayStation, PlayStation Network. Desenvolvido por Naughty Dog.

Sony Computer Entertainment. 2001. *Ico*. PlayStation 2, PlayStation 3.

Sony Computer Entertainment. 2005. *Shadow of the Colossus*. PlayStation 2, PlayStation 3.

Square. 1995. *Chrono Trigger*. Super Nintendo, PlayStation, Nintendo DS, Mobile phones, Virtual Console, PlayStation Network, iOS.

Susana Ruiz. 2005. *Darfur Is Dying*. Browser.

Thatgamecompany. 2009. *Flower*. PlayStation 3. Sony Computer Entertainment.

Thatgamecompany. 2012. *Journey*. PlayStation 3. Sony Computer Entertainment.

The 63rd Gallon. 2011. *Tribernetica*. Microsoft Windows.

THQ. 2011a. *Deepak Chopra's Leela*. Xbox 360, Wii.

THQ. 2011b. *Homefront*. Microsoft Windows, PlayStation 3, Xbox 360.

Tiger Style. 2012. *Waking Mars*. Microsoft Windows, Mac OS X, Linux, Android, iOS.

Tiltfactor Lab e Helen Nissenbaum. 2007, 2008. *Grow-a-Game*. Jogo de cartas.

Tiltfactor Lab, com Rochester Institute of Technology (RIT) Game Design and Development program. 2008. *Profit Seed*. Adobe Flash.

Tiltfactor Lab e Rochester Institute of Technology (RIT) Game Design and Development program. 2009. *Layoff*. Microsoft Windows.

Tiltfactor Lab. 2010. *POX: Save the People*. Jogo de tabuleiro.

Tiltfactor Lab. 2011. *POX: Save the People*. Adobe Flash e iOS.

Tiltfactor Lab. 2012. *ZOMBIEPOX*.

Turbine Entertainment Software. 1999. *Asheron's Call*. Windows.

Turbine, Inc. 2007. *The Lord of the Rings Online: Shadows of Angmar*. Microsoft Windows.

2D Boy e Nintendo. 2008. *World of Goo*. Windows, Mac OS X, Linux, iOS, WiiWare, Android.

Ubisoft. 2003. *Beyond Good & Evil*. PlayStation 2, Microsoft Windows, Xbox, Game-Cube, Xbox Live Arcade, PlayStation Network.

United Game Artists. 2001. *Rez*. Dreamcast, PlayStation 2, Xbox 360. Sega.

Valve Corporation e Sierra Entertainment. 1998. *Half-Life*. Microsoft Windows, PlayStation 2.

Valve Corporation. 2003. *Defense of the Ancients*. Mac OS, Mac OS X, Microsoft Windows. Desenvolvido por "Eul."

Valve Corporation. 2007. *Portal*. Microsoft Windows, Mac OS X, PlayStation 3, Xbox 360, Linux.

Valve Corporation. 2009. *Left 4 Dead 2*. Microsoft Windows, Xbox 360, Mac OS X.

Valve Corporation. 2011. *Portal 2*. Microsoft Windows, Mac OS X, PlayStation 3, Xbox 360.

Valve Corporation. 2012. *Dota 2*. Microsoft Windows, Mac OS X.

Volition, Inc. e THQ. 2006. *Saints Row*. Xbox 360.

Volition Inc. 2011. *Saints Row: The Third*. Microsoft Windows, PlayStation 3, Xbox 360.

WaveQuest/Raya Systems. 1995. *Packy and Marlon*. Super NES.

*Xadrez*. Data desconhecida. Jogo de tabuleiro indiano.

Zach Gage. 2011. *SpellTower*. Mac OS X, Android, IOS.

Zynga. 2009a. *FarmVille*. Adobe Flash, iOS, HTML5.

Zynga. 2009b. *Words with Friends*. Android, iOS, Facebook, Kindle Fire, Nook Tablet.

# Índice remissivo

2D Boy, 20, 144, 189

## A

ações éticas e antiéticas, 25
Activision, 41, 46, 52
*Adventures of Josie True, The*, 90, 171
agentes relevantes, 89
Amtex, 65
Ancel, Michel, 37
*Angry Birds*, 37, 38, 43, 52
arco narrativo, 97
arquitetura de escolha, 40
*Asheron's Call*, 99
Atari, 68, 119, 120, 169
*Awkward Moment*, 91, 92

## B

*Battlefield 3*, 72
*Bejeweled*, 50, 51, 111
Benedict, Ruth, 22, 166
Berlin, Isaiah, 20, 113, 166, 172
Better Game Contest, 54
*Beyond Good & Evil*, 35-37, 43
Bilsky, Wolfgang, 22
BioWare, 13, 56
Björk, Staffan, 46, 145, 169
Black Isle Studios, 48
Blizzard Entertainment, 19, 62, 85, 91, 109, 110, 115, 116, 150
Bogost, Ian, 57, 159, 165, 169, 181
*Buffalo: The Name Dropping Game*, 93

## C

*Call of Duty*, 41-43, 46, 52, 156
câmera, 36, 63, 64, 66
 dinâmica, 63
 sobre o ombro 63
Capcom, 63, 73
Carta Canadense de Direitos e Liberdades, 22
Carta das Nações Unidas, 22
Casali, Dario, 78
cenas não interativas, 47
Chen, Jenova, 35, 62
Chopra, Deepak, 67
*Chrono Trigger*, 48
*City of Heroes*, 59
Clover Studio, 25

## D

*Dance Central 2*, 66
*Dance Dance Revolution*, 119, 120, 129
danos psicológicos, 13
*Darfur is Dying*, 94, 95, 138
*Deck*, 10, 144, 146, 147, 153
*Defense of the Ancients*, 71, 72, 170
desenvolvedores, 27, 45, 90, 94, 97, 114, 119, 131, 163, 171
 do jogo, 94
 de interface, 97
design,
 características de, 15, 43, 156-158
 de áudio, 33
 de *hardware,* 119, 121
 de níveis, 78
 de sistemas, 23, 24
 de *software,* 124
 decisões de, 37, 69, 88, 91, 97, 114, 139
 equipe de, 89, 91, 98, 101, 117, 128, 133, 161, 162
 processo de, 26, 40, 43, 84, 85, 90, 101, 103, 146, 147, 149, 155-157, 162

processo iterativo de, 107
restrições de, 145, 163
designer conscientioso, 15, 25, 32, 85, 91, 106, 125, 143, 163
Dickson, Rex, 107
dispositivo, 65, 130
  móvel, 38, 87
*Doom*, 69, 169

## E

EA Digital Illusions CE, 65
Edge Staff, 168
Eidos, 45, 64, 186
elementos
  de performance, 119
  narrativo 30, 47
Ensemble Studios, 152, 186
Epic Games, 63, 186
escolhas do jogador, 45, 57, 58, 108, 110, 137, 138, 169
escolhas morais, 56
estrutura narrativa, 15
estudo-piloto, 133

## F

*Fable*, 20, 59, 175, 183
Faliszek, Chet, 78, 178
*Farm Blitz*, 111, 186
*FarmVille*, 38-41, 43, 62, 111, 168, 176, 177
Financial Entertainment 111, 186
Flanagan, Mary, 9, 68, 85, 90-93, 112, 119, 152, 159, 167, 169, 171-174
*Flower*, 33-35, 41, 43, 188
Franklin, Benjamin, 22
Fron, Janine, 60, 153, 169, 181
Fullerton, Tracy, 10, 46, 60, 145, 146, 152, 153, 169, 170, 172, 181

## G

*Galaga*, 73, 187
Game Developers Conference, 9, 32
*Gameplay*, 35, 36, 47, 56, 64, 69, 71, 77, 120, 133, 146, 167, 170
  digital 69
gamificação, 131
*Gemeinschaft*, 158
*[giantJoystick]*, 67-69, 119
*Gotcha!*, 120, 121, 185

*Grand Theft Auto*, 156, 166, 188
Green, David, 180
*Grow-a-Game*, cartões, 9, 143, 144, 147, 154, 155, 188
*Guitar Hero*, 120, 188

## H

*Half-Life*, 48, 189
jogadores *harcore*, 40, 121
*Hardware*, 19, 24, 45, 50, 65, 67, 88, 106, 118
Harmonix, 66, 186, 188
*Harpooned*, 73, 185
heurística, 15, 26, 80, 83, 88, 106, 114, 138, 139, 143, 162, 170
  agentes-chave, 88, 93, 96
  comprometimento e troca, 114
  descrição funcional, 88, 94, 96
  dissolução, 114
  do Values at Play, 15, 26, 80, 83, 85, 114, 138, 139, 143, 162
  *input* da sociedade, 88, 96
  restrições técnicas, 88, 97
  verificação, 80, 83, 123, 138, 144, 163
Higinbotham, 65, 186
Hoffman, Steven, 46, 169, 170, 172, 178
Holopainen, Jussi, 46, 169, 176
*Homefront* 107, 177, 184, 186, 188
Huizinga, Johan 34, 168
Hunicke, Robin, 46, 169
*Hush*, 50, 52, 54, 148, 186

## I

*Ico*, 32, 43, 168, 188
id Software, 69, 70, 169, 186
ImpactGames, 76, 117, 186
implicações filosóficas dos valores humanos, 26
interação com personagens não jogáveis, 107-110, 138, 169
interface, 24, 45, 66, 67, 97, 109, 120, 148, 169, 175
iPad, 37, 98, 112, 126, 133, 136, 185
Irrational Games, 48, 156, 186

## J

Jefferson, Willie, 78, 170, 179
jogos
  conceitos, 98, 115, 137, 149, 171
  concepção, 27, 88, 100

# Índice remissivo

contexto, 15, 25, 32, 41, 46, 52, 58, 64, 71, 83, 101, 107, 123, 148, 160, 162
convenções de, 155
critérios morais, 56
de *arcade*, 73, 119, 183, 185
de aventura e ação, 35, 79
de aventura *online*, 90
de *cheerleading*, 89, 90
de dança tridimensional, 115
de escolha-sua-própria-aventura, 20
de exercício, 119, 128-130
de *puzzle* em primeira pessoa, 49
de ritmo, 119
de rolagem lateral (*side-scroller*), 64
de rolagem vertical, 73
de tabuleiro, 98, 112, 133, 136, 151, 156, 168, 170
de tiro,
   em primeira pessoa cooperativo, 77
   contemplativo, 35, 43
dinâmicos, 20, 104, 119, 155
experiência de, 20, 36, 45, 55, 57, 67, 89, 103, 115, 119, 127, 131, 157
*free to play*, 112
*indie*, 119, 163
mecânica de, 30, 33, 45, 102, 107, 109
*multiplayer*, 20, 59, 69, 71, 99, 109, 128, 169
   online, 71, 109
não digitais, 29, 41
participativos, 156
*single-player*, 102, 169
social, 38
tático colaborativo, 67
*Journey*, 60, 61, 79, 169, 184, 188

## K

Kaos Studios 107, 177, 186
*Katamari Damacy*, 89, 187
Kerr, Ian, 40, 168
Kohler, Chris, 37, 168
KOTOR, 56

## L

Laboratório Tiltfactor, 14, 50, 91, 97, 109, 112, 132, 136, 143, 170, 188, 189
*Landlord's Game, The*, 151, 186
Lantz, Frank, 10, 91, 101
*Layoff*, 49, 50, 136, 143, 189

LeBlanc, Marc, 46, 169, 179
*Leela*, 67, 188
*Left 4 Dead 2*, 77, 178, 181, 183, 189
*Legend of Zelda*, 48, 188
Lepper, Mark R., 131, 173, 180
Lewis, Robert O., 83, 166, 170, 180
liberdade criativa, 101
*Limbo*, 79, 188
Lionheard Studios, 20, 57, 187
London Studios, 120, 187
*Lord of The Rings Online*, 71, 189

## M

*Mass Effect*, 13, 55, 56, 156, 178, 185, 187
*Mansion of Happiness*, 185
McCullough, Kevin, 13
*McDonald's Videogame, The*, 56, 57, 187
McLuhan, Marshall, 29, 30, 161, 162, 167, 174, 180
MicroProse, 7, 152, 187
Microsoft, 59, 120, 156, 185-189
*Minecraft*, 20, 187
*Mirror's Edge*, 64, 185
missões, 13, 72, 84
   obrigatórias, 72
   paralelas, 72
Mojang, 20, 187
Molleindustria, 57, 187
*Monopoly*, 151, 156, 175, 181, 186
Morie, Jacquelyn Ford, 153, 169, 181
*Movies, The*, 57, 187
Murray, Janet, 20, 165, 166

## N

Namco, 73, 89, 145, 187
NanaOn-Sha, 119, 187
Naughty, Dog 63, 64, 79, 153, 187, 188
Nietzsche, Friedrich, 35, 168, 181
Nintendo, 47-49, 65, 67, 89, 119, 129, 185-189
   DS, 89, 119, 186, 188
   Wii 67, 120
Nisbett, Richard E., 131, 173, 180
núcleo moral, 50

## O

*Okami*, 25, 185
Osswald, Silvia, 178

## P

*Packy & Marlon*, 129, 189
Papert, Seymour, 100, 172, 181
*PaRappa the Rappa*, 119, 187
Pardo, Rob, 150
Parker Brothers, 151, 156, 181, 186
*PeaceMaker*, 76, 117, 186
Pearce, Celia, 10, 60, 151, 153, 169
*Peeps*, 100, 115, 188
Penney, Joel, 42, 168
personagem jogável 46, 48, 52, 54, 63, 64, 70, 110, 115, 154, 161
*Pipe Mania/Pipe Dream*, 108, 187
*Pipe Trouble*, 108, 180, 188
Pistole, John 116
*Pit*, 151, 185
Platão, 22, 23
Playdead, 79, 188
Playstation 32, 61, 89, 119, 154, 168, 185-189
  Playstation 2, 32, 185-189
  Playstation 3, 61, 119, 185-189
Pop Sandbox, 108, 188
PopCap Games, 51, 111, 156, 188
*Portal*, 49, 52, 189
  *Portal 2*, 50, 189
pós-jogo, 133, 137
*Power Planets*, 91, 101, 185
Powerful Robot Games, 46, 188
*POX: Save the People*, 112, 132-136, 143, 189
premissa narrativa, 45, 47
processo
  de desenvolvimento, 83, 125, 148
  de design, 26, 40, 43, 45, 84, 90, 101, 103, 146, 155, 162
  iterativo, 15, 107, 123, 124, 132
*Profit Seed*, 109, 189
protagonista feminina, 105
público-alvo, 29, 85, 89
*Publisher*, 96, 112, 138

## Q

Quake, 70, 169, 186
*Quest Atlantis*, 94, 95, 131, 171, 188

## R

*Railroad Tycoon*, 57, 187
RAPUNSEL, 100, 115, 117, 172, 188
Raya Systems, 129, 189

*Re-Mission*, 130, 138, 186
reação emocional, 52, 55
regras para interação com outros jogadores, 45, 109
Rentschler, Kyle, 10, 118
restrições de design, 145, 163
*Rez*, 65, 188
Rockstar, 156, 166, 171, 188
Rokeach, Milton, 22, 166, 176, 182
*role-playing* 13, 14, 183
Rovio, 37, 38, 52, 168, 176, 188
RPG *online* massivamente *multiplayer* (MMORPGs), 59, 71, 99

## S

*Saints Row*, 24, 182, 189
Schön, Donald, 26, 167, 170, 174
Schwartz, Shalom, 22, 166
Sega, 65, 186-189
*September 12th*, 46-48, 52, 188
*Settlers of Catan, The*, 152, 153, 186
*Shadow of the Colossus*, 110, 154, 183, 188
*Sims, The*, 24, 25, 176, 187
*SingStar*, 120, 187
sistemas mecânicos do jogo, 104
sistemas de recompensa, 24, 72, 73, 131
Smithson, Robert, 162, 174, 183
*Software*, 26, 67, 69, 83, 94, 99, 116, 118, 123, 143, 163, 169
  educacional, 94
  engenharia e desenvolvimento de, 124
  engenheiro de, 125
  estruturas de, 69
Sony Computer Entertainment, 32, 110, 154, 187-188
*SpellTower*, 73, 189
*Spent*, 56, 58, 59, 189
*Star Wars: Knights of the Old Republic*, 56, 185
*StarCraft*, 62, 185
Sunstein, Cass R., 40, 183
*Super Mario Bros*, 47, 73, 187
Super Nintendo Entertainment System, 129, 187, 188
Swain, Christopher, 46, 169, 170, 172, 178
*System Shock*, 48, 186

## T

Takahashi, Keita, 89
*Tennis for Two*, 65, 186

# Índice remissivo

*Tetris*, 64, 65, 185
Thaler, Richard H., 40, 183
Thatgamecompany, 33, 35, 61, 169, 184, 188
THQ, 67, 188, 189
*Three Player Chess*, 52, 53, 80
tijolos de construção, 80
Tiltfactor 14, 50, 91, 97, 109, 112, 132, 134, 143, 170, 188, 189
*Tomb Raider*, 45, 64, 80, 186
*Trade Off*, 156
*Trash Tycoon*, 62, 186
Turbine, Inc, 71, 189

## U

Ubisoft, 35, 189
Ueda, Fumito, 32, 110
*Uncharted*, 63, 64, 79, 187

## V

Valve, 48, 49, 71, 77, 183, 189
valores
  abordagem pluralista dos, 113
  conflitos de, 106, 118
  corporativos, 39
  de amizade, 21, 40, 94, 97, 171
  de autodeterminação, 22
  de autonomia, 21, 22, 37, 43, 50, 87, 88, 94, 98, 115, 128, 131, 138, 163, 171
  de colaboração, 21, 77, 104, 110, 132, 133, 138, 145, 171
  de confiança, 22, 32, 40, 50, 60, 76, 104, 144, 145, 163, 166
  de contentamento, 21
  de criatividade, 21, 22, 38, 50, 87, 89, 94, 106, 117, 143, 163
  de democracia, 21, 22, 94, 107
  de diplomacia, 76
  de diversidade, 21, 22, 93, 95, 96, 106
  de equidade, 22, 98, 100, 113, 116
  de felicidade, 21, 22, 113
  de fidelidade, 21, 22, 61
  de generosidade, 21, 22, 40, 41, 60, 71, 77, 87, 94, 99, 172
  de individualidade, 68, 116, 170
  de justiça, 19, 21, 22, 24, 31, 37, 43, 87-94, 97, 100, 106, 109, 116, 138, 149, 168, 172
  de privacidade, 21-27, 30, 94, 97-99, 113, 144, 163, 171
  de responsabilidade, 19, 21, 22, 40, 56, 93, 95, 102, 114, 139, 155
  de saúde, 19, 21, 57, 58, 71, 128, 130-134, 138
  de sustentabilidade, 24, 32, 35, 40, 43, 54, 62, 109, 130, 138, 144, 149
  de tradição, 22, 32, 40, 145, 166
  design consciente de 14, 15, 24, 43, 162
  design sensível de, 24
  éticos, 14, 15, 21, 26, 98
  familiares, 13
  humanos básicos, 22
  militaristas, 42
  patrióticos, 42, 43
  pluralidade de 93
  políticos, 14, 15, 21, 22, 26, 27, 58, 83, 88, 98, 108, 156, 162
  societários, 21
  subverter, 80
  tipos de, 21
Valve, 48, 49, 71, 77, 183, 189
Volition, Inc., 24, 189

## W

*Walking Mars*, 52, 53, 54, 188
Ward, Mike, 64, 169
WaveQuest, 129, 189
Winner, Langdon, 21, 23, 166, 167
*World of Goo*, 20, 144, 189
*World of Warcraft*, 19, 85, 91, 97, 109, 110, 115, 186

## X

Xbox, 66, 67, 120, 177, 180, 181, 184, 186-189
Yalom, Marilyn, 151, 184

## Z

Zimmerman, Eric, 84, 159, 169, 170, 182
*ZOMBIEPOX*, 112, 136, 189
Zubek, Robert, 46, 169, 179
Zynga, 38, 39, 101, 111, 156, 170, 184, 189

**GRÁFICA PAYM**
Tel. [11] 4392-3344
paym@graficapaym.com.br